作者简介

编写组负责人：陈明乾，山东菏泽人。1980年毕业于国防科技大学，曾任山东省劳动局政策研究室主任科员，《山东劳动》编辑部主任，山东省人力资源社会保障科学研究院副院长。长期从事人力资源社会保障科学研究与人力资源社会保障领域工具书编写工作。已编著出版：《中国劳动法规全书》《中华人民共和国劳动保障法律法规司法解释和司法实务大全》《人力资源社会保障政策法规大全》《提前退休特殊工种文件选编》《劳动大词典》和《人力资源社会保障政策法规汇编》(2014年版至2020年版)等。

工伤保险文件选编

(1981—2019)

《工伤保险文件选编》编写组　编

中国民主法制出版社

图书在版编目(CIP)数据

工伤保险文件选编 : 1981—2019 / 《工伤保险文件选编》编写组编. -- 北京 : 中国民主法制出版社,2020. 3

ISBN 978-7-5162-2182-2

Ⅰ. ①工… Ⅱ. ①工… Ⅲ. ①工伤保险-文件-汇编-中国-1981-2019 Ⅳ. ①D922. 559

中国版本图书馆 CIP 数据核字(2020)第 023427 号

图书出品人:刘海涛　　**出 版 统 筹**:周锡培
特 约 策 划:陈明乾　　**责 任 编 辑**:翟琰萍
发 行 总 监:杨光捷　　**责 任 校 对**:姚丽娅

书名/工伤保险文件选编(1981—2019)
作者/《工伤保险文件选编》编写组　编

出版·发行/中国民主法制出版社
北京市丰台区右安门外玉林里 7 号(100069)
电　话/(010)63055259(总编室) 63057714(营销中心)
传　真/(010)63056975 63056983
Http://www. npcpub. com
E-mail:mzfz@ npcpub. com
经　销/新华书店
开　本/32 开(850mm×1168mm)
印　张/15　　字　数/373 千
版　本/2020 年 3 月第 1 版　2020 年 3 月第 1 次印刷
印　刷/山东德州新华印务有限责任公司

书　号/ISBN 978-7-5162-2182-2
定　价/48. 00 元

编写说明

为方便各级工伤保险行政机构和劳动能力鉴定组织有关人员更好地学习、掌握国家有关工伤保险法律法规和政策规定，我们组织编辑出版了这本《工伤保险文件选编》(1981—2019)。

本选编共收录1981年至2019年国家有关机关公开印发的现行有效的有关工伤保险方面的法律、行政法规、规章和规范性文件共90件。内容分为综合、工伤保险基金、工伤认定、劳动能力鉴定、工伤保险待遇、工伤预防、工伤保险服务和工伤保险争议处理8个部分，涵盖了工伤保险领域各个方面。

本选编有以下创新：一是在第二部分“工伤保险基金”的“参保缴费”中，细分为“企业参保”“机关事业单位参保”和“涉外人员参保”三个类别。在“企业参保”中，除收录一般性规定外，还重点收录了农民工参保，建筑业参保，铁路、公路、水运、水利、能源、机场6大重点领域企业工程建设项目参保缴费办法，针对性强。将“涉外人员参保”单独列出，适应了我国改革开放新形势，便于在中国境内就业的外商投资者遵守中国的工伤保险法规。二是将“工伤预防”单独列出，较好地体现了工伤保险预防在先的工作思路。三是在第八部分“工伤保险争议处理”中，将工伤保险待遇争议、行政复议和诉讼相关规定尽数收录，方便读者在使用时参考。

本选编可以供用人单位人力资源社会保障工作机构有关人员在工作中使用，也可以供社会法律工作者和人民法院有关审判人员在工作中参考。

《工伤保险文件选编》编写组

2019年12月

目　　录

第一部分　综　合

第二部分　工伤保险基金

一、参保缴费

(一)企业参保

三、基金管理监督

第三部分　工伤认定

第四部分　劳动能力鉴定

第五部分　工伤保险待遇

第六部分　工伤预防

第七部分　工伤保险服务

第八部分　工伤保险争议处理

第一部分
综　合

中华人民共和国劳动法(摘录)

(1994 年 7 月 5 日第八届全国人民代表大会常务委员会第八次会议通过　根据 2009 年 8 月 27 日第十一届全国人民代表大会常务委员会第十次会议《关于修改部分法律的决定》第一次修正　根据 2018 年 12 月 29 日第十三届全国人民代表大会常务委员会第七次会议《关于修改〈中华人民共和国劳动法〉等七部法律的决定》第二次修正)

第七十条　国家发展社会保险事业，建立社会保险制度，设立社会保险基金，使劳动者在年老、患病、工伤、失业、生育等情况下获得帮助和补偿。

第七十三条　劳动者在下列情形下，依法享受社会保险待遇：

（一）退休；

（二）患病、负伤；

（三）因工伤残或者患职业病；

（四）失业；

（五）生育。

劳动者死亡后，其遗属依法享受遗属津贴。

劳动者享受社会保险待遇的条件和标准由法律、法规规定。

劳动者享受的社会保险金必须按时足额支付。

中华人民共和国社会保险法

（2010 年 10 月 28 日第十一届全国人民代表大会常务委员会第十七次会议通过　根据 2018 年 12 月 29 日第十三届全国人民代表大会常务委员会第七次会议《关于修改〈中华人民共和国社会保险法〉的决定》修正）

目　录

第一章　总　则

第一条　为了规范社会保险关系，维护公民参加社会保险和享受社会保险待遇的合法权益，使公民共享发展成果，促进社会和谐稳定，根据宪法，制定本法。

第二条　国家建立基本养老保险、基本医疗保险、工伤保险、失业保险、生育保险等社会保险制度，保障公民在年老、疾病、工伤、失业、生育等情况下依法从国家和社会获得物质帮助的权利。

第三条　社会保险制度坚持广覆盖、保基本、多层次、可持续的方针，社会保险水平应当与经济社会发展水平相适应。

第四条　中华人民共和国境内的用人单位和个人依法缴纳社会保险费，有权查询缴费记录、个人权益记录，要求社会保险经办机构提供社会保险咨询等相关服务。

个人依法享受社会保险待遇，有权监督本单位为其缴费情况。

第五条　县级以上人民政府将社会保险事业纳入国民经济和社会发展规划。

国家多渠道筹集社会保险资金。县级以上人民政府对社会保险事业给予必要的经费支持。

国家通过税收优惠政策支持社会保险事业。

第六条　国家对社会保险基金实行严格监管。

国务院和省、自治区、直辖市人民政府建立健全社会保险基金监督管理制度，保障社会保险基金安全、有效运行。

县级以上人民政府采取措施，鼓励和支持社会各方面参与社会保险基金的监督。

第七条　国务院社会保险行政部门负责全国的社会保险管理工作，国务院其他有关部门在各自的职责范围内负责有关的社会保险工作。

县级以上地方人民政府社会保险行政部门负责本行政区域的社会保险管理工作，县级以上地方人民政府其他有关部门在各自的职责范围内负责有关的社会保险工作。

第八条　社会保险经办机构提供社会保险服务，负责社会保险登记、个人权益记录、社会保险待遇支付等工作。

第九条 工会依法维护职工的合法权益，有权参与社会保险重大事项的研究，参加社会保险监督委员会，对与职工社会保险权益有关的事项进行监督。

第二章 基本养老保险

第十条 职工应当参加基本养老保险，由用人单位和职工共同缴纳基本养老保险费。

无雇工的个体工商户、未在用人单位参加基本养老保险的非全日制从业人员以及其他灵活就业人员可以参加基本养老保险，由个人缴纳基本养老保险费。

公务员和参照公务员法管理的工作人员养老保险的办法由国务院规定。

第十一条 基本养老保险实行社会统筹与个人账户相结合。

基本养老保险基金由用人单位和个人缴费以及政府补贴等组成。

第十二条 用人单位应当按照国家规定的本单位职工工资总额的比例缴纳基本养老保险费，记入基本养老保险统筹基金。

职工应当按照国家规定的本人工资的比例缴纳基本养老保险费，记入个人账户。

无雇工的个体工商户、未在用人单位参加基本养老保险的非全日制从业人员以及其他灵活就业人员参加基本养老保险的，应当按照国家规定缴纳基本养老保险费，分别记入基本养老保险统筹基金和个人账户。

第十三条 国有企业、事业单位职工参加基本养老保险前，视同缴费年限期间应当缴纳的基本养老保险费由政府承担。

基本养老保险基金出现支付不足时，政府给予补贴。

第十四条 个人账户不得提前支取，记账利率不得低于银行定期存款利率，免征利息税。个人死亡的，个人账户余额可以继承。

第十五条 基本养老金由统筹养老金和个人账户养老金组成。

基本养老金根据个人累计缴费年限、缴费工资、当地职工平均工资、个人账户金额、城镇人口平均预期寿命等因素确定。

第十六条 参加基本养老保险的个人，达到法定退休年龄时累计缴费满十五年的，按月领取基本养老金。

参加基本养老保险的个人，达到法定退休年龄时累计缴费不足十五年的，可以缴费至满十五年，按月领取基本养老金；也可以转入新型农村社会养老保险或者城镇居民社会养老保险，按照国务院规定享受相应的养老保险待遇。

第十七条 参加基本养老保险的个人，因病或者非因工死亡的，其遗属可以领取丧葬补助金和抚恤金；在未达到法定退休年龄时因病或者非因工致残完全丧失劳动能力的，可以领取病残津贴。所需资金从基本养老保险基金中支付。

第十八条 国家建立基本养老金正常调整机制。根据职工平均工资增长、物价上涨情况，适时提高基本养老保险待遇水平。

第十九条 个人跨统筹地区就业的，其基本养老保险关系随本人转移，缴费年限累计计算。个人达到法定退休年龄时，基本养老金分段计算、统一支付。具体办法由国务院规定。

第二十条 国家建立和完善新型农村社会养老保险制度。

新型农村社会养老保险实行个人缴费、集体补助和政府补贴相结合。

第二十一条 新型农村社会养老保险待遇由基础养老金和个人账户养老金组成。

参加新型农村社会养老保险的农村居民，符合国家规定条件的，按月领取新型农村社会养老保险待遇。

第二十二条 国家建立和完善城镇居民社会养老保险制度。

省、自治区、直辖市人民政府根据实际情况，可以将城镇居民社会养老保险和新型农村社会养老保险合并实施。

第三章　基本医疗保险

第二十三条　职工应当参加职工基本医疗保险，由用人单位和职工按照国家规定共同缴纳基本医疗保险费。

无雇工的个体工商户、未在用人单位参加职工基本医疗保险的非全日制从业人员以及其他灵活就业人员可以参加职工基本医疗保险，由个人按照国家规定缴纳基本医疗保险费。

第二十四条　国家建立和完善新型农村合作医疗制度。

新型农村合作医疗的管理办法，由国务院规定。

第二十五条　国家建立和完善城镇居民基本医疗保险制度。

城镇居民基本医疗保险实行个人缴费和政府补贴相结合。

享受最低生活保障的人、丧失劳动能力的残疾人、低收入家庭六十周岁以上的老年人和未成年人等所需个人缴费部分，由政府给予补贴。

第二十六条　职工基本医疗保险、新型农村合作医疗和城镇居民基本医疗保险的待遇标准按照国家规定执行。

第二十七条　参加职工基本医疗保险的个人，达到法定退休年龄时累计缴费达到国家规定年限的，退休后不再缴纳基本医疗保险费，按照国家规定享受基本医疗保险待遇；未达到国家规定年限的，可以缴费至国家规定年限。

第二十八条　符合基本医疗保险药品目录、诊疗项目、医疗服务设施标准以及急诊、抢救的医疗费用，按照国家规定从基本医疗保险基金中支付。

第二十九条　参保人员医疗费用中应当由基本医疗保险基金支付的部分，由社会保险经办机构与医疗机构、药品经营单位直接结算。

社会保险行政部门和卫生行政部门应当建立异地就医医疗费用结算制度，方便参保人员享受基本医疗保险待遇。

第三十条　下列医疗费用不纳入基本医疗保险基金支付范围：

（一）应当从工伤保险基金中支付的；

（二）应当由第三人负担的；

（三）应当由公共卫生负担的；

（四）在境外就医的。

医疗费用依法应当由第三人负担，第三人不支付或者无法确定第三人的，由基本医疗保险基金先行支付。基本医疗保险基金先行支付后，有权向第三人追偿。

第三十一条　社会保险经办机构根据管理服务的需要，可以与医疗机构、药品经营单位签订服务协议，规范医疗服务行为。

医疗机构应当为参保人员提供合理、必要的医疗服务。

第三十二条　个人跨统筹地区就业的，其基本医疗保险关系随本人转移，缴费年限累计计算。

第四章　工伤保险

第三十三条　职工应当参加工伤保险，由用人单位缴纳工伤保险费，职工不缴纳工伤保险费。

第三十四条　国家根据不同行业的工伤风险程度确定行业的差别费率，并根据使用工伤保险基金、工伤发生率等情况在每个行业内确定费率档次。行业差别费率和行业内费率档次由国务院社会保险行政部门制定，报国务院批准后公布施行。

社会保险经办机构根据用人单位使用工伤保险基金、工伤发生率和所属行业费率档次等情况，确定用人单位缴费费率。

第三十五条　用人单位应当按照本单位职工工资总额，根据社会保险经办机构确定的费率缴纳工伤保险费。

第三十六条　职工因工作原因受到事故伤害或者患职业病，且经工伤认定的，享受工伤保险待遇；其中，经劳动能力鉴定丧失劳动能力的，享受伤残待遇。

工伤认定和劳动能力鉴定应当简捷、方便。

第三十七条 职工因下列情形之一导致本人在工作中伤亡的，不认定为工伤：

（一）故意犯罪；

（二）醉酒或者吸毒；

（三）自残或者自杀；

（四）法律、行政法规规定的其他情形。

第三十八条 因工伤发生的下列费用，按照国家规定从工伤保险基金中支付：

（一）治疗工伤的医疗费用和康复费用；

（二）住院伙食补助费；

（三）到统筹地区以外就医的交通食宿费；

（四）安装配置伤残辅助器具所需费用；

（五）生活不能自理的，经劳动能力鉴定委员会确认的生活护理费；

（六）一次性伤残补助金和一至四级伤残职工按月领取的伤残津贴；

（七）终止或者解除劳动合同时，应当享受的一次性医疗补助金；

（八）因工死亡的，其遗属领取的丧葬补助金、供养亲属抚恤金和因工死亡补助金；

（九）劳动能力鉴定费。

第三十九条 因工伤发生的下列费用，按照国家规定由用人单位支付：

（一）治疗工伤期间的工资福利；

（二）五级、六级伤残职工按月领取的伤残津贴；

（三）终止或者解除劳动合同时，应当享受的一次性伤残就业补助金。

第四十条 工伤职工符合领取基本养老金条件的，停发伤残津贴，享受基本养老保险待遇。基本养老保险待遇低于伤残津贴的，从工伤保险基金中补足差额。

第四十一条　职工所在用人单位未依法缴纳工伤保险费，发生工伤事故的，由用人单位支付工伤保险待遇。用人单位不支付的，从工伤保险基金中先行支付。

从工伤保险基金中先行支付的工伤保险待遇应当由用人单位偿还。用人单位不偿还的，社会保险经办机构可以依照本法第六十三条的规定追偿。

第四十二条　由于第三人的原因造成工伤，第三人不支付工伤医疗费用或者无法确定第三人的，由工伤保险基金先行支付。工伤保险基金先行支付后，有权向第三人追偿。

第四十三条　工伤职工有下列情形之一的，停止享受工伤保险待遇：

（一）丧失享受待遇条件的；

（二）拒不接受劳动能力鉴定的；

（三）拒绝治疗的。

第五章　失业保险

第四十四条　职工应当参加失业保险，由用人单位和职工按照国家规定共同缴纳失业保险费。

第四十五条　失业人员符合下列条件的，从失业保险基金中领取失业保险金：

（一）失业前用人单位和本人已经缴纳失业保险费满一年的；

（二）非因本人意愿中断就业的；

（三）已经进行失业登记，并有求职要求的。

第四十六条　失业人员失业前用人单位和本人累计缴费满一年不足五年的，领取失业保险金的期限最长为十二个月；累计缴费满五年不足十年的，领取失业保险金的期限最长为十八个月；

累计缴费十年以上的，领取失业保险金的期限最长为二十四个月。重新就业后，再次失业的，缴费时间重新计算，领取失业保险金的期限与前次失业应当领取而尚未领取的失业保险金的期限合并计算，最长不超过二十四个月。

第四十七条 失业保险金的标准，由省、自治区、直辖市人民政府确定，不得低于城市居民最低生活保障标准。

第四十八条 失业人员在领取失业保险金期间，参加职工基本医疗保险，享受基本医疗保险待遇。

失业人员应当缴纳的基本医疗保险费从失业保险基金中支付，个人不缴纳基本医疗保险费。

第四十九条 失业人员在领取失业保险金期间死亡的，参照当地对在职职工死亡的规定，向其遗属发给一次性丧葬补助金和抚恤金。所需资金从失业保险基金中支付。

个人死亡同时符合领取基本养老保险丧葬补助金、工伤保险丧葬补助金和失业保险丧葬补助金条件的，其遗属只能选择领取其中的一项。

第五十条 用人单位应当及时为失业人员出具终止或者解除劳动关系的证明，并将失业人员的名单自终止或者解除劳动关系之日起十五日内告知社会保险经办机构。

失业人员应当持本单位为其出具的终止或者解除劳动关系的证明，及时到指定的公共就业服务机构办理失业登记。

失业人员凭失业登记证明和个人身份证明，到社会保险经办机构办理领取失业保险金的手续。失业保险金领取期限自办理失业登记之日起计算。

第五十一条 失业人员在领取失业保险金期间有下列情形之一的，停止领取失业保险金，并同时停止享受其他失业保险待遇：

（一）重新就业的；

（二）应征服兵役的；

（三）移居境外的；

（四）享受基本养老保险待遇的；

（五）无正当理由，拒不接受当地人民政府指定部门或者机构介绍的适当工作或者提供的培训的。

第五十二条　职工跨统筹地区就业的，其失业保险关系随本人转移，缴费年限累计计算。

第六章　生育保险

第五十三条　职工应当参加生育保险，由用人单位按照国家规定缴纳生育保险费，职工不缴纳生育保险费。

第五十四条　用人单位已经缴纳生育保险费的，其职工享受生育保险待遇；职工未就业配偶按照国家规定享受生育医疗费用待遇。所需资金从生育保险基金中支付。

生育保险待遇包括生育医疗费用和生育津贴。

第五十五条　生育医疗费用包括下列各项：

（一）生育的医疗费用；

（二）计划生育的医疗费用；

（三）法律、法规规定的其他项目费用。

第五十六条　职工有下列情形之一的，可以按照国家规定享受生育津贴：

（一）女职工生育享受产假；

（二）享受计划生育手术休假；

（三）法律、法规规定的其他情形。

生育津贴按照职工所在用人单位上年度职工月平均工资计发。

第七章　社会保险费征缴

第五十七条　用人单位应当自成立之日起三十日内凭营业执照、登记证书或者单位印章，向当地社会保险经办机构申请办理社会保险登记。社会保险经办机构应当自收到申请之日起十五日内予以审核，发给社会保险登记证件。

用人单位的社会保险登记事项发生变更或者用人单位依法终止的，应当自变更或者终止之日起三十日内，到社会保险经办机构办理变更或者注销社会保险登记。

市场监督管理部门、民政部门和机构编制管理机关应当及时向社会保险经办机构通报用人单位的成立、终止情况，公安机关应当及时向社会保险经办机构通报个人的出生、死亡以及户口登记、迁移、注销等情况。

第五十八条 用人单位应当自用工之日起三十日内为其职工向社会保险经办机构申请办理社会保险登记。未办理社会保险登记的，由社会保险经办机构核定其应当缴纳的社会保险费。

自愿参加社会保险的无雇工的个体工商户、未在用人单位参加社会保险的非全日制从业人员以及其他灵活就业人员，应当向社会保险经办机构申请办理社会保险登记。

国家建立全国统一的个人社会保障号码。个人社会保障号码为公民身份号码。

第五十九条 县级以上人民政府加强社会保险费的征收工作。

社会保险费实行统一征收，实施步骤和具体办法由国务院规定。

第六十条 用人单位应当自行申报、按时足额缴纳社会保险费，非因不可抗力等法定事由不得缓缴、减免。职工应当缴纳的社会保险费由用人单位代扣代缴，用人单位应当按月将缴纳社会保险费的明细情况告知本人。

无雇工的个体工商户、未在用人单位参加社会保险的非全日制从业人员以及其他灵活就业人员，可以直接向社会保险费征收机构缴纳社会保险费。

第六十一条 社会保险费征收机构应当依法按时足额征收社

会保险费，并将缴费情况定期告知用人单位和个人。

第六十二条 用人单位未按规定申报应当缴纳的社会保险费数额的，按照该单位上月缴费额的百分之一百一十确定应当缴纳数额；缴费单位补办申报手续后，由社会保险费征收机构按照规定结算。

第六十三条 用人单位未按时足额缴纳社会保险费的，由社会保险费征收机构责令其限期缴纳或者补足。

用人单位逾期仍未缴纳或者补足社会保险费的，社会保险费征收机构可以向银行和其他金融机构查询其存款账户；并可以申请县级以上有关行政部门作出划拨社会保险费的决定，书面通知其开户银行或者其他金融机构划拨社会保险费。用人单位账户余额少于应当缴纳的社会保险费的，社会保险费征收机构可以要求该用人单位提供担保，签订延期缴费协议。

用人单位未足额缴纳社会保险费且未提供担保的，社会保险费征收机构可以申请人民法院扣押、查封、拍卖其价值相当于应当缴纳社会保险费的财产，以拍卖所得抵缴社会保险费。

第八章 社会保险基金

第六十四条 社会保险基金包括基本养老保险基金、基本医疗保险基金、工伤保险基金、失业保险基金和生育保险基金。除基本医疗保险基金与生育保险基金合并建账及核算外，其他各项社会保险基金按照社会保险险种分别建账，分账核算。社会保险基金执行国家统一的会计制度。

社会保险基金专款专用，任何组织和个人不得侵占或者挪用。

基本养老保险基金逐步实行全国统筹，其他社会保险基金逐步实行省级统筹，具体时间、步骤由国务院规定。

第六十五条 社会保险基金通过预算实现收支平衡。

县级以上人民政府在社会保险基金出现支付不足时，给予补贴。

第六十六条 社会保险基金按照统筹层次设立预算。除基本医疗保险基金与生育保险基金预算合并编制外，其他社会保险基金预算按照社会保险项目分别编制。

第六十七条 社会保险基金预算、决算草案的编制、审核和批准，依照法律和国务院规定执行。

第六十八条 社会保险基金存入财政专户，具体管理办法由国务院规定。

第六十九条 社会保险基金在保证安全的前提下，按照国务院规定投资运营实现保值增值。

社会保险基金不得违规投资运营，不得用于平衡其他政府预算，不得用于兴建、改建办公场所和支付人员经费、运行费用、管理费用，或者违反法律、行政法规规定挪作其他用途。

第七十条 社会保险经办机构应当定期向社会公布参加社会保险情况以及社会保险基金的收入、支出、结余和收益情况。

第七十一条 国家设立全国社会保障基金，由中央财政预算拨款以及国务院批准的其他方式筹集的资金构成，用于社会保障支出的补充、调剂。全国社会保障基金由全国社会保障基金管理运营机构负责管理运营，在保证安全的前提下实现保值增值。

全国社会保障基金应当定期向社会公布收支、管理和投资运营的情况。国务院财政部门、社会保险行政部门、审计机关对全国社会保障基金的收支、管理和投资运营情况实施监督。

第九章　社会保险经办

第七十二条 统筹地区设立社会保险经办机构。社会保险经办机构根据工作需要，经所在地的社会保险行政部门和机构编制管理机关批准，可以在本统筹地区设立分支机构和服务网点。

社会保险经办机构的人员经费和经办社会保险发生的基本运行费用、管理费用，由同级财政按照国家规定予以保障。

第七十三条 社会保险经办机构应当建立健全业务、财务、安全和风险管理制度。

社会保险经办机构应当按时足额支付社会保险待遇。

第七十四条 社会保险经办机构通过业务经办、统计、调查获取社会保险工作所需的数据，有关单位和个人应当及时、如实提供。

社会保险经办机构应当及时为用人单位建立档案，完整、准确地记录参加社会保险的人员、缴费等社会保险数据，妥善保管登记、申报的原始凭证和支付结算的会计凭证。

社会保险经办机构应当及时、完整、准确地记录参加社会保险的个人缴费和用人单位为其缴费，以及享受社会保险待遇等个人权益记录，定期将个人权益记录单免费寄送本人。

用人单位和个人可以免费向社会保险经办机构查询、核对其缴费和享受社会保险待遇记录，要求社会保险经办机构提供社会保险咨询等相关服务。

第七十五条 全国社会保险信息系统按照国家统一规划，由县级以上人民政府按照分级负责的原则共同建设。

第十章 社会保险监督

第七十六条 各级人民代表大会常务委员会听取和审议本级人民政府对社会保险基金的收支、管理、投资运营以及监督检查情况的专项工作报告，组织对本法实施情况的执法检查等，依法行使监督职权。

第七十七条 县级以上人民政府社会保险行政部门应当加强对用人单位和个人遵守社会保险法律、法规情况的监督检查。

社会保险行政部门实施监督检查时，被检查的用人单位和个人应当如实提供与社会保险有关的资料，不得拒绝检查或者谎报、瞒报。

第七十八条 财政部门、审计机关按照各自职责，对社会保险基金的收支、管理和投资运营情况实施监督。

第七十九条 社会保险行政部门对社会保险基金的收支、管理和投资运营情况进行监督检查，发现存在问题的，应当提出整改建议，依法作出处理决定或者向有关行政部门提出处理建议。社会保险基金检查结果应当定期向社会公布。

社会保险行政部门对社会保险基金实施监督检查，有权采取下列措施：

（一）查阅、记录、复制与社会保险基金收支、管理和投资运营相关的资料，对可能被转移、隐匿或者灭失的资料予以封存；

（二）询问与调查事项有关的单位和个人，要求其对与调查事项有关的问题作出说明、提供有关证明材料；

（三）对隐匿、转移、侵占、挪用社会保险基金的行为予以制止并责令改正。

第八十条 统筹地区人民政府成立由用人单位代表、参保人员代表，以及工会代表、专家等组成的社会保险监督委员会，掌握、分析社会保险基金的收支、管理和投资运营情况，对社会保险工作提出咨询意见和建议，实施社会监督。

社会保险经办机构应当定期向社会保险监督委员会汇报社会保险基金的收支、管理和投资运营情况。社会保险监督委员会可以聘请会计师事务所对社会保险基金的收支、管理和投资运营情况进行年度审计和专项审计。审计结果应当向社会公开。

社会保险监督委员会发现社会保险基金收支、管理和投资运营中存在问题的，有权提出改正建议；对社会保险经办机构及其工作人员的违法行为，有权向有关部门提出依法处理建议。

第八十一条 社会保险行政部门和其他有关行政部门、社会保险经办机构、社会保险费征收机构及其工作人员，应当依法为用人单位和个人的信息保密，不得以任何形式泄露。

第八十二条 任何组织或者个人有权对违反社会保险法律、

法规的行为进行举报、投诉。

社会保险行政部门、卫生行政部门、社会保险经办机构、社会保险费征收机构和财政部门、审计机关对属于本部门、本机构职责范围的举报、投诉，应当依法处理；对不属于本部门、本机构职责范围的，应当书面通知并移交有权处理的部门、机构处理。有权处理的部门、机构应当及时处理，不得推诿。

第八十三条 用人单位或者个人认为社会保险费征收机构的行为侵害自己合法权益的，可以依法申请行政复议或者提起行政诉讼。

用人单位或者个人对社会保险经办机构不依法办理社会保险登记、核定社会保险费、支付社会保险待遇、办理社会保险转移接续手续或者侵害其他社会保险权益的行为，可以依法申请行政复议或者提起行政诉讼。

个人与所在用人单位发生社会保险争议的，可以依法申请调解、仲裁，提起诉讼。用人单位侵害个人社会保险权益的，个人也可以要求社会保险行政部门或者社会保险费征收机构依法处理。

第十一章 法律责任

第八十四条 用人单位不办理社会保险登记的，由社会保险行政部门责令限期改正；逾期不改正的，对用人单位处应缴社会保险费数额一倍以上三倍以下的罚款，对其直接负责的主管人员和其他直接责任人员处五百元以上三千元以下的罚款。

第八十五条 用人单位拒不出具终止或者解除劳动关系证明的，依照《中华人民共和国劳动合同法》的规定处理。

第八十六条 用人单位未按时足额缴纳社会保险费的，由社会保险费征收机构责令限期缴纳或者补足，并自欠缴之日起，按日加收万分之五的滞纳金；逾期仍不缴纳的，由有关行政部门处欠缴数额一倍以上三倍以下的罚款。

第八十七条 社会保险经办机构以及医疗机构、药品经营单位等社会保险服务机构以欺诈、伪造证明材料或者其他手段骗取社会保险基金支出的，由社会保险行政部门责令退回骗取的社会保险金，处骗取金额二倍以上五倍以下的罚款；属于社会保险服务机构的，解除服务协议；直接负责的主管人员和其他直接责任人员有执业资格的，依法吊销其执业资格。

第八十八条 以欺诈、伪造证明材料或者其他手段骗取社会保险待遇的，由社会保险行政部门责令退回骗取的社会保险金，处骗取金额二倍以上五倍以下的罚款。

第八十九条 社会保险经办机构及其工作人员有下列行为之一的，由社会保险行政部门责令改正；给社会保险基金、用人单位或者个人造成损失的，依法承担赔偿责任；对直接负责的主管人员和其他直接责任人员依法给予处分：

（一）未履行社会保险法定职责的；

（二）未将社会保险基金存入财政专户的；

（三）克扣或者拒不按时支付社会保险待遇的；

（四）丢失或者篡改缴费记录、享受社会保险待遇记录等社会保险数据、个人权益记录的；

（五）有违反社会保险法律、法规的其他行为的。

第九十条 社会保险费征收机构擅自更改社会保险费缴费基数、费率，导致少收或者多收社会保险费的，由有关行政部门责令其追缴应当缴纳的社会保险费或者退还不应当缴纳的社会保险费；对直接负责的主管人员和其他直接责任人员依法给予处分。

第九十一条 违反本法规定，隐匿、转移、侵占、挪用社会保险基金或者违规投资运营的，由社会保险行政部门、财政部门、审计机关责令追回；有违法所得的，没收违法所得；对直接负责的主管人员和其他直接责任人员依法给予处分。

第九十二条 社会保险行政部门和其他有关行政部门、社会保险经办机构、社会保险费征收机构及其工作人员泄露用人单位和个人信息的，对直接负责的主管人员和其他直接责任人员依法给予处分；给用人单位或者个人造成损失的，应当承担赔偿责任。

第九十三条 国家工作人员在社会保险管理、监督工作中滥用职权、玩忽职守、徇私舞弊的，依法给予处分。

第九十四条 违反本法规定，构成犯罪的，依法追究刑事责任。

第十二章 附 则

第九十五条 进城务工的农村居民依照本法规定参加社会保险。

第九十六条 征收农村集体所有的土地，应当足额安排被征地农民的社会保险费，按照国务院规定将被征地农民纳入相应的社会保险制度。

第九十七条 外国人在中国境内就业的，参照本法规定参加社会保险。

第九十八条 本法自2011年7月1日起施行。

中华人民共和国职业病防治法

（2001 年 10 月 27 日第九届全国人民代表大会常务委员会第二十四次会议通过　根据 2011 年 12 月 31 日第十一届全国人民代表大会常务委员会第二十四次会议《关于修改〈中华人民共和国职业病防治法〉的决定》第一次修正　根据 2016 年 7 月 2 日第十二届全国人民代表大会常务委员会第二十一次会议《关于修改〈中华人民共和国节约能源法〉等六部法律的决定》第二次修正　根据 2017 年 11 月 4 日第十二届全国人民代表大会常务委员会第三十次会议《关于修改〈中华人民共和国会计法〉等十一部法律的决定》第三次修正　根据 2018 年 12 月 29 日第十三届全国人民代表大会常务委员会第七次会议《关于修改〈中华人民共和国劳动法〉等七部法律的决定》第四次修正）

目　录

第一章　总　则

第一条　为了预防、控制和消除职业病危害，防治职业病，保护劳动者健康及其相关权益，促进经济社会发展，根据宪法，制定本法。

第二条 本法适用于中华人民共和国领域内的职业病防治活动。

本法所称职业病，是指企业、事业单位和个体经济组织等用人单位的劳动者在职业活动中，因接触粉尘、放射性物质和其他有毒、有害因素而引起的疾病。

职业病的分类和目录由国务院卫生行政部门会同国务院劳动保障行政部门制定、调整并公布。

第三条 职业病防治工作坚持预防为主、防治结合的方针，建立用人单位负责、行政机关监管、行业自律、职工参与和社会监督的机制，实行分类管理、综合治理。

第四条 劳动者依法享有职业卫生保护的权利。

用人单位应当为劳动者创造符合国家职业卫生标准和卫生要求的工作环境和条件，并采取措施保障劳动者获得职业卫生保护。

工会组织依法对职业病防治工作进行监督，维护劳动者的合法权益。用人单位制定或者修改有关职业病防治的规章制度，应当听取工会组织的意见。

第五条 用人单位应当建立、健全职业病防治责任制，加强对职业病防治的管理，提高职业病防治水平，对本单位产生的职业病危害承担责任。

第六条 用人单位的主要负责人对本单位的职业病防治工作全面负责。

第七条 用人单位必须依法参加工伤保险。

国务院和县级以上地方人民政府劳动保障行政部门应当加强对工伤保险的监督管理，确保劳动者依法享受工伤保险待遇。

第八条 国家鼓励和支持研制、开发、推广、应用有利于职业病防治和保护劳动者健康的新技术、新工艺、新设备、新材料，加强对职业病的机理和发生规律的基础研究，提高职业病防治科学技术水平；积极采用有效的职业病防治技术、工艺、设备、材料；限制使用或者淘汰职业病危害严重的技术、工艺、设备、材料。

国家鼓励和支持职业病医疗康复机构的建设。

第九条 国家实行职业卫生监督制度。

国务院卫生行政部门、劳动保障行政部门依照本法和国务院确定的职责，负责全国职业病防治的监督管理工作。国务院有关部门在各自的职责范围内负责职业病防治的有关监督管理工作。

县级以上地方人民政府卫生行政部门、劳动保障行政部门依据各自职责，负责本行政区域内职业病防治的监督管理工作。县级以上地方人民政府有关部门在各自的职责范围内负责职业病防治的有关监督管理工作。

县级以上人民政府卫生行政部门、劳动保障行政部门（以下统称职业卫生监督管理部门）应当加强沟通，密切配合，按照各自职责分工，依法行使职权，承担责任。

第十条 国务院和县级以上地方人民政府应当制定职业病防治规划，将其纳入国民经济和社会发展计划，并组织实施。

县级以上地方人民政府统一负责、领导、组织、协调本行政区域的职业病防治工作，建立健全职业病防治工作体制、机制，统一领导、指挥职业卫生突发事件应对工作；加强职业病防治能力建设和服务体系建设，完善、落实职业病防治工作责任制。

乡、民族乡、镇的人民政府应当认真执行本法，支持职业卫生监督管理部门依法履行职责。

第十一条 县级以上人民政府职业卫生监督管理部门应当加强对职业病防治的宣传教育，普及职业病防治的知识，增强用人单位的职业病防治观念，提高劳动者的职业健康意识、自我保护意识和行使职业卫生保护权利的能力。

第十二条 有关防治职业病的国家职业卫生标准，由国务院卫生行政部门组织制定并公布。

国务院卫生行政部门应当组织开展重点职业病监测和专项调查，对职业健康风险进行评估，为制定职业卫生标准和职业病防治政策提供科学依据。

县级以上地方人民政府卫生行政部门应当定期对本行政区域的职业病防治情况进行统计和调查分析。

第十三条　任何单位和个人有权对违反本法的行为进行检举和控告。有关部门收到相关的检举和控告后，应当及时处理。

对防治职业病成绩显著的单位和个人，给予奖励。

第二章　前期预防

第十四条　用人单位应当依照法律、法规要求，严格遵守国家职业卫生标准，落实职业病预防措施，从源头上控制和消除职业病危害。

第十五条　产生职业病危害的用人单位的设立除应当符合法律、行政法规规定的设立条件外，其工作场所还应当符合下列职业卫生要求：

（一）职业病危害因素的强度或者浓度符合国家职业卫生标准；

（二）有与职业病危害防护相适应的设施；

（三）生产布局合理，符合有害与无害作业分开的原则；

（四）有配套的更衣间、洗浴间、孕妇休息间等卫生设施；

（五）设备、工具、用具等设施符合保护劳动者生理、心理健康的要求；

（六）法律、行政法规和国务院卫生行政部门关于保护劳动者健康的其他要求。

第十六条　国家建立职业病危害项目申报制度。

用人单位工作场所存在职业病目录所列职业病的危害因素的，应当及时、如实向所在地卫生行政部门申报危害项目，接受监督。

职业病危害因素分类目录由国务院卫生行政部门制定、调整并公布。职业病危害项目申报的具体办法由国务院卫生行政部门制定。

第十七条 新建、扩建、改建建设项目和技术改造、技术引进项目（以下统称建设项目）可能产生职业病危害的，建设单位在可行性论证阶段应当进行职业病危害预评价。

医疗机构建设项目可能产生放射性职业病危害的，建设单位应当向卫生行政部门提交放射性职业病危害预评价报告。卫生行政部门应当自收到预评价报告之日起三十日内，作出审核决定并书面通知建设单位。未提交预评价报告或者预评价报告未经卫生行政部门审核同意的，不得开工建设。

职业病危害预评价报告应当对建设项目可能产生的职业病危害因素及其对工作场所和劳动者健康的影响作出评价，确定危害类别和职业病防护措施。

建设项目职业病危害分类管理办法由国务院卫生行政部门制定。

第十八条 建设项目的职业病防护设施所需费用应当纳入建设项目工程预算，并与主体工程同时设计，同时施工，同时投入生产和使用。

建设项目的职业病防护设施设计应当符合国家职业卫生标准和卫生要求；其中，医疗机构放射性职业病危害严重的建设项目的防护设施设计，应当经卫生行政部门审查同意后，方可施工。

建设项目在竣工验收前，建设单位应当进行职业病危害控制效果评价。

医疗机构可能产生放射性职业病危害的建设项目竣工验收时，其放射性职业病防护设施经卫生行政部门验收合格后，方可投入使用；其他建设项目的职业病防护设施应当由建设单位负责依法组织验收，验收合格后，方可投入生产和使用。卫生行政部门应当加强对建设单位组织的验收活动和验收结果的监督核查。

第十九条 国家对从事放射性、高毒、高危粉尘等作业实行特殊管理。具体管理办法由国务院制定。

第三章 劳动过程中的防护与管理

第二十条 用人单位应当采取下列职业病防治管理措施：

（一）设置或者指定职业卫生管理机构或者组织，配备专职或者兼职的职业卫生管理人员，负责本单位的职业病防治工作；

（二）制定职业病防治计划和实施方案；

（三）建立、健全职业卫生管理制度和操作规程；

（四）建立、健全职业卫生档案和劳动者健康监护档案；

（五）建立、健全工作场所职业病危害因素监测及评价制度；

（六）建立、健全职业病危害事故应急救援预案。

第二十一条 用人单位应当保障职业病防治所需的资金投入，不得挤占、挪用，并对因资金投入不足导致的后果承担责任。

第二十二条 用人单位必须采用有效的职业病防护设施，并为劳动者提供个人使用的职业病防护用品。

用人单位为劳动者个人提供的职业病防护用品必须符合防治职业病的要求；不符合要求的，不得使用。

第二十三条 用人单位应当优先采用有利于防治职业病和保护劳动者健康的新技术、新工艺、新设备、新材料，逐步替代职业病危害严重的技术、工艺、设备、材料。

第二十四条 产生职业病危害的用人单位，应当在醒目位置设置公告栏，公布有关职业病防治的规章制度、操作规程、职业病危害事故应急救援措施和工作场所职业病危害因素检测结果。

对产生严重职业病危害的作业岗位，应当在其醒目位置，设置警示标识和中文警示说明。警示说明应当载明产生职业病危害的种类、后果、预防以及应急救治措施等内容。

第二十五条 对可能发生急性职业损伤的有毒、有害工作场所，用人单位应当设置报警装置，配置现场急救用品、冲洗设备、应急撤离通道和必要的泄险区。

对放射工作场所和放射性同位素的运输、贮存，用人单位必须配置防护设备和报警装置，保证接触放射线的工作人员佩戴个人剂量计。

对职业病防护设备、应急救援设施和个人使用的职业病防护用品，用人单位应当进行经常性的维护、检修，定期检测其性能和效果，确保其处于正常状态，不得擅自拆除或者停止使用。

第二十六条 用人单位应当实施由专人负责的职业病危害因素日常监测，并确保监测系统处于正常运行状态。

用人单位应当按照国务院卫生行政部门的规定，定期对工作场所进行职业病危害因素检测、评价。检测、评价结果存入用人单位职业卫生档案，定期向所在地卫生行政部门报告并向劳动者公布。

职业病危害因素检测、评价由依法设立的取得国务院卫生行政部门或者设区的市级以上地方人民政府卫生行政部门按照职责分工给予资质认可的职业卫生技术服务机构进行。职业卫生技术服务机构所作检测、评价应当客观、真实。

发现工作场所职业病危害因素不符合国家职业卫生标准和卫生要求时，用人单位应当立即采取相应治理措施，仍然达不到国家职业卫生标准和卫生要求的，必须停止存在职业病危害因素的作业；职业病危害因素经治理后，符合国家职业卫生标准和卫生要求的，方可重新作业。

第二十七条 职业卫生技术服务机构依法从事职业病危害因素检测、评价工作，接受卫生行政部门的监督检查。卫生行政部门应当依法履行监督职责。

第二十八条 向用人单位提供可能产生职业病危害的设备

的，应当提供中文说明书，并在设备的醒目位置设置警示标识和中文警示说明。警示说明应当载明设备性能、可能产生的职业病危害、安全操作和维护注意事项、职业病防护以及应急救治措施等内容。

第二十九条　向用人单位提供可能产生职业病危害的化学品、放射性同位素和含有放射性物质的材料的，应当提供中文说明书。说明书应当载明产品特性、主要成份、存在的有害因素、可能产生的危害后果、安全使用注意事项、职业病防护以及应急救治措施等内容。产品包装应当有醒目的警示标识和中文警示说明。贮存上述材料的场所应当在规定的部位设置危险物品标识或者放射性警示标识。

国内首次使用或者首次进口与职业病危害有关的化学材料，使用单位或者进口单位按照国家规定经国务院有关部门批准后，应当向国务院卫生行政部门报送该化学材料的毒性鉴定以及经有关部门登记注册或者批准进口的文件等资料。

进口放射性同位素、射线装置和含有放射性物质的物品的，按照国家有关规定办理。

第三十条　任何单位和个人不得生产、经营、进口和使用国家明令禁止使用的可能产生职业病危害的设备或者材料。

第三十一条　任何单位和个人不得将产生职业病危害的作业转移给不具备职业病防护条件的单位和个人。不具备职业病防护条件的单位和个人不得接受产生职业病危害的作业。

第三十二条　用人单位对采用的技术、工艺、设备、材料，应当知悉其产生的职业病危害，对有职业病危害的技术、工艺、设备、材料隐瞒其危害而采用的，对所造成的职业病危害后果承担责任。

第三十三条　用人单位与劳动者订立劳动合同（含聘用合同，下同）时，应当将工作过程中可能产生的职业病危害及其后果、职业病防护措施和待遇等如实告知劳动者，并在劳动合同中写明，不得隐瞒或者欺骗。

劳动者在已订立劳动合同期间因工作岗位或者工作内容变更，从事与所订立劳动合同中未告知的存在职业病危害的作业时，用人单位应当依照前款规定，向劳动者履行如实告知的义务，并协商变更原劳动合同相关条款。

用人单位违反前两款规定的，劳动者有权拒绝从事存在职业病危害的作业，用人单位不得因此解除与劳动者所订立的劳动合同。

第三十四条 用人单位的主要负责人和职业卫生管理人员应当接受职业卫生培训，遵守职业病防治法律、法规，依法组织本单位的职业病防治工作。

用人单位应当对劳动者进行上岗前的职业卫生培训和在岗期间的定期职业卫生培训，普及职业卫生知识，督促劳动者遵守职业病防治法律、法规、规章和操作规程，指导劳动者正确使用职业病防护设备和个人使用的职业病防护用品。

劳动者应当学习和掌握相关的职业卫生知识，增强职业病防范意识，遵守职业病防治法律、法规、规章和操作规程，正确使用、维护职业病防护设备和个人使用的职业病防护用品，发现职业病危害事故隐患应当及时报告。

劳动者不履行前款规定义务的，用人单位应当对其进行教育。

第三十五条 对从事接触职业病危害的作业的劳动者，用人单位应当按照国务院卫生行政部门的规定组织上岗前、在岗期间和离岗时的职业健康检查，并将检查结果书面告知劳动者。职业健康检查费用由用人单位承担。

用人单位不得安排未经上岗前职业健康检查的劳动者从事接触职业病危害的作业；不得安排有职业禁忌的劳动者从事其所禁忌的作业；对在职业健康检查中发现有与所从事的职业相关的健康损害的劳动者，应当调离原工作岗位，并妥善安置；对未进行离岗前职业健康检查的劳动者不得解除或者终止与其订立的劳动合同。

职业健康检查应当由取得《医疗机构执业许可证》的医疗卫生机构承担。卫生行政部门应当加强对职业健康检查工作的规范管理，具体管理办法由国务院卫生行政部门制定。

第三十六条　用人单位应当为劳动者建立职业健康监护档案，并按照规定的期限妥善保存。

职业健康监护档案应当包括劳动者的职业史、职业病危害接触史、职业健康检查结果和职业病诊疗等有关个人健康资料。

劳动者离开用人单位时，有权索取本人职业健康监护档案复印件，用人单位应当如实、无偿提供，并在所提供的复印件上签章。

第三十七条　发生或者可能发生急性职业病危害事故时，用人单位应当立即采取应急救援和控制措施，并及时报告所在地卫生行政部门和有关部门。卫生行政部门接到报告后，应当及时会同有关部门组织调查处理；必要时，可以采取临时控制措施。卫生行政部门应当组织做好医疗救治工作。

对遭受或者可能遭受急性职业病危害的劳动者，用人单位应当及时组织救治、进行健康检查和医学观察，所需费用由用人单位承担。

第三十八条　用人单位不得安排未成年工从事接触职业病危害的作业；不得安排孕期、哺乳期的女职工从事对本人和胎儿、婴儿有危害的作业。

第三十九条　劳动者享有下列职业卫生保护权利：

（一）获得职业卫生教育、培训；

（二）获得职业健康检查、职业病诊疗、康复等职业病防治服务；

（三）了解工作场所产生或者可能产生的职业病危害因素、危害后果和应当采取的职业病防护措施；

（四）要求用人单位提供符合防治职业病要求的职业病防护设施和个人使用的职业病防护用品，改善工作条件；

（五）对违反职业病防治法律、法规以及危及生命健康的行为提出批评、检举和控告；

（六）拒绝违章指挥和强令进行没有职业病防护措施的作业；

（七）参与用人单位职业卫生工作的民主管理，对职业病防治工作提出意见和建议。

用人单位应当保障劳动者行使前款所列权利。因劳动者依法行使正当权利而降低其工资、福利等待遇或者解除、终止与其订立的劳动合同的，其行为无效。

第四十条 工会组织应当督促并协助用人单位开展职业卫生宣传教育和培训，有权对用人单位的职业病防治工作提出意见和建议，依法代表劳动者与用人单位签订劳动安全卫生专项集体合同，与用人单位就劳动者反映的有关职业病防治的问题进行协调并督促解决。

工会组织对用人单位违反职业病防治法律、法规，侵犯劳动者合法权益的行为，有权要求纠正；产生严重职业病危害时，有权要求采取防护措施，或者向政府有关部门建议采取强制性措施；发生职业病危害事故时，有权参与事故调查处理；发现危及劳动者生命健康的情形时，有权向用人单位建议组织劳动者撤离危险现场，用人单位应当立即作出处理。

第四十一条 用人单位按照职业病防治要求，用于预防和治理职业病危害、工作场所卫生检测、健康监护和职业卫生培训等费用，按照国家有关规定，在生产成本中据实列支。

第四十二条 职业卫生监督管理部门应当按照职责分工，加强对用人单位落实职业病防护管理措施情况的监督检查，依法行使职权，承担责任。

第四章　职业病诊断与职业病病人保障

第四十三条　职业病诊断应当由取得《医疗机构执业许可证》的医疗卫生机构承担。卫生行政部门应当加强对职业病诊断工作的规范管理，具体管理办法由国务院卫生行政部门制定。

承担职业病诊断的医疗卫生机构还应当具备下列条件：

（一）具有与开展职业病诊断相适应的医疗卫生技术人员；

（二）具有与开展职业病诊断相适应的仪器、设备；

（三）具有健全的职业病诊断质量管理制度。

承担职业病诊断的医疗卫生机构不得拒绝劳动者进行职业病诊断的要求。

第四十四条　劳动者可以在用人单位所在地、本人户籍所在地或者经常居住地依法承担职业病诊断的医疗卫生机构进行职业病诊断。

第四十五条　职业病诊断标准和职业病诊断、鉴定办法由国务院卫生行政部门制定。职业病伤残等级的鉴定办法由国务院劳动保障行政部门会同国务院卫生行政部门制定。

第四十六条　职业病诊断，应当综合分析下列因素：

（一）病人的职业史；

（二）职业病危害接触史和工作场所职业病危害因素情况；

（三）临床表现以及辅助检查结果等。

没有证据否定职业病危害因素与病人临床表现之间的必然联系的，应当诊断为职业病。

职业病诊断证明书应当由参与诊断的取得职业病诊断资格的执业医师签署，并经承担职业病诊断的医疗卫生机构审核盖章。

第四十七条　用人单位应当如实提供职业病诊断、鉴定所需的劳动者职业史和职业病危害接触史、工作场所职业病危害因素检测结果等资料；卫生行政部门应当监督检查和督促用人单位提供上述资料；劳动者和有关机构也应当提供与职业病诊断、鉴定有关的资料。

职业病诊断、鉴定机构需要了解工作场所职业病危害因素情况时，可以对工作场所进行现场调查，也可以向卫生行政部门提出，卫生行政部门应当在十日内组织现场调查。用人单位不得拒绝、阻挠。

第四十八条 职业病诊断、鉴定过程中，用人单位不提供工作场所职业病危害因素检测结果等资料的，诊断、鉴定机构应当结合劳动者的临床表现、辅助检查结果和劳动者的职业史、职业病危害接触史，并参考劳动者的自述、卫生行政部门提供的日常监督检查信息等，作出职业病诊断、鉴定结论。

劳动者对用人单位提供的工作场所职业病危害因素检测结果等资料有异议，或者因劳动者的用人单位解散、破产，无用人单位提供上述资料的，诊断、鉴定机构应当提请卫生行政部门进行调查，卫生行政部门应当自接到申请之日起三十日内对存在异议的资料或者工作场所职业病危害因素情况作出判定；有关部门应当配合。

第四十九条 职业病诊断、鉴定过程中，在确认劳动者职业史、职业病危害接触史时，当事人对劳动关系、工种、工作岗位或者在岗时间有争议的，可以向当地的劳动人事争议仲裁委员会申请仲裁；接到申请的劳动人事争议仲裁委员会应当受理，并在三十日内作出裁决。

当事人在仲裁过程中对自己提出的主张，有责任提供证据。劳动者无法提供由用人单位掌握管理的与仲裁主张有关的证据的，仲裁庭应当要求用人单位在指定期限内提供；用人单位在指定期限内不提供的，应当承担不利后果。

劳动者对仲裁裁决不服的，可以依法向人民法院提起诉讼。

用人单位对仲裁裁决不服的，可以在职业病诊断、鉴定程序结束之日起十五日内依法向人民法院提起诉讼；诉讼期间，劳动者的治疗费用按照职业病待遇规定的途径支付。

第五十条　用人单位和医疗卫生机构发现职业病病人或者疑似职业病病人时，应当及时向所在地卫生行政部门报告。确诊为职业病的，用人单位还应当向所在地劳动保障行政部门报告。接到报告的部门应当依法作出处理。

第五十一条　县级以上地方人民政府卫生行政部门负责本行政区域内的职业病统计报告的管理工作，并按照规定上报。

第五十二条　当事人对职业病诊断有异议的，可以向作出诊断的医疗卫生机构所在地地方人民政府卫生行政部门申请鉴定。

职业病诊断争议由设区的市级以上地方人民政府卫生行政部门根据当事人的申请，组织职业病诊断鉴定委员会进行鉴定。

当事人对设区的市级职业病诊断鉴定委员会的鉴定结论不服的，可以向省、自治区、直辖市人民政府卫生行政部门申请再鉴定。

第五十三条　职业病诊断鉴定委员会由相关专业的专家组成。

省、自治区、直辖市人民政府卫生行政部门应当设立相关的专家库，需要对职业病争议作出诊断鉴定时，由当事人或者当事人委托有关卫生行政部门从专家库中以随机抽取的方式确定参加诊断鉴定委员会的专家。

职业病诊断鉴定委员会应当按照国务院卫生行政部门颁布的职业病诊断标准和职业病诊断、鉴定办法进行职业病诊断鉴定，向当事人出具职业病诊断鉴定书。职业病诊断、鉴定费用由用人单位承担。

第五十四条　职业病诊断鉴定委员会组成人员应当遵守职业道德，客观、公正地进行诊断鉴定，并承担相应的责任。职业病诊断鉴定委员会组成人员不得私下接触当事人，不得收受当事人的财物或者其他好处，与当事人有利害关系的，应当回避。

人民法院受理有关案件需要进行职业病鉴定时，应当从省、自治区、直辖市人民政府卫生行政部门依法设立的相关的专家库中选取参加鉴定的专家。

第五十五条 医疗卫生机构发现疑似职业病病人时，应当告知劳动者本人并及时通知用人单位。

用人单位应当及时安排对疑似职业病病人进行诊断；在疑似职业病病人诊断或者医学观察期间，不得解除或者终止与其订立的劳动合同。

疑似职业病病人在诊断、医学观察期间的费用，由用人单位承担。

第五十六条 用人单位应当保障职业病病人依法享受国家规定的职业病待遇。

用人单位应当按照国家有关规定，安排职业病病人进行治疗、康复和定期检查。

用人单位对不适宜继续从事原工作的职业病病人，应当调离原岗位，并妥善安置。

用人单位对从事接触职业病危害的作业的劳动者，应当给予适当岗位津贴。

第五十七条 职业病病人的诊疗、康复费用，伤残以及丧失劳动能力的职业病病人的社会保障，按照国家有关工伤保险的规定执行。

第五十八条 职业病病人除依法享有工伤保险外，依照有关民事法律，尚有获得赔偿的权利的，有权向用人单位提出赔偿要求。

第五十九条 劳动者被诊断患有职业病，但用人单位没有依法参加工伤保险的，其医疗和生活保障由该用人单位承担。

第六十条 职业病病人变动工作单位，其依法享有的待遇不变。

用人单位在发生分立、合并、解散、破产等情形时，应当对从事接触职业病危害的作业的劳动者进行健康检查，并按照国家有关规定妥善安置职业病病人。

第六十一条　用人单位已经不存在或者无法确认劳动关系的职业病病人，可以向地方人民政府医疗保障、民政部门申请医疗救助和生活等方面的救助。

地方各级人民政府应当根据本地区的实际情况，采取其他措施，使前款规定的职业病病人获得医疗救治。

第五章　监督检查

第六十二条　县级以上人民政府职业卫生监督管理部门依照职业病防治法律、法规、国家职业卫生标准和卫生要求，依据职责划分，对职业病防治工作进行监督检查。

第六十三条　卫生行政部门履行监督检查职责时，有权采取下列措施：

（一）进入被检查单位和职业病危害现场，了解情况，调查取证；

（二）查阅或者复制与违反职业病防治法律、法规的行为有关的资料和采集样品；

（三）责令违反职业病防治法律、法规的单位和个人停止违法行为。

第六十四条　发生职业病危害事故或者有证据证明危害状态可能导致职业病危害事故发生时，卫生行政部门可以采取下列临时控制措施：

（一）责令暂停导致职业病危害事故的作业；

（二）封存造成职业病危害事故或者可能导致职业病危害事故发生的材料和设备；

（三）组织控制职业病危害事故现场。

在职业病危害事故或者危害状态得到有效控制后，卫生行政部门应当及时解除控制措施。

第六十五条　职业卫生监督执法人员依法执行职务时，应当出示监督执法证件。

职业卫生监督执法人员应当忠于职守，秉公执法，严格遵守执法规范；涉及用人单位的秘密的，应当为其保密。

第六十六条 职业卫生监督执法人员依法执行职务时，被检查单位应当接受检查并予以支持配合，不得拒绝和阻碍。

第六十七条 卫生行政部门及其职业卫生监督执法人员履行职责时，不得有下列行为：

（一）对不符合法定条件的，发给建设项目有关证明文件、资质证明文件或者予以批准；

（二）对已经取得有关证明文件的，不履行监督检查职责；

（三）发现用人单位存在职业病危害的，可能造成职业病危害事故，不及时依法采取控制措施；

（四）其他违反本法的行为。

第六十八条 职业卫生监督执法人员应当依法经过资格认定。

职业卫生监督管理部门应当加强队伍建设，提高职业卫生监督执法人员的政治、业务素质，依照本法和其他有关法律、法规的规定，建立、健全内部监督制度，对其工作人员执行法律、法规和遵守纪律的情况，进行监督检查。

第六章 法律责任

第六十九条 建设单位违反本法规定，有下列行为之一的，由卫生行政部门给予警告，责令限期改正；逾期不改正的，处十万元以上五十万元以下的罚款；情节严重的，责令停止产生职业病危害的作业，或者提请有关人民政府按照国务院规定的权限责令停建、关闭：

（一）未按照规定进行职业病危害预评价的；

（二）医疗机构可能产生放射性职业病危害的建设项目未按照规定提交放射性职业病危害预评价报告，或者放射性职业病危害预评价报告未经卫生行政部门审核同意，开工建设的；

（三）建设项目的职业病防护设施未按照规定与主体工程同时设计、同时施工、同时投入生产和使用的；

（四）建设项目的职业病防护设施设计不符合国家职业卫生标准和卫生要求，或者医疗机构放射性职业病危害严重的建设项目的防护设施设计未经卫生行政部门审查同意擅自施工的；

（五）未按照规定对职业病防护设施进行职业病危害控制效果评价的；

（六）建设项目竣工投入生产和使用前，职业病防护设施未按照规定验收合格的。

第七十条 违反本法规定，有下列行为之一的，由卫生行政部门给予警告，责令限期改正；逾期不改正的，处十万元以下的罚款：

（一）工作场所职业病危害因素检测、评价结果没有存档、上报、公布的；

（二）未采取本法第二十条规定的职业病防治管理措施的；

（三）未按照规定公布有关职业病防治的规章制度、操作规程、职业病危害事故应急救援措施的；

（四）未按照规定组织劳动者进行职业卫生培训，或者未对劳动者个人职业病防护采取指导、督促措施的；

（五）国内首次使用或者首次进口与职业病危害有关的化学材料，未按照规定报送毒性鉴定资料以及经有关部门登记注册或者批准进口的文件的。

第七十一条 用人单位违反本法规定，有下列行为之一的，由卫生行政部门责令限期改正，给予警告，可以并处五万元以上十万元以下的罚款：

（一）未按照规定及时、如实向卫生行政部门申报产生职业病危害的项目的；

（二）未实施由专人负责的职业病危害因素日常监测，或者监测系统不能正常监测的；

（三）订立或者变更劳动合同时，未告知劳动者职业病危害真实情况的；

（四）未按照规定组织职业健康检查、建立职业健康监护档案或者未将检查结果书面告知劳动者的；

（五）未依照本法规定在劳动者离开用人单位时提供职业健康监护档案复印件的。

第七十二条　用人单位违反本法规定，有下列行为之一的，由卫生行政部门给予警告，责令限期改正，逾期不改正的，处五万元以上二十万元以下的罚款；情节严重的，责令停止产生职业病危害的作业，或者提请有关人民政府按照国务院规定的权限责令关闭：

（一）工作场所职业病危害因素的强度或者浓度超过国家职业卫生标准的；

（二）未提供职业病防护设施和个人使用的职业病防护用品，或者提供的职业病防护设施和个人使用的职业病防护用品不符合国家职业卫生标准和卫生要求的；

（三）对职业病防护设备、应急救援设施和个人使用的职业病防护用品未按照规定进行维护、检修、检测，或者不能保持正常运行、使用状态的；

（四）未按照规定对工作场所职业病危害因素进行检测、评价的；

（五）工作场所职业病危害因素经治理仍然达不到国家职业卫生标准和卫生要求时，未停止存在职业病危害因素的作业的；

（六）未按照规定安排职业病病人、疑似职业病病人进行诊治的；

（七）发生或者可能发生急性职业病危害事故时，未立即采取应急救援和控制措施或者未按照规定及时报告的；

（八）未按照规定在产生严重职业病危害的作业岗位醒目位置设置警示标识和中文警示说明的；

（九）拒绝职业卫生监督管理部门监督检查的；

（十）隐瞒、伪造、篡改、毁损职业健康监护档案、工作场所职业病危害因素检测评价结果等相关资料，或者拒不提供职业病诊断、鉴定所需资料的；

（十一）未按照规定承担职业病诊断、鉴定费用和职业病病人的医疗、生活保障费用的。

第七十三条　向用人单位提供可能产生职业病危害的设备、材料，未按照规定提供中文说明书或者设置警示标识和中文警示说明的，由卫生行政部门责令限期改正，给予警告，并处五万元以上二十万元以下的罚款。

第七十四条　用人单位和医疗卫生机构未按照规定报告职业病、疑似职业病的，由有关主管部门依据职责分工责令限期改正，给予警告，可以并处一万元以下的罚款；弄虚作假的，并处二万元以上五万元以下的罚款；对直接负责的主管人员和其他直接责任人员，可以依法给予降级或者撤职的处分。

第七十五条　违反本法规定，有下列情形之一的，由卫生行政部门责令限期治理，并处五万元以上三十万元以下的罚款；情节严重的，责令停止产生职业病危害的作业，或者提请有关人民政府按照国务院规定的权限责令关闭：

（一）隐瞒技术、工艺、设备、材料所产生的职业病危害而采用的；

（二）隐瞒本单位职业卫生真实情况的；

（三）可能发生急性职业损伤的有毒、有害工作场所、放射工作场所或者放射性同位素的运输、贮存不符合本法第二十五条规定的；

（四）使用国家明令禁止使用的可能产生职业病危害的设备或者材料的；

（五）将产生职业病危害的作业转移给没有职业病防护条件的单位和个人，或者没有职业病防护条件的单位和个人接受产生职业病危害的作业的；

（六）擅自拆除、停止使用职业病防护设备或者应急救援设施的；

（七）安排未经职业健康检查的劳动者、有职业禁忌的劳动者、未成年工或者孕期、哺乳期女职工从事接触职业病危害的作业或者禁忌作业的；

（八）违章指挥和强令劳动者进行没有职业病防护措施的作业的。

第七十六条 生产、经营或者进口国家明令禁止使用的可能产生职业病危害的设备或者材料的，依照有关法律、行政法规的规定给予处罚。

第七十七条 用人单位违反本法规定，已经对劳动者生命健康造成严重损害的，由卫生行政部门责令停止产生职业病危害的作业，或者提请有关人民政府按照国务院规定的权限责令关闭，并处十万元以上五十万元以下的罚款。

第七十八条 用人单位违反本法规定，造成重大职业病危害事故或者其他严重后果，构成犯罪的，对直接负责的主管人员和其他直接责任人员，依法追究刑事责任。

第七十九条 未取得职业卫生技术服务资质认可擅自从事职业卫生技术服务的，由卫生行政部门责令立即停止违法行为，没收违法所得；违法所得五千元以上的，并处违法所得二倍以上十倍以下的罚款；没有违法所得或者违法所得不足五千元的，并处五千元以上五万元以下的罚款；情节严重的，对直接负责的主管人员和其他直接责任人员，依法给予降级、撤职或者开除的处分。

第八十条 从事职业卫生技术服务的机构和承担职业病诊断的医疗卫生机构违反本法规定，有下列行为之一的，由卫生行政部门责令立即停止违法行为，给予警告，没收违法所得；违法所得五千元以上的，并处违法所得二倍以上五倍以下的罚款；没有违法所得或者违法所得不足五千元的，并处五千元以上二万元以下的罚款；情节严重的，由原认可或者登记机关取消其相应的资格；对直接负责的主管人员和其他直接责任人员，依法给予降级、撤职或者开除的处分；构成犯罪的，依法追究刑事责任：

（一）超出资质认可或者诊疗项目登记范围从事职业卫生技术服务或者职业病诊断的；

（二）不按照本法规定履行法定职责的；

（三）出具虚假证明文件的。

第八十一条 职业病诊断鉴定委员会组成人员收受职业病诊断争议当事人的财物或者其他好处的，给予警告，没收收受的财物，可以并处三千元以上五万元以下的罚款，取消其担任职业病诊断鉴定委员会组成人员的资格，并从省、自治区、直辖市人民政府卫生行政部门设立的专家库中予以除名。

第八十二条 卫生行政部门不按照规定报告职业病和职业病危害事故的，由上一级行政部门责令改正，通报批评，给予警告；虚报、瞒报的，对单位负责人、直接负责的主管人员和其他直接责任人员依法给予降级、撤职或者开除的处分。

第八十三条 县级以上地方人民政府在职业病防治工作中未依照本法履行职责，本行政区域出现重大职业病危害事故、造成严重社会影响的，依法对直接负责的主管人员和其他直接责任人员给予记大过直至开除的处分。

县级以上人民政府职业卫生监督管理部门不履行本法规定的职责，滥用职权、玩忽职守、徇私舞弊，依法对直接负责的主管人员和其他直接责任人员给予记大过或者降级的处分；造成职业病危害事故或者其他严重后果的，依法给予撤职或者开除的处分。

第八十四条 违反本法规定，构成犯罪的，依法追究刑事责任。

第七章　附　则

第八十五条　本法下列用语的含义：

职业病危害，是指对从事职业活动的劳动者可能导致职业病的各种危害。职业病危害因素包括：职业活动中存在的各种有害的化学、物理、生物因素以及在作业过程中产生的其他职业有害因素。

职业禁忌，是指劳动者从事特定职业或者接触特定职业病危害因素时，比一般职业人群更易于遭受职业病危害和罹患职业病或者可能导致原有自身疾病病情加重，或者在从事作业过程中诱发可能导致对他人生命健康构成危险的疾病的个人特殊生理或者病理状态。

第八十六条　本法第二条规定的用人单位以外的单位，产生职业病危害的，其职业病防治活动可以参照本法执行。

劳务派遣用工单位应当履行本法规定的用人单位的义务。

中国人民解放军参照执行本法的办法，由国务院、中央军事委员会制定。

第八十七条　对医疗机构放射性职业病危害控制的监督管理，由卫生行政部门依照本法的规定实施。

第八十八条　本法自 2002 年 5 月 1 日起施行。

工伤保险条例

（2003年4月27日国务院令第375号公布　根据2010年12月20日《国务院关于修改〈工伤保险条例〉的决定》修订）

第一章　总　则

第一条　为了保障因工作遭受事故伤害或者患职业病的职工获得医疗救治和经济补偿，促进工伤预防和职业康复，分散用人单位的工伤风险，制定本条例。

第二条　中华人民共和国境内的企业、事业单位、社会团体、民办非企业单位、基金会、律师事务所、会计师事务所等组织和有雇工的个体工商户（以下称用人单位）应当依照本条例规定参加工伤保险，为本单位全部职工或者雇工（以下称职工）缴纳工伤保险费。

中华人民共和国境内的企业、事业单位、社会团体、民办非企业单位、基金会、律师事务所、会计师事务所等组织的职工和个体工商户的雇工，均有依照本条例的规定享受工伤保险待遇的权利。

第三条　工伤保险费的征缴按照《社会保险费征缴暂行条例》关于基本养老保险费、基本医疗保险费、失业保险费的征缴规定执行。

第四条　用人单位应当将参加工伤保险的有关情况在本单位内公示。

用人单位和职工应当遵守有关安全生产和职业病防治的法律法规，执行安全卫生规程和标准，预防工伤事故发生，避免和减少职业病危害。

职工发生工伤时，用人单位应当采取措施使工伤职工得到及时救治。

第五条 国务院社会保险行政部门负责全国的工伤保险工作。

县级以上地方各级人民政府社会保险行政部门负责本行政区域内的工伤保险工作。

社会保险行政部门按照国务院有关规定设立的社会保险经办机构（以下称经办机构）具体承办工伤保险事务。

第六条 社会保险行政部门等部门制定工伤保险的政策、标准，应当征求工会组织、用人单位代表的意见。

第二章 工伤保险基金

第七条 工伤保险基金由用人单位缴纳的工伤保险费、工伤保险基金的利息和依法纳入工伤保险基金的其他资金构成。

第八条 工伤保险费根据以支定收、收支平衡的原则，确定费率。

国家根据不同行业的工伤风险程度确定行业的差别费率，并根据工伤保险费使用、工伤发生率等情况在每个行业内确定若干费率档次。行业差别费率及行业内费率档次由国务院社会保险行政部门制定，报国务院批准后公布施行。

统筹地区经办机构根据用人单位工伤保险费使用、工伤发生率等情况，适用所属行业内相应的费率档次确定单位缴费费率。

第九条 国务院社会保险行政部门应当定期了解全国各统筹地区工伤保险基金收支情况，及时提出调整行业差别费率及行业内费率档次的方案，报国务院批准后公布施行。

第十条 用人单位应当按时缴纳工伤保险费。职工个人不缴纳工伤保险费。

用人单位缴纳工伤保险费的数额为本单位职工工资总额乘以

单位缴费费率之积。

对难以按照工资总额缴纳工伤保险费的行业，其缴纳工伤保险费的具体方式，由国务院社会保险行政部门规定。

第十一条　工伤保险基金逐步实行省级统筹。

跨地区、生产流动性较大的行业，可以采取相对集中的方式异地参加统筹地区的工伤保险。具体办法由国务院社会保险行政部门会同有关行业的主管部门制定。

第十二条　工伤保险基金存入社会保障基金财政专户，用于本条例规定的工伤保险待遇，劳动能力鉴定，工伤预防的宣传、培训等费用，以及法律、法规规定的用于工伤保险的其他费用的支付。

工伤预防费用的提取比例、使用和管理的具体办法，由国务院社会保险行政部门会同国务院财政、卫生行政、安全生产监督管理等部门规定。

任何单位或者个人不得将工伤保险基金用于投资运营、兴建或者改建办公场所、发放奖金，或者挪作其他用途。

第十三条　工伤保险基金应当留有一定比例的储备金，用于统筹地区重大事故的工伤保险待遇支付；储备金不足支付的，由统筹地区的人民政府垫付。储备金占基金总额的具体比例和储备金的使用办法，由省、自治区、直辖市人民政府规定。

第三章　工伤认定

第十四条　职工有下列情形之一的，应当认定为工伤：

（一）在工作时间和工作场所内，因工作原因受到事故伤害的；

（二）工作时间前后在工作场所内，从事与工作有关的预备性或者收尾性工作受到事故伤害的；

（三）在工作时间和工作场所内，因履行工作职责受到暴力等意外伤害的；

（四）患职业病的；

（五）因工外出期间，由于工作原因受到伤害或者发生事故下落不明的；

（六）在上下班途中，受到非本人主要责任的交通事故或者城市轨道交通、客运轮渡、火车事故伤害的；

（七）法律、行政法规规定应当认定为工伤的其他情形。

第十五条 职工有下列情形之一的，视同工伤：

（一）在工作时间和工作岗位，突发疾病死亡或者在48小时之内经抢救无效死亡的；

（二）在抢险救灾等维护国家利益、公共利益活动中受到伤害的；

（三）职工原在军队服役，因战、因公负伤致残，已取得革命伤残军人证，到用人单位后旧伤复发的。

职工有前款第（一）项、第（二）项情形的，按照本条例的有关规定享受工伤保险待遇；职工有前款第（三）项情形的，按照本条例的有关规定享受除一次性伤残补助金以外的工伤保险待遇。

第十六条 职工符合本条例第十四条、第十五条的规定，但是有下列情形之一的，不得认定为工伤或者视同工伤：

（一）故意犯罪的；

（二）醉酒或者吸毒的；

（三）自残或者自杀的。

第十七条 职工发生事故伤害或者按照职业病防治法规定被诊断、鉴定为职业病，所在单位应当自事故伤害发生之日或者被诊断、鉴定为职业病之日起30日内，向统筹地区社会保险行政部门提出工伤认定申请。遇有特殊情况，经报社会保险行政部门同意，申请时限可以适当延长。

用人单位未按前款规定提出工伤认定申请的，工伤职工或者其近亲属、工会组织在事故伤害发生之日或者被诊断、鉴定为职业病之日起1年内，可以直接向用人单位所在地统筹地区社会保险行政部门提出工伤认定申请。

按照本条第一款规定应当由省级社会保险行政部门进行工伤认定的事项，根据属地原则由用人单位所在地的设区的市级社会保险行政部门办理。

用人单位未在本条第一款规定的时限内提交工伤认定申请，在此期间发生符合本条例规定的工伤待遇等有关费用由该用人单位负担。

第十八条　提出工伤认定申请应当提交下列材料：

（一）工伤认定申请表；

（二）与用人单位存在劳动关系（包括事实劳动关系）的证明材料；

（三）医疗诊断证明或者职业病诊断证明书（或者职业病诊断鉴定书）。

工伤认定申请表应当包括事故发生的时间、地点、原因以及职工伤害程度等基本情况。

工伤认定申请人提供材料不完整的，社会保险行政部门应当一次性书面告知工伤认定申请人需要补正的全部材料。申请人按照书面告知要求补正材料后，社会保险行政部门应当受理。

第十九条　社会保险行政部门受理工伤认定申请后，根据审核需要可以对事故伤害进行调查核实，用人单位、职工、工会组织、医疗机构以及有关部门应当予以协助。职业病诊断和诊断争议的鉴定，依照职业病防治法的有关规定执行。对依法取得职业病诊断证明书或者职业病诊断鉴定书的，社会保险行政部门不再进行调查核实。

职工或者其近亲属认为是工伤，用人单位不认为是工伤的，由用人单位承担举证责任。

第二十条　社会保险行政部门应当自受理工伤认定申请之日起60日内作出工伤认定的决定，并书面通知申请工伤认定的职工或者其近亲属和该职工所在单位。

社会保险行政部门对受理的事实清楚、权利义务明确的工伤认定申请，应当在15日内作出工伤认定的决定。

作出工伤认定决定需要以司法机关或者有关行政主管部门的结论为依据的，在司法机关或者有关行政主管部门尚未作出结论期间，作出工伤认定决定的时限中止。

社会保险行政部门工作人员与工伤认定申请人有利害关系的，应当回避。

第四章　劳动能力鉴定

第二十一条　职工发生工伤，经治疗伤情相对稳定后存在残疾、影响劳动能力的，应当进行劳动能力鉴定。

第二十二条　劳动能力鉴定是指劳动功能障碍程度和生活自理障碍程度的等级鉴定。

劳动功能障碍分为十个伤残等级，最重的为一级，最轻的为十级。

生活自理障碍分为三个等级：生活完全不能自理、生活大部分不能自理和生活部分不能自理。

劳动能力鉴定标准由国务院社会保险行政部门会同国务院卫生行政部门等部门制定。

第二十三条　劳动能力鉴定由用人单位、工伤职工或者其近亲属向设区的市级劳动能力鉴定委员会提出申请，并提供工伤认定决定和职工工伤医疗的有关资料。

第二十四条　省、自治区、直辖市劳动能力鉴定委员会和设区的市级劳动能力鉴定委员会分别由省、自治区、直辖市和设区的市级社会保险行政部门、卫生行政部门、工会组织、经办机构代表以及用人单位代表组成。

劳动能力鉴定委员会建立医疗卫生专家库。列入专家库的医疗卫生专业技术人员应当具备下列条件：

（一）具有医疗卫生高级专业技术职务任职资格；

（二）掌握劳动能力鉴定的相关知识；

（三）具有良好的职业品德。

第二十五条　设区的市级劳动能力鉴定委员会收到劳动能力鉴定申请后，应当从其建立的医疗卫生专家库中随机抽取 3 名或者 5 名相关专家组成专家组，由专家组提出鉴定意见。设区的市级劳动能力鉴定委员会根据专家组的鉴定意见作出工伤职工劳动能力鉴定结论；必要时，可以委托具备资格的医疗机构协助进行有关的诊断。

设区的市级劳动能力鉴定委员会应当自收到劳动能力鉴定申请之日起 60 日内作出劳动能力鉴定结论，必要时，作出劳动能力鉴定结论的期限可以延长 30 日。劳动能力鉴定结论应当及时送达申请鉴定的单位和个人。

第二十六条　申请鉴定的单位或者个人对设区的市级劳动能力鉴定委员会作出的鉴定结论不服的，可以在收到该鉴定结论之日起 15 日内向省、自治区、直辖市劳动能力鉴定委员会提出再次鉴定申请。省、自治区、直辖市劳动能力鉴定委员会作出的劳动能力鉴定结论为最终结论。

第二十七条　劳动能力鉴定工作应当客观、公正。劳动能力鉴定委员会组成人员或者参加鉴定的专家与当事人有利害关系的，应当回避。

第二十八条　自劳动能力鉴定结论作出之日起 1 年后，工伤职工或者其近亲属、所在单位或者经办机构认为伤残情况发生变化的，可以申请劳动能力复查鉴定。

第二十九条　劳动能力鉴定委员会依照本条例第二十六条和第二十八条的规定进行再次鉴定和复查鉴定的期限，依照本条例第二十五条第二款的规定执行。

第五章　工伤保险待遇

第三十条　职工因工作遭受事故伤害或者患职业病进行治疗，享受工伤医疗待遇。

职工治疗工伤应当在签订服务协议的医疗机构就医，情况紧急时可以先到就近的医疗机构急救。

治疗工伤所需费用符合工伤保险诊疗项目目录、工伤保险药品目录、工伤保险住院服务标准的，从工伤保险基金支付。工伤保险诊疗项目目录、工伤保险药品目录、工伤保险住院服务标准，由国务院社会保险行政部门会同国务院卫生行政部门、食品药品监督管理部门等部门规定。

职工住院治疗工伤的伙食补助费，以及经医疗机构出具证明，报经办机构同意，工伤职工到统筹地区以外就医所需的交通、食宿费用从工伤保险基金支付，基金支付的具体标准由统筹地区人民政府规定。

工伤职工治疗非工伤引发的疾病，不享受工伤医疗待遇，按照基本医疗保险办法处理。

工伤职工到签订服务协议的医疗机构进行工伤康复的费用，符合规定的，从工伤保险基金支付。

第三十一条　社会保险行政部门作出认定为工伤的决定后发生行政复议、行政诉讼的，行政复议和行政诉讼期间不停止支付工伤职工治疗工伤的医疗费用。

第三十二条　工伤职工因日常生活或者就业需要，经劳动能力鉴定委员会确认，可以安装假肢、矫形器、假眼、假牙和配置轮椅等辅助器具，所需费用按照国家规定的标准从工伤保险基金支付。

第三十三条　职工因工作遭受事故伤害或者患职业病需要暂停工作接受工伤医疗的，在停工留薪期内，原工资福利待遇不变，由所在单位按月支付。

停工留薪期一般不超过 12 个月。伤情严重或者情况特殊，经设区的市级劳动能力鉴定委员会确认，可以适当延长，但延长不得超过 12 个月。工伤职工评定伤残等级后，停发原待遇，按照本章的有关规定享受伤残待遇。工伤职工在停工留薪期满后仍需治疗的，继续享受工伤医疗待遇。

生活不能自理的工伤职工在停工留薪期需要护理的，由所在单位负责。

第三十四条　工伤职工已经评定伤残等级并经劳动能力鉴定委员会确认需要生活护理的，从工伤保险基金按月支付生活护理费。

生活护理费按照生活完全不能自理、生活大部分不能自理或者生活部分不能自理 3 个不同等级支付，其标准分别为统筹地区上年度职工月平均工资的 50%、40%或者 30%。

第三十五条　职工因工致残被鉴定为一级至四级伤残的，保留劳动关系，退出工作岗位，享受以下待遇：

（一）从工伤保险基金按伤残等级支付一次性伤残补助金，标准为：一级伤残为 27 个月的本人工资，二级伤残为 25 个月的本人工资，三级伤残为 23 个月的本人工资，四级伤残为 21 个月的本人工资；

（二）从工伤保险基金按月支付伤残津贴，标准为：一级伤残为本人工资的 90%，二级伤残为本人工资的 85%，三级伤残为本人工资的 80%，四级伤残为本人工资的 75%。伤残津贴实际金额低于当地最低工资标准的，由工伤保险基金补足差额；

（三）工伤职工达到退休年龄并办理退休手续后，停发伤残津贴，按照国家有关规定享受基本养老保险待遇。基本养老保险待遇低于伤残津贴的，由工伤保险基金补足差额。

职工因工致残被鉴定为一级至四级伤残的，由用人单位和职工个人以伤残津贴为基数，缴纳基本医疗保险费。

第三十六条　职工因工致残被鉴定为五级、六级伤残的，享受以下待遇：

（一）从工伤保险基金按伤残等级支付一次性伤残补助金，标准为：五级伤残为18个月的本人工资，六级伤残为16个月的本人工资；

（二）保留与用人单位的劳动关系，由用人单位安排适当工作。难以安排工作的，由用人单位按月发给伤残津贴，标准为：五级伤残为本人工资的70%，六级伤残为本人工资的60%，并由用人单位按照规定为其缴纳应缴纳的各项社会保险费。伤残津贴实际金额低于当地最低工资标准的，由用人单位补足差额。

经工伤职工本人提出，该职工可以与用人单位解除或者终止劳动关系，由工伤保险基金支付一次性工伤医疗补助金，由用人单位支付一次性伤残就业补助金。一次性工伤医疗补助金和一次性伤残就业补助金的具体标准由省、自治区、直辖市人民政府规定。

第三十七条 职工因工致残被鉴定为七级至十级伤残的，享受以下待遇：

（一）从工伤保险基金按伤残等级支付一次性伤残补助金，标准为：七级伤残为13个月的本人工资，八级伤残为11个月的本人工资，九级伤残为9个月的本人工资，十级伤残为7个月的本人工资；

（二）劳动、聘用合同期满终止，或者职工本人提出解除劳动、聘用合同的，由工伤保险基金支付一次性工伤医疗补助金，由用人单位支付一次性伤残就业补助金。一次性工伤医疗补助金和一次性伤残就业补助金的具体标准由省、自治区、直辖市人民政府规定。

第三十八条 工伤职工工伤复发，确认需要治疗的，享受本条例第三十条、第三十二条和第三十三条规定的工伤待遇。

第三十九条 职工因工死亡，其近亲属按照下列规定从工伤保险基金领取丧葬补助金、供养亲属抚恤金和一次性工亡补助金：

（一）丧葬补助金为6个月的统筹地区上年度职工月平均工资；

（二）供养亲属抚恤金按照职工本人工资的一定比例发给由因工死亡职工生前提供主要生活来源、无劳动能力的亲属。标准为：配偶每月40%，其他亲属每人每月30%，孤寡老人或者孤儿每人每月在上述标准的基础上增加10%。核定的各供养亲属的抚恤金之和不应高于因工死亡职工生前的工资。供养亲属的具体范围由国务院社会保险行政部门规定；

（三）一次性工亡补助金标准为上一年度全国城镇居民人均可支配收入的20倍。

伤残职工在停工留薪期内因工伤导致死亡的，其近亲属享受本条第一款规定的待遇。

一级至四级伤残职工在停工留薪期满后死亡的，其近亲属可以享受本条第一款第（一）项、第（二）项规定的待遇。

第四十条 伤残津贴、供养亲属抚恤金、生活护理费由统筹地区社会保险行政部门根据职工平均工资和生活费用变化等情况适时调整。调整办法由省、自治区、直辖市人民政府规定。

第四十一条 职工因工外出期间发生事故或者在抢险救灾中下落不明的，从事故发生当月起3个月内照发工资，从第4个月起停发工资，由工伤保险基金向其供养亲属按月支付供养亲属抚恤金。生活有困难的，可以预支一次性工亡补助金的50%。职工被人民法院宣告死亡的，按照本条例第三十九条职工因工死亡的规定处理。

第四十二条 工伤职工有下列情形之一的，停止享受工伤保险待遇：

（一）丧失享受待遇条件的；

（二）拒不接受劳动能力鉴定的；

（三）拒绝治疗的。

第四十三条 用人单位分立、合并、转让的，承继单位应当承担原用人单位的工伤保险责任；原用人单位已经参加工伤保险的，承继单位应当到当地经办机构办理工伤保险变更登记。

用人单位实行承包经营的，工伤保险责任由职工劳动关系所在单位承担。

职工被借调期间受到工伤事故伤害的，由原用人单位承担工伤保险责任，但原用人单位与借调单位可以约定补偿办法。

企业破产的，在破产清算时依法拨付应当由单位支付的工伤保险待遇费用。

第四十四条 职工被派遣出境工作，依据前往国家或者地区的法律应当参加当地工伤保险的，参加当地工伤保险，其国内工伤保险关系中止；不能参加当地工伤保险的，其国内工伤保险关系不中止。

第四十五条 职工再次发生工伤，根据规定应当享受伤残津贴的，按照新认定的伤残等级享受伤残津贴待遇。

第六章　监督管理

第四十六条 经办机构具体承办工伤保险事务，履行下列职责：

（一）根据省、自治区、直辖市人民政府规定，征收工伤保险费；

（二）核查用人单位的工资总额和职工人数，办理工伤保险登记，并负责保存用人单位缴费和职工享受工伤保险待遇情况的记录；

（三）进行工伤保险的调查、统计；

（四）按照规定管理工伤保险基金的支出；

（五）按照规定核定工伤保险待遇；

（六）为工伤职工或者其近亲属免费提供咨询服务。

第四十七条 经办机构与医疗机构、辅助器具配置机构在平等协商的基础上签订服务协议，并公布签订服务协议的医疗机构、辅助器具配置机构的名单。具体办法由国务院社会保险行政部门分别会同国务院卫生行政部门、民政部门等部门制定。

第四十八条　经办机构按照协议和国家有关目录、标准对工伤职工医疗费用、康复费用、辅助器具费用的使用情况进行核查，并按时足额结算费用。

第四十九条　经办机构应当定期公布工伤保险基金的收支情况，及时向社会保险行政部门提出调整费率的建议。

第五十条　社会保险行政部门、经办机构应当定期听取工伤职工、医疗机构、辅助器具配置机构以及社会各界对改进工伤保险工作的意见。

第五十一条　社会保险行政部门依法对工伤保险费的征缴和工伤保险基金的支付情况进行监督检查。

财政部门和审计机关依法对工伤保险基金的收支、管理情况进行监督。

第五十二条　任何组织和个人对有关工伤保险的违法行为，有权举报。社会保险行政部门对举报应当及时调查，按照规定处理，并为举报人保密。

第五十三条　工会组织依法维护工伤职工的合法权益，对用人单位的工伤保险工作实行监督。

第五十四条　职工与用人单位发生工伤待遇方面的争议，按照处理劳动争议的有关规定处理。

第五十五条　有下列情形之一的，有关单位或者个人可以依法申请行政复议，也可以依法向人民法院提起行政诉讼：

（一）申请工伤认定的职工或者其近亲属、该职工所在单位对工伤认定申请不予受理的决定不服的；

（二）申请工伤认定的职工或者其近亲属、该职工所在单位对工伤认定结论不服的；

（三）用人单位对经办机构确定的单位缴费费率不服的；

（四）签订服务协议的医疗机构、辅助器具配置机构认为经办机构未履行有关协议或者规定的；

（五）工伤职工或者其近亲属对经办机构核定的工伤保险待遇有异议的。

第七章　法律责任

第五十六条　单位或者个人违反本条例第十二条规定挪用工伤保险基金，构成犯罪的，依法追究刑事责任；尚不构成犯罪的，依法给予处分或者纪律处分。被挪用的基金由社会保险行政部门追回，并入工伤保险基金；没收的违法所得依法上缴国库。

第五十七条　社会保险行政部门工作人员有下列情形之一的，依法给予处分；情节严重，构成犯罪的，依法追究刑事责任：

（一）无正当理由不受理工伤认定申请，或者弄虚作假将不符合工伤条件的人员认定为工伤职工的；

（二）未妥善保管申请工伤认定的证据材料，致使有关证据灭失的；

（三）收受当事人财物的。

第五十八条　经办机构有下列行为之一的，由社会保险行政部门责令改正，对直接负责的主管人员和其他责任人员依法给予纪律处分；情节严重，构成犯罪的，依法追究刑事责任；造成当事人经济损失的，由经办机构依法承担赔偿责任：

（一）未按规定保存用人单位缴费和职工享受工伤保险待遇情况记录的；

（二）不按规定核定工伤保险待遇的；

（三）收受当事人财物的。

第五十九条　医疗机构、辅助器具配置机构不按服务协议提供服务的，经办机构可以解除服务协议。

经办机构不按时足额结算费用的，由社会保险行政部门责令改正；医疗机构、辅助器具配置机构可以解除服务协议。

第六十条　用人单位、工伤职工或者其近亲属骗取工伤保险待遇，医疗机构、辅助器具配置机构骗取工伤保险基金支出的，由社会保险行政部门责令退还，处骗取金额2倍以上5倍以下的罚款；情节严重，构成犯罪的，依法追究刑事责任。

第六十一条　从事劳动能力鉴定的组织或者个人有下列情形之一的，由社会保险行政部门责令改正，处2000元以上1万元以下的罚款；情节严重，构成犯罪的，依法追究刑事责任：

（一）提供虚假鉴定意见的；

（二）提供虚假诊断证明的；

（三）收受当事人财物的。

第六十二条　用人单位依照本条例规定应当参加工伤保险而未参加的，由社会保险行政部门责令限期参加，补缴应当缴纳的工伤保险费，并自欠缴之日起，按日加收万分之五的滞纳金；逾期仍不缴纳的，处欠缴数额1倍以上3倍以下的罚款。

依照本条例规定应当参加工伤保险而未参加工伤保险的用人单位职工发生工伤的，由该用人单位按照本条例规定的工伤保险待遇项目和标准支付费用。

用人单位参加工伤保险并补缴应当缴纳的工伤保险费、滞纳金后，由工伤保险基金和用人单位依照本条例的规定支付新发生的费用。

第六十三条　用人单位违反本条例第十九条的规定，拒不协助社会保险行政部门对事故进行调查核实的，由社会保险行政部门责令改正，处2000元以上2万元以下的罚款。

第八章　附　则

第六十四条　本条例所称工资总额，是指用人单位直接支付给本单位全部职工的劳动报酬总额。

本条例所称本人工资，是指工伤职工因工作遭受事故伤害或者患职业病前12个月平均月缴费工资。本人工资高于统筹地区职工平均工资300%的，按照统筹地区职工平均工资的300%计算；本人工资低于统筹地区职工平均工资60%的，按照统筹地区职工平均工资的60%计算。

第六十五条 公务员和参照公务员法管理的事业单位、社会团体的工作人员因工作遭受事故伤害或者患职业病的，由所在单位支付费用。具体办法由国务院社会保险行政部门会同国务院财政部门规定。

第六十六条 无营业执照或者未经依法登记、备案的单位以及被依法吊销营业执照或者撤销登记、备案的单位的职工受到事故伤害或者患职业病的，由该单位向伤残职工或者死亡职工的近亲属给予一次性赔偿，赔偿标准不得低于本条例规定的工伤保险待遇；用人单位不得使用童工，用人单位使用童工造成童工伤残、死亡的，由该单位向童工或者童工的近亲属给予一次性赔偿，赔偿标准不得低于本条例规定的工伤保险待遇。具体办法由国务院社会保险行政部门规定。

前款规定的伤残职工或者死亡职工的近亲属就赔偿数额与单位发生争议的，以及前款规定的童工或者童工的近亲属就赔偿数额与单位发生争议的，按照处理劳动争议的有关规定处理。

第六十七条 本条例自2004年1月1日起施行。本条例施行前已受到事故伤害或者患职业病的职工尚未完成工伤认定的，按照本条例的规定执行。

实施《中华人民共和国社会保险法》若干规定（摘录）

（2011年6月29日　人力资源和社会保障部令第13号）

第三章　关于工伤保险

第九条　职工（包括非全日制从业人员）在两个或者两个以上用人单位同时就业的，各用人单位应当分别为职工缴纳工伤保险费。职工发生工伤，由职工受到伤害时工作的单位依法承担工伤保险责任。

第十条　社会保险法第三十七条第二项中的醉酒标准，按照《车辆驾驶人员血液、呼气酒精含量阈值与检验》（GB19522-2004）执行。公安机关交通管理部门、医疗机构等有关单位依法出具的检测结论、诊断证明等材料，可以作为认定醉酒的依据。

第十一条　社会保险法第三十八条第八项中的因工死亡补助金是指《工伤保险条例》第三十九条的一次性工亡补助金，标准为工伤发生时上一年度全国城镇居民人均可支配收入的20倍。

上一年度全国城镇居民人均可支配收入以国家统计局公布的数据为准。

第十二条　社会保险法第三十九条第一项治疗工伤期间的工资福利，按照《工伤保险条例》第三十三条有关职工在停工留薪期内应当享受的工资福利和护理等待遇的规定执行。

人力资源社会保障部关于印发社会保险工作人员纪律规定的通知

（2012年12月31日　人社部发〔2012〕99号）

各省、自治区、直辖市及新疆生产建设兵团人力资源社会保障厅（局）：

近年来，各级人力资源社会保障部门加快推进社会保障体系建设工作，不断加强行政管理、经办服务和基金监管制度建设，落实各项内部监控措施，较好地保障了广大参保人员的社会保险权益，维护了社会保险基金安全。随着社会保险事业的发展，社会保险工作职务犯罪的风险点也在增加，一些社会保险工作人员特别是领导干部和关键岗位人员利用职务便利谋取私利案件时有发生，社会影响恶劣。为进一步加强党风政风建设，规范和制约权力运行，预防和遏制职务犯罪，促进社会保险工作人员廉洁从政，树立勤政为民的良好形象，确保社会保险基金安全完整，推动社会保障事业健康发展，针对社会保险工作特点和易发生腐败问题的重点环节，我们制定了《社会保险工作人员纪律规定》（以下简称《纪律规定》）。现印发你们，并就贯彻执行的有关问题通知如下：

一、切实加强组织领导

《纪律规定》适用于全国人力资源社会保障系统所有从事社会保险工作的人员，包括：养老、医疗、工伤、失业、生育保险行政人员和经办人员，社会保险基金监督人员，信息管理系统相关人员等。各级人力资源社会保障部门要把贯彻执行《纪律规定》作为落实党风廉政建设责任制、加强惩治和预防腐败体系建设的一项重要任务，认真组织落实。要结合本地实际情况，进行充实细化，提出进一步要求。主要负责同志要以身作则，率先垂范，带头执行并贯彻落实好《纪律规定》。

二、广泛开展宣传教育

各级人力资源社会保障部门要将《纪律规定》和本地区、本单位的贯彻办法在门户网站上公布，自觉接受社会监督。要将其作为社会保险工作人员日常教育的一项重要内容，结合正反两方面典型案例，通过岗前培训、在职培训和专项培训等多种方式，使之入脑入心，付诸行动。要在每年的全国性、全省性社会保险专业会议中，专门安排这方面的内容，开展经验交流，做到警钟长鸣。

三、严格实行问责制度

对经举报热线、信访窗口等渠道实名反映和监督检查发现的社会保险工作人员违反《纪律规定》问题，相关部门要认真组织核查，依照有关规定给予批评教育、纪律处分或者行政处理；涉嫌违法犯罪的，移交司法机关处理。要认真执行社会保险基金要情报告制度，对社会保险工作人员职务犯罪问题隐情不报、急情迟报、大情小报，特别是其他部门已经反映或媒体已经披露、而社会保险部门压延不报的，要按规定追究责任。要将《纪律规定》执行情况列入领导干部考核的重要内容，考核结果作为评优、晋级的重要依据。

社会保险工作人员纪律规定

社会保险工作人员要严格遵守国家法律法规和有关政策，严格执行各项制度，不准利用职务便利为自己或他人谋取私利。

一、严格社会保险审批事项。坚持政务公开，按规定的原则、标准和程序办事。

（一）不准违规审批参加基本养老保险职工提前退休；

（二）不准违规决定定点医疗机构、定点零售药店、协议工伤康复机构和协议工伤辅助器具配置机构等资格审查事宜；

（三）不准违规核定社会保险费缴费基数、费率，擅自减免应缴纳的社会保险费或者核销欠缴的社会保险费。

二、严格社会保险标准制定。坚持科学决策、民主决策和集体决策。

（四）不准违反保密规定泄露社会保险事项评审评定专家名单，干预专家评审意见；

（五）不准违规决定基本医疗保险、工伤保险和生育保险药品目录，基本医疗保险、工伤保险诊疗项目范围，工伤保险辅助器具目录等制定调整事宜；

（六）不准违规决定定点医疗机构、定点零售药店、协议工伤康复机构和协议工伤辅助器具配置机构的医疗（康复、辅助器具）费用结算标准。

三、严格社会保险基金管理。坚持专户管理，专款专用。

（七）不准私自或与他人串通，隐匿、转移、侵占、挪用、拆借、套取社会保险基金；

（八）不准违规扩大失业保险基金、工伤保险基金等使用范围；

（九）不准违规干预或插手社会保险补贴资金等专项资金的分配使用。

四、严格社会保险经办管理。坚持落实内控制度，推进逐级授权、逐级审查和分段分岗专人负责制。

（十）不准弄虚作假，违规为超龄、虚假身份等不符合条件人员参加相应的社会保险，办理社会保险登记；

（十一）不准隐匿、滞压社会保险费或将社会保险费存入社会保险基金专户之外的资金账户；

（十二）不准擅自扩大社会保险待遇发放范围，增减社会保险基金支付项目，变更社会保险待遇支付标准，违反审批程序，在手续和资料不全的情况下支付社会保险基金；

（十三）不准虚列、虚报、虚增支付项目，或通过伪造证明材料等欺诈手段骗取或协助他人骗取社会保险基金支出。

五、严格社会保险信息管理。坚持分权制衡原则，科学设置信息系统用户权限，严格执行政府采购流程。

（十四）不准伪造、篡改、擅自销毁参保人社会保险缴费记录、享受社会保险待遇记录、个人权益记录等社会保险数据资料；

（十五）不准违规外泄各类业务信息和重要数据；

（十六）不准在社会保险信息管理政府采购过程中围标串标、明招暗定、以次充好、回避招标或利用其他手段谋取私利。

六、严格社会保险监督管理。坚持依规监督，依法处理。

（十七）不准接收行政相对人的礼品、礼金、有价证券，参加可能影响公正执行公务的宴请及其他活动安排；

（十八）不准违规干预或插手监督检查项目和程序；

（十九）不准隐瞒社会保险违法违规重要情况或案件线索，影响检查实施和问题处理；

（二十）不准擅自改变社会保险基金监督检查结论，违规作出行政处理决定。

劳务派遣暂行规定（摘录）

（2014年1月24日　人力资源和社会保障部令第22号）

第七条　劳务派遣协议应当载明下列内容：

（一）派遣的工作岗位名称和岗位性质；

（二）工作地点；

（三）派遣人员数量和派遣期限；

（四）按照同工同酬原则确定的劳动报酬数额和支付方式；

（五）社会保险费的数额和支付方式；

（六）工作时间和休息休假事项；

（七）被派遣劳动者工伤、生育或者患病期间的相关待遇；

（八）劳动安全卫生以及培训事项；

（九）经济补偿等费用；

（十）劳务派遣协议期限；

（十一）劳务派遣服务费的支付方式和标准；

（十二）违反劳务派遣协议的责任；

（十三）法律、法规、规章规定应当纳入劳务派遣协议的其他事项。

第十条　被派遣劳动者在用工单位因工作遭受事故伤害的，劳务派遣单位应当依法申请工伤认定，用工单位应当协助工伤认定的调查核实工作。劳务派遣单位承担工伤保险责任，但可以与用工单位约定补偿办法。

被派遣劳动者在申请进行职业病诊断、鉴定时，用工单位应当负责处理职业病诊断、鉴定事宜，并如实提供职业病诊断、鉴定所需的劳动者职业史和职业危害接触史、工作场所职业病危害因素检测结果等资料，劳务派遣单位应当提供被派遣劳动者职业病诊断、鉴定所需的其他材料。

人力资源社会保障部关于执行《工伤保险条例》若干问题的意见

（2013 年 4 月 25 日　人社部发〔2013〕34 号）

各省、自治区、直辖市及新疆生产建设兵团人力资源社会保障厅（局）：

《国务院关于修改〈工伤保险条例〉的决定》（国务院令第 586 号）已经于 2011 年 1 月 1 日实施。为贯彻执行新修订的《工伤保险条例》，妥善解决实际工作中的问题，更好地保障职工和用人单位的合法权益，现提出如下意见。

一、《工伤保险条例》（以下简称《条例》）第十四条第（五）项规定的“因工外出期间”的认定，应当考虑职工外出是否属于用人单位指派的因工作外出，遭受的事故伤害是否因工作原因所致。

二、《条例》第十四条第（六）项规定的“非本人主要责任”的认定，应当以有关机关出具的法律文书或者人民法院的生效裁决为依据。

三、《条例》第十六条第（一）项“故意犯罪”的认定，应当以司法机关的生效法律文书或者结论性意见为依据。

四、《条例》第十六条第（二）项“醉酒或者吸毒”的认定，应当以有关机关出具的法律文书或者人民法院的生效裁决为依据。无法获得上述证据的，可以结合相关证据认定。

五、社会保险行政部门受理工伤认定申请后，发现劳动关系存在争议且无法确认的，应告知当事人可以向劳动人事争议仲裁委员会申请仲裁。在此期间，作出工伤认定决定的时限中止，并书面通知申请工伤认定的当事人。劳动关系依法确认后，当事人应将有关法律文书送交受理工伤认定申请的社会保险行政部门，该部门自收到生效法律文书之日起恢复工伤认定程序。

六、符合《条例》第十五条第（一）项情形的，职工所在用人单位原则上应自职工死亡之日起5个工作日内向用人单位所在统筹地区社会保险行政部门报告。

七、具备用工主体资格的承包单位违反法律、法规规定，将承包业务转包、分包给不具备用工主体资格的组织或者自然人，该组织或者自然人招用的劳动者从事承包业务时因工伤亡的，由该具备用工主体资格的承包单位承担用人单位依法应承担的工伤保险责任。

八、曾经从事接触职业病危害作业、当时没有发现罹患职业病、离开工作岗位后被诊断或鉴定为职业病的符合下列条件的人员，可以自诊断、鉴定为职业病之日起一年内申请工伤认定，社会保险行政部门应当受理：

（一）办理退休手续后，未再从事接触职业病危害作业的退休人员；

（二）劳动或聘用合同期满后或者本人提出而解除劳动或聘用合同后，未再从事接触职业病危害作业的人员。

经工伤认定和劳动能力鉴定，前款第（一）项人员符合领取一次性伤残补助金条件的，按就高原则以本人退休前12个月平均月缴费工资或者确诊职业病前12个月的月平均养老金为基数计发。前款第（二）项人员被鉴定为一级至十级伤残、按《条例》规定应以本人工资作为基数享受相关待遇的，按本人终止或者解除劳动、聘用合同前12个月平均月缴费工资计发。

九、按照本意见第八条规定被认定为工伤的职业病人员，职业病诊断证明书（或职业病诊断鉴定书）中明确的用人单位，在该职工从业期间依法为其缴纳工伤保险费的，按《条例》的规定，分别由工伤保险基金和用人单位支付工伤保险待遇；未依法为该职工缴纳工伤保险费的，由用人单位按照《条例》规定的相关项目和标准支付待遇。

十、职工在同一用人单位连续工作期间多次发生工伤的，符合《条例》第三十六、第三十七条规定领取相关待遇时，按照其在同一用人单位发生工伤的最高伤残级别，计发一次性伤残就业补助金和一次性工伤医疗补助金。

十一、依据《条例》第四十二条的规定停止支付工伤保险待遇的，在停止支付待遇的情形消失后，自下月起恢复工伤保险待遇，停止支付的工伤保险待遇不予补发。

十二、《条例》第六十二条第三款规定的“新发生的费用”，是指用人单位职工参加工伤保险前发生工伤的，在参加工伤保险后新发生的费用。

十三、由工伤保险基金支付的各项待遇应按《条例》相关规定支付，不得采取将长期待遇改为一次性支付的办法。

十四、核定工伤职工工伤保险待遇时，若上一年度相关数据尚未公布，可暂按前一年度的全国城镇居民人均可支配收入、统筹地区职工月平均工资核定和计发，待相关数据公布后再重新核定，社会保险经办机构或者用人单位予以补发差额部分。

本意见自发文之日起执行，此前有关规定与本意见不一致的，按本意见执行。执行中有重大问题，请及时报告我部。

人力资源社会保障部关于执行《工伤保险条例》若干问题的意见（二）

（2016年3月28日　人社部发〔2016〕29号）

各省、自治区、直辖市及新疆生产建设兵团人力资源社会保障厅（局）：

为更好地贯彻执行新修订的《工伤保险条例》，提高依法行政能力和水平，妥善解决实际工作中的问题，保障职工和用人单位合法权益，现提出如下意见：

一、一级至四级级工伤职工死亡，其近亲属同时符合领取工伤保险丧葬补助金、供养亲属抚恤金待遇和职工基本养老保险丧葬补助金、抚恤金待遇条件的，由其近亲属选择领取工伤保险或职工基本养老保险其中一种。

二、达到或超过法定退休年龄，但未办理退休手续或者未依法享受城镇职工基本养老保险待遇，继续在原用人单位工作期间受到事故伤害或患职业病的，用人单位依法承担工伤保险责任。

用人单位招用已经达到、超过法定退休年龄或已经领取城镇职工基本养老保险待遇的人员，在用工期间因工作原因受到事故伤害或患职业病的，如招用单位已按项目参保等方式为其缴纳工伤保险费的，应适用《工伤保险条例》。

三、《工伤保险条例》第六十二条规定的“新发生的费用”，是指用人单位参加工伤保险前发生工伤的职工，在参加工伤保险后新发生的费用。其中由工伤保险基金支付的费用，按不同情况予以处理：

（一）因工受伤的，支付参保后新发生的工伤医疗费、工伤康复费、住院伙食补助费、统筹地区以外就医交通食宿费、辅助器具配置费、生活护理费、一级至四级级伤残职工伤残津贴，以及参保后解除劳动合同时的一次性工伤医疗补助金；

（二）因工死亡的，支付参保后新发生的符合条件的供养亲属抚恤金。

四、职工在参加用人单位组织或者受用人单位指派参加其他单位组织的活动中受到事故伤害的，应当视为工作原因，但参加与工作无关的活动除外。

五、职工因工作原因驻外，有固定的住所、有明确的作息时间，工伤认定时按照在驻在地当地正常工作的情形处理。

六、职工以上下班为目的、在合理时间内往返于工作单位和居住地之间的合理路线，视为上下班途中。

七、用人单位注册地与生产经营地不在同一统筹地区的，原则上应在注册地为职工参加工伤保险；未在注册地参加工伤保险的职工，可由用人单位在生产经营地为其参加工伤保险。

劳务派遣单位跨地区派遣劳动者，应根据《劳务派遣暂行规定》参加工伤保险。建筑施工企业按项目参保的，应在施工项目所在地参加工伤保险。

职工受到事故伤害或者患职业病后，在参保地进行工伤认定、劳动能力鉴定，并按照参保地的规定依法享受工伤保险待遇；未参加工伤保险的职工，应当在生产经营地进行工伤认定、劳动能力鉴定，并按照生产经营地的规定依法由用人单位支付工伤保险待遇。

八、有下列情形之一的，被延误的时间不计算在工伤认定申请时限内：

（一）受不可抗力影响的；

（二）职工由于被国家机关依法采取强制措施等人身自由受到限制不能申请工伤认定的；

（三）申请人正式提交了工伤认定申请，但因社会保险机构未登记或者材料遗失等原因造成申请超时限的；

（四）当事人就确认劳动关系申请劳动仲裁或提起民事诉讼的；

（五）其他符合法律法规规定的情形。

九、《工伤保险条例》第六十七条规定的“尚未完成工伤认定的”，是指在《工伤保险条例》施行前遭受事故伤害或被诊断鉴定为职业病，且在工伤认定申请法定时限内（从《工伤保险条例》施行之日起算）提出工伤认定申请，尚未做出工伤认定的情形。

十、因工伤认定申请人或者用人单位隐瞒有关情况或者提供虚假材料，导致工伤认定决定错误的，社会保险行政部门发现后，应当及时予以更正。

本意见自发文之日起执行，此前有关规定与本意见不一致的，按本意见执行。执行中有重大问题，请及时报告我部。

财政部 国家税务总局关于工伤职工取得的工伤保险待遇有关个人所得税政策的通知

（2012 年 5 月 3 日 财税〔2012〕40 号）

各省、自治区、直辖市、计划单列市财政厅（局）、地方税务局，新疆生产建设兵团财务局：

为贯彻落实《工伤保险条例》（国务院令第 586 号），根据个人所得税法第四条中“经国务院财政部门批准免税的所得”的规定，现就工伤职工取得的工伤保险待遇有关个人所得税政策通知如下：

一、对工伤职工及其近亲属按照《工伤保险条例》（国务院令第 586 号）规定取得的工伤保险待遇，免征个人所得税。

二、本通知第一条所称的工伤保险待遇，包括工伤职工按照《工伤保险条例》（国务院令第 586 号）规定取得的一次性伤残补助金、伤残津贴、一次性工伤医疗补助金、一次性伤残就业补助金、工伤医疗待遇、住院伙食补助费、外地就医交通食宿费用、工伤康复费用、辅助器具费用、生活护理费等，以及职工因工死亡，其近亲属按照《工伤保险条例》（国务院令第 586 号）规定取得的丧葬补助金、供养亲属抚恤金和一次性工亡补助金等。

三、本通知自 2011 年 1 月 1 日起执行。对 2011 年 1 月 1 日之后已征税款，由纳税人向主管税务机关提出申请，主管税务机关按相关规定予以退还。

第二部分
工伤保险基金

一、参保缴费

（一）企业参保

中华人民共和国个人独资企业法（摘录）

（1999年8月30日第九届全国人民代表大会常务委员会第十一次会议通过）

第二十三条　个人独资企业应当按照国家规定参加社会保险，为职工缴纳社会保险费。

中华人民共和国建筑法（摘录）

（1997 年 11 月 1 日第八届全国人民代表大会常务委员会第二十八次会议通过　根据 2011 年 4 月 22 日第十一届全国人民代表大会常务委员会第二十次会议《关于修改〈中华人民共和国建筑法〉的决定》第一次修正　根据 2019 年 4 月 23 日第十三届全国人民代表大会常务委员会第十次会议《关于修改〈中华人民共和国建筑法〉等八部法律的决定》第二次修正）

第四十八条　建筑施工企业应当依法为职工参加工伤保险缴纳工伤保险费。鼓励企业为从事危险作业的职工办理意外伤害保险，支付保险费。

中华人民共和国安全生产法（摘录）

（2002年6月29日第九届全国人民代表大会常务委员会第二十八次会议通过　根据2009年8月27日第十一届全国人民代表大会常务委员会第十次会议《关于修改部分法律的决定》第一次修正　根据2014年8月31日第十二届全国人民代表大会常务委员会第十次会议《关于修改〈中华人民共和国安全生产法〉的决定》第二次修正）

第四十八条　生产经营单位必须依法参加工伤保险，为从业人员缴纳保险费。

国家鼓励生产经营单位投保安全生产责任保险。

第四十九条　生产经营单位与从业人员订立的劳动合同，应当载明有关保障从业人员劳动安全、防止职业危害的事项，以及依法为从业人员办理工伤保险的事项。

生产经营单位不得以任何形式与从业人员订立协议，免除或者减轻其对从业人员因生产安全事故伤亡依法应承担的责任。

第五十三条　因生产安全事故受到损害的从业人员，除依法享有工伤保险外，依照有关民事法律尚有获得赔偿的权利的，有权向本单位提出赔偿要求。

安全生产许可证条例(摘录)

(2004年1月13日国务院令第397号公布　根据2013年7月18日《国务院关于废止和修改部分行政法规的决定》第一次修订　根据2014年7月29日《国务院关于修改部分行政法规的决定》第二次修订)

第六条　企业取得安全生产许可证,应当具备下列安全生产条件:

(一)建立、健全安全生产责任制,制定完备的安全生产规章制度和操作规程;

(二)安全投入符合安全生产要求;

(三)设置安全生产管理机构,配备专职安全生产管理人员;

(四)主要负责人和安全生产管理人员经考核合格;

(五)特种作业人员经有关业务主管部门考核合格,取得特种作业操作资格证书;

(六)从业人员经安全生产教育和培训合格;

(七)依法参加工伤保险,为从业人员缴纳保险费;

(八)厂房、作业场所和安全设施、设备、工艺符合有关安全生产法律、法规、标准和规程的要求;

(九)有职业危害防治措施,并为从业人员配备符合国家标准或者行业标准的劳动防护用品;

(十)依法进行安全评价;

(十一)有重大危险源检测、评估、监控措施和应急预案;

(十二)有生产安全事故应急救援预案、应急救援组织或者应急救援人员,配备必要的应急救援器材、设备;

(十三)法律、法规规定的其他条件。

国务院关于解决农民工问题的若干意见（摘录）

（2006年1月31日　国发〔2006〕5号）

（十六）高度重视农民工社会保障工作。根据农民工最紧迫的社会保障需求，坚持分类指导、稳步推进，优先解决工伤保险和大病医疗保障问题，逐步解决养老保障问题。农民工的社会保障，要适应流动性大的特点，保险关系和待遇能够转移接续，使农民工在流动就业中的社会保障权益不受损害；要兼顾农民工工资收入偏低的实际情况，实行低标准进入、渐进式过渡，调动用人单位和农民工参保的积极性。

（十七）依法将农民工纳入工伤保险范围。各地要认真贯彻落实《工伤保险条例》。所有用人单位必须及时为农民工办理参加工伤保险手续，并按时足额缴纳工伤保险费。在农民工发生工伤后，要做好工伤认定、劳动能力鉴定和工伤待遇支付工作。未参加工伤保险的农民工发生工伤，由用人单位按照工伤保险规定的标准支付费用。当前，要加快推进农民工较为集中、工伤风险程度较高的建筑行业、煤炭等采掘行业参加工伤保险。建筑施工企业同时应为从事特定高风险作业的职工办理意外伤害保险。

国务院办公厅关于促进建筑业持续健康发展的意见（摘录）

（2017年2月21日　国办发〔2017〕19号）

（十三）保护工人合法权益。全面落实劳动合同制度，加大监察力度，督促施工单位与招用的建筑工人依法签订劳动合同，到2020年基本实现劳动合同全覆盖。健全工资支付保障制度，按照谁用工谁负责和总承包负总责的原则，落实企业工资支付责任，依法按月足额发放工人工资。将存在拖欠工资行为的企业列入黑名单，对其采取限制市场准入等惩戒措施，情节严重的降低资质等级。建立健全与建筑业相适应的社会保险参保缴费方式，大力推进建筑施工单位参加工伤保险。施工单位应履行社会责任，不断改善建筑工人的工作环境，提升职业健康水平，促进建筑工人稳定就业。

劳动和社会保障部关于农民工参加工伤保险有关问题的通知

（2004年6月1日　劳社部发〔2004〕18号）

各省、自治区、直辖市劳动和社会保障厅（局）：

为了维护农民工的工伤保险权益，改善农民工的就业环境，根据《工伤保险条例》规定，从农民工的实际情况出发，现就农民工参加工伤保险、依法享受工伤保险待遇有关问题通知如下：

一、各级劳动保障部门要统一思想，提高认识，高度重视农民工工伤保险权益维护工作。要从践行“三个代表”重要思想的高度，坚持以人为本，做好农民工参加工伤保险、依法享受工伤保险待遇的有关工作，把这项工作作为全面贯彻落实《工伤保险条例》，为农民工办实事的重要内容。

二、农民工参加工伤保险、依法享受工伤保险待遇是《工伤保险条例》赋予包括农民工在内的各类用人单位职工的基本权益，各类用人单位招用的农民工均有享受工伤保险待遇的权利。各地要将农民工参加工伤保险，作为今年工伤保险扩面的重要工作，明确任务，抓好落实。凡是与用人单位建立劳动关系的农民工，用人单位必须及时为他们办理参加工伤保险的手续。对用人单位为农民工先行办理工伤保险的，各地经办机构应予办理。今年重点推进建筑、矿山等工伤风险较大、职业危害较重行业的农民工参加工伤保险。

三、用人单位注册地与生产经营地不在同一统筹地区的，原则上在注册地参加工伤保险。未在注册地参加工伤保险的，在生产经营地参加工伤保险。农民工受到事故伤害或患职业病后，在参保地进行工伤认定、劳动能力鉴定，并按参保地的规定依法享受工伤保险待遇。用人单位在注册地和生产经营地均未参加工伤保险的，农民工受到事故伤害或者患职业病后，在生产经营地进行工伤认定、劳动能力鉴定，并按生产经营地的规定依法由用人单位支付工伤保险待遇。

四、对跨省流动的农民工，即户籍不在参加工伤保险统筹地区（生产经营地）所在省（自治区、直辖市）的农民工，1 至 4 级伤残长期待遇的支付，可试行一次性支付和长期支付两种方式，供农民工选择。在农民工选择一次性或长期支付方式时，支付其工伤保险待遇的社会保险经办机构应向其说明情况。一次性享受工伤保险长期待遇的，需由农民工本人提出，与用人单位解除或者终止劳动关系，与统筹地区社会保险经办机构签订协议，终止工伤保险关系。1 至 4 级伤残农民工一次性享受工伤保险长期待遇的具体办法和标准由省（自治区、直辖市）劳动保障行政部门制定，报省（自治区、直辖市）人民政府批准。

五、各级劳动保障部门要加大对农民工参加工伤保险的宣传和督促检查力度，积极为农民工提供咨询服务，促进农民工参加工伤保险。同时要认真做好工伤认定、劳动能力鉴定工作，对侵害农民工工伤保险权益的行为要严肃查处，切实保障农民工的合法权益。

劳动和社会保障部 铁道部关于铁路企业参加工伤保险有关问题的通知

（2004年11月1日 劳社部函〔2004〕257号）

各省、自治区、直辖市劳动和社会保障厅（局），铁道部所属各单位：

为了贯彻实施《工伤保险条例》，做好铁路企业参加工伤保险的有关工作，现将有关问题通知如下：

一、铁路企业要按照属地管理原则参加工伤保险，执行国家和企业所在地的工伤保险政策。铁路运输企业以铁路局或铁路分局为单位集中参加铁路局或铁路分局所在地统筹地区的工伤保险。

二、铁路企业要按照国家和所在地人民政府确定的铁路行业工伤保险费率，按时缴纳工伤保险费。工伤保险基金按照国家和统筹地区劳动保障部门确定的有关规定进行筹集、使用和管理。

三、铁路企业工伤职工的工伤认定工作由统筹地区劳动保障行政部门负责，工伤职工的劳动能力鉴定工作由统筹地区劳动能力鉴定机构负责。

四、《工伤保险条例》实施前已确认的铁路工伤人员和工亡人员供养亲属享受的工伤保险待遇，应纳入工伤保险管理。具体纳入方式和步骤由铁路企业与所在地省、自治区、直辖市劳动保障部门协商确定。

五、各省、自治区、直辖市劳动保障部门要认真做好铁路企业参加工伤保险的组织实施工作，加强对铁路企业参保工作的指导和监督，结合铁路行业特点和企业及其职工的分布，制定管理办法，方便铁路企业工伤人员的救治、工伤认定、劳动能力鉴定待遇支付管理。

六、各铁路企业要积极配合劳动保障部门，共同做好铁路企业参加工伤保险工作。在实施过程中发现的重大问题，要及时向所在地人民政府和劳动保障部门反映，确保该项工作顺利实施。

劳动和社会保障部等3部门关于贯彻《安全生产许可证条例》做好企业参加工伤保险有关工作的通知

（2005年4月4日　劳社部发〔2005〕8号）

各省、自治区、直辖市劳动和社会保障厅（局）、安全生产监督管理局，民爆器材行政主管部门、各省级煤矿安全监察机构：

为了严格规范企业的安全生产条件，加强安全生产监督管理，防止和减少生产安全事故，切实保障矿山、危险化学品、烟花爆竹、民用爆破器材生产等企业职工的生命安全和健康，国务院颁布了《安全生产许可证条例》。该条例明确规定，企业应当依法参加工伤保险，为从业人员缴纳工伤保险费，并将参加工伤保险作为企业取得安全生产许可证的必备条件之一。为贯彻落实《安全生产许可证条例》规定，做好企业参加工伤保险的有关工作，现通知如下：

一、按照《中华人民共和国安全生产法》、《工伤保险条例》和《安全生产许可证条例》的规定，矿山、危险化学品、烟花爆竹、民用爆破器材生产等企业（以下简称企业）应高度重视安全生产工作，依法参加工伤保险，按时、足额为所有从业人员缴纳工伤保险费。企业应将参保情况及时在本单位内公示。企业和职工应当遵守有关安全生产和职业病防治的法律法规，执行安全卫生规程和标准，预防工伤事故发生，避免和减少职业病危害。

二、劳动保障部门要做好企业参加工伤保险的组织实施工作，加强对企业参保工作的指导。对尚未参加工伤保险的企业要切实采取有效措施，制定有针对性的扩大覆盖面方案，加大工作力度，加强劳动监察，督促企业尽快参加工伤保险。

三、企业参保登记后，社会保险经办机构要及时确定企业缴费费率，核定企业缴费基数、职工人数和应缴工伤保险费数额，如实地为企业出具《工伤保险参保证明》（样式附后）。安全生产许可证颁发管理机关在颁发安全生产许可证或办理许可证延期手续前，应认真审查申请单位提供的《工伤保险参保证明》，对不能提供社会保险经办机构出具的有效《工伤保险参保证明》的企业，不得颁发安全生产许可证。对冒用或者使用伪造的《工伤保险参保证明》的企业，不得颁发安全生产许可证，已经颁发的要予以吊销。

四、劳动保障部门应加强对取得安全生产许可证企业参加工伤保险情况的监督检查。发现企业中断缴费、瞒报工资总额或者职工人数的，责令其限期改正，并按规定进行相应处罚。不能在规定期限内改正的，劳动保障部门应通知安全生产许可证颁发管理机关，由安全生产许可证颁发管理机关暂扣或者吊销安全生产许可证。

五、安全生产许可证颁发管理机关和劳动保障部门要定期互相交流、通报企业取得安全生产许可证和参加工伤保险的情况，针对出现的问题，研究协商解决，促进企业安全生产工作，切实保障企业职工的权益。

六、本通知下发前企业参保证明中尚未解决的相关问题，由各地安全生产许可证颁发管理机关与劳动保障部门按照本通知的精神协商处理。

附件：工伤保险参保证明

（附件本书略）

劳动和社会保障部等3部门关于做好煤矿企业参加工伤保险有关工作的通知

（2005年11月30日　劳社部发〔2005〕29号）

各省、自治区、直辖市劳动和社会保障厅（局）、安全生产监督管理局，各省级煤矿安全监察机构：

为了严格规范企业的安全生产条件，加强安全生产监督管理，防止和减少生产安全事故，切实保障矿山、危险化学品、烟花爆竹、民用爆破器材生产等企业职工的生命安全和健康，国务院颁布了《安全生产许可证条例》。今年4月，劳动保障部、国家安监总局和国防科工委联合下发了《关于贯彻〈安全生产许可证条例〉做好企业参加工伤保险有关工作的通知》（劳社部发〔2005〕8号），各地劳动和社会保障部门与安全监管部门、煤矿安全监察机构积极支持配合，多数煤矿企业顺利参加了工伤保险，依法取得了安全生产许可证或提出了领证申请。但个别地区推进煤矿企业参加工伤保险工作进度较慢，影响了有关工作的开展。

为进一步加快推进煤矿企业参加工伤保险工作，切实保障煤矿企业职工的合法权益，并确保安全生产许可制度的顺利实施，把煤矿安全生产尽快纳入法制轨道，要求如下：

一、各级劳动和社会保障部门、安全监管部门和煤矿安全监察机构要充分认识煤矿企业参加工伤保险与国家建立和实行安全生产许可制度的重要性，加强配合协作，加快推进煤矿企业参加工伤保险工作进度，提高办理安全生产许可证的工作效率。

二、要把安全生产行政许可工作和工伤保险工作结合起来，共同推进。以煤矿等行业实施安全生产许可制度为契机，加大《工伤保险条例》的宣传贯彻力度。

三、在为煤矿企业办理工伤保险的过程中，必须严格按照《工伤保险条例》的规定和《关于农民工参加工伤保险有关问题的通知》（劳社部发〔2004〕18号）精神办理，不得搭车、捆绑其他项目。

四、各地劳动和社会保障部门、安全监管部门和煤矿安全监察机构要加强监督检查，对不认真执行《工伤保险条例》的，要及时予以纠正。

人力资源社会保障部等4部门关于进一步做好建筑业工伤保险工作的意见

（2014年12月29日　人社部发〔2014〕103号）

各省、自治区、直辖市及新疆生产建设兵团人力资源社会保障厅（局）、住房城乡建设厅（委、局）、安全生产监督管理局、总工会：

改革开放以来，我国建筑业蓬勃发展，建筑业职工队伍不断发展壮大，为经济社会发展和人民安居乐业做出了重大贡献。建筑业属于工伤风险较高行业，又是农民工集中的行业。为维护建筑业职工特别是农民工的工伤保障权益，国家先后出台了一系列法律法规和政策，各地区、各有关部门积极采取措施，加强建筑施工安全生产制度建设和监督检查，大力推进建筑施工企业依法参加工伤保险，使建筑业职工工伤权益保障工作不断得到加强。但目前仍存在部分建筑施工企业安全管理制度不落实、工伤保险参保覆盖率低、一线建筑工人特别是农民工工伤维权能力弱、工伤待遇落实难等问题。

为贯彻落实党中央、国务院关于切实保障和改善民生的要求，依据社会保险法、建筑法、安全生产法、职业病防治法和《工伤保险条例》等法律法规规定，现就进一步做好建筑业工伤保险工作、切实维护建筑业职工工伤保障权益提出以下意见：

一、完善符合建筑业特点的工伤保险参保政策，大力扩展建筑企业工伤保险参保覆盖面。建筑施工企业应依法参加工伤保险。针对建筑行业的特点，建筑施工企业对相对固定的职工，应按用人单位参加工伤保险；对不能按用人单位参保、建筑项目使用的建筑业职工特别是农民工，按项目参加工伤保险。房屋建筑和市政基础设施工程实行以建设项目为单位参加工伤保险的，可在各项社会保险中优先办理参加工伤保险手续。建设单位在办理施工许可手续时，应当提交建设项目工伤保险参保证明，作为保证工程安全施工的具体措施之一；安全施工措施未落实的项目，各地住房城乡建设主管部门不予核发施工许可证。

二、完善工伤保险费计缴方式。按用人单位参保的建筑施工企业应以工资总额为基数依法缴纳工伤保险费。以建设项目为单位参保的，可以按照项目工程总造价的一定比例计算缴纳工伤保险费。

三、科学确定工伤保险费率。各地区人力资源社会保障部门应参照本地区建筑企业行业基准费率，按照以支定收、收支平衡原则，商住房城乡建设主管部门合理确定建设项目工伤保险缴费比例。要充分运用工伤保险浮动费率机制，根据各建筑企业工伤事故发生率、工伤保险基金使用等情况适时适当调整费率，促进企业加强安全生产，预防和减少工伤事故。

四、确保工伤保险费用来源。建设单位要在工程概算中将工伤保险费用单独列支，作为不可竞争费，不参与竞标，并在项目开工前由施工总承包单位一次性代缴本项目工伤保险费，覆盖项目使用的所有职工，包括专业承包单位、劳务分包单位使用的农民工。

五、健全工伤认定所涉及劳动关系确认机制。建筑施工企业应依法与其职工签订劳动合同，加强施工现场劳务用工管理。施工总承包单位应当在工程项目施工期内督促专业承包单位、劳务分包单位建立职工花名册、考勤记录、工资发放表等台账，对项目施工期内全部施工人员实行动态实名制管理。施工人员发生工伤后，以劳动合同为基础确认劳动关系。对未签订劳动合同的，由人力资源社会保障部门参照工资支付凭证或记录、工作证、招工登记表、考勤记录及其他劳动者证言等证据，确认事实劳动关系。相关方面应积极提供有关证据；按规定应由用人单位负举证责任而用人单位不提供的，应当承担不利后果。

六、规范和简化工伤认定和劳动能力鉴定程序。职工发生工伤事故，应当由其所在用人单位在30日内提出工伤认定申请，施工总承包单位应当密切配合并提供参保证明等相关材料。用人单位未在规定时限内提出工伤认定申请的，职工本人或其近亲属、工会组织可以在1年内提出工伤认定申请，经社会保险行政部门调查确认工伤的，在此期间发生的工伤待遇等有关费用由其所在用人单位负担。各地社会保险行政部门和劳动能力鉴定机构要优化流程，简化手续，缩短认定、鉴定时间。对于事实清楚、权利义务关系明确的工伤认定申请，应当自受理工伤认定申请之日起15日内作出工伤认定决定。探索建立工伤认定和劳动能力鉴定相关材料网上申报、审核和送达办法，提高工作效率。

七、完善工伤保险待遇支付政策。对认定为工伤的建筑业职工，各级社会保险经办机构和用人单位应依法按时足额支付各项工伤保险待遇。对在参保项目施工期间发生工伤、项目竣工时尚未完成工伤认定或劳动能力鉴定的建筑业职工，其所在用人单位要继续保证其医疗救治和停工期间的法定待遇，待完成工伤认定及劳动能力鉴定后，依法享受参保职工的各项工伤保险待遇；其中应由用人单位支付的待遇，工伤职工所在用人单位要按时足额支付，也可根据其意愿一次性支付。针对建筑业工资收入分配的特点，对相关工伤保险待遇中难以按本人工资作为计发基数的，可以参照统筹地区上年度职工平均工资作为计发基数。

八、落实工伤保险先行支付政策。未参加工伤保险的建设项目，职工发生工伤事故，依法由职工所在用人单位支付工伤保险待遇，施工总承包单位、建设单位承担连带责任；用人单位和承担连带责任的施工总承包单位、建设单位不支付的，由工伤保险基金先行支付，用人单位和承担连带责任的施工总承包单位、建设单位应当偿还；不偿还的，由社会保险经办机构依法追偿。

九、建立健全工伤赔偿连带责任追究机制。建设单位、施工总承包单位或具有用工主体资格的分包单位将工程（业务）发包给不具备用工主体资格的组织或个人，该组织或个人招用的劳动者发生工伤的，发包单位与不具备用工主体资格的组织或个人承担连带赔偿责任。

十、加强工伤保险政策宣传和培训。施工总承包单位应当按照项目所在地人力资源社会保障部门统一规定的式样，制作项目参加工伤保险情况公示牌，在施工现场显著位置予以公示，并安排有关工伤预防及工伤保险政策讲解的培训课程，保障广大建筑业职工特别是农民工的知情权，增强其依法维权意识。各地人力资源社会保障部门要会同有关部门加大工伤保险政策宣传力度，让广大职工知晓其依法享有的工伤保险权益及相关办事流程。开展工伤预防试点的地区可以从工伤保险基金提取一定比例用于工伤预防，各地人力资源社会保障部门应会同住房城乡建设部门积极开展建筑业工伤预防的宣传和培训工作，并将建筑业职工特别是农民工作为宣传和培训的重点对象。建立健全政府部门、行业协会、建筑施工企业等多层次的培训体系，不断提升建筑业职工的安全生产意识、工伤维权意识和岗位技能水平，从源头上控制和减少安全事故。

十一、严肃查处谎报瞒报事故的行为。发生生产安全事故时，建筑施工企业现场有关人员和企业负责人要严格依照《生产安全事故报告和调查处理条例》等规定，及时、如实向安全监管、住房城乡建设和其他负有监管职责的部门报告，并做好工伤保险相关工作。事故报告后出现新情况的，要及时补报。对谎报、瞒报事故和迟报、漏报的有关单位和人员，要严格依法查处。

十二、积极发挥工会组织在职工工伤维权工作中的作用。各级工会要加强基层组织建设，通过项目工会、托管工会、联合工会等多种形式，努力将建筑施工一线职工纳入工会组织，为其提供维权依托。提升基层工会组织在职工工伤维权方面的业务能力和服务水平。具备条件的企业工会要设立工伤保障专员，学习掌握工伤保险政策，介入工伤事故处理的全过程，了解工伤职工需求，跟踪工伤待遇支付进程，监督工伤职工各项权益落实情况。

十三、齐抓共管合力维护建筑工人工伤权益。人力资源社会保障部门要积极会同相关部门，把大力推进建筑施工企业参加工伤保险作为当前扩大社会保险覆盖面的重要任务和重点工作领域，对各类建筑施工企业和建设项目进行摸底排查，力争尽快实现全面覆盖。各地人力资源社会保障、住房城乡建设、安全监管等部门要认真履行各自职能，对违法施工、非法转包、违法用工、不参加工伤保险等违法行为依法予以查处，进一步规范建筑市场秩序，保障建筑业职工工伤保险权益。人力资源社会保障、住房城乡建设、安全监管等部门和总工会要定期组织开展建筑业职工工伤维权工作情况的联合督查。有关部门和工会组织要建立部门间信息共享机制，及时沟通项目开工、项目用工、参加工伤保险、安全生产监管等信息，实现建筑业职工参保等信息互联互通，为维护建筑业职工工伤权益提供有效保障。

交通运输、铁路、水利等相关行业职工工伤权益保障工作可参照本文件规定执行。

各地人力资源社会保障、住房城乡建设、安全监管等部门和工会组织要依据国家法律法规和本文件精神，结合本地实际制定具体实施方案，定期召开有关部门协调工作会议，共同研究解决有关难点重点问题，合力做好建筑业职工工伤保险权益保障工作。

人力资源社会保障部办公厅关于加快推进建筑业工伤保险工作的通知

（2016 年 3 月 24 日　人社厅发〔2016〕43 号）

各省、自治区、直辖市及新疆生产建设兵团人力资源社会保障厅（局）：

人力资源社会保障部、住房城乡建设部、国家安全生产监管总局、中华全国总工会联合下发了《关于进一步做好建筑业工伤保险工作的意见》（人社部发〔2014〕103 号，以下简称《意见》），人力资源社会保障部结合全民参保登记计划，组织实施了“同舟计划”—建筑业工伤保险专项扩面行动，并根据建筑施工企业的用工特点，制定了专门经办规程和统计办法。

一年多来，各地人力资源社会保障部门会同有关部门，结合实际创造性落实《意见》要求，层层落实“同舟计划”参保扩面任务，突出抓好宣传培训和联合督查工作，推进建筑业参加工伤保险政策落地及相关管理服务工作取得积极进展。但工作中也暴露出一些突出问题，部分地区尚未形成有效推进工作的合力，工作进展较慢；宣传培训工作力度不够，建筑施工企业按项目参保的惠民政策社会知晓度不高；参保扩面、工伤认定、经办管理服务等工作还不能完全适应建筑业按项目参保的工作要求等。

2016 年是深入推进建筑业工伤保险工作的关键一年，各地务必进一步加强领导、狠抓落实，切实推动工作再上一个台阶，为 2017 年全面实现建筑施工企业依法参加工伤保险奠定坚实基础。现就有关要求通知如下：

一、加强领导，进一步发挥好人社部门的牵头作用。深入推进建筑业工伤保险工作需要多部门联动，人社部门作为社会保险行政管理部门，必须将这项工作作为当前工伤保险扩面的首要任务，牵头推进工作落实。各级人社部门主要负责同志，尤其是分管工伤保险工作的负责同志要亲自做好相关协调工作和任务安排，既要争取党委、政府分管领导的支持，更要协调相关部门建立良好的沟通合作机制。要重点加强对地市一级工作落实的督导，对工作进展慢、特别是仍存在部门配合不畅问题的地市，要协调当地党委、政府分管领导牵头推进落实。要会同住建、安监、工会等部门研究制定 2016、2017 年推进建筑业参加工伤保险工作的具体措施，并对推进工作中联合会商、联合督查、信息共享等工作措施作出制度性安排。有关推进工作措施于 5 月 30 日前报部工伤保险司、社保中心备案。

二、整合力量，进一步形成推进工作的合力。要进一步与住建、安监、工会等部门密切合作，整合各自的职能优势，建立畅通高效的长效协调机制，进一步形成工作合力。积极协调住建部门和安监部门发挥对建筑企业管理的职能优势，落实将工伤保险参保证明作为保证工程安全施工的具体措施之一，安全施工措施未落实的项目不予核发“施工许可证”和“安全生产许可证”，及时将建筑项目施工许可等信息予以公开，逐步完善信息共享机制，共同推动建筑业工伤保险工作；对不需要核发施工许可证的建筑项目，各地劳动保障监察、社保经办机构要积极发挥管理监督职能，督促建筑企业参加工伤保险，实行早期介入，共同做到建筑业参保扩面“无死角”。

三、改进服务，进一步简化参保手续。适应按项目参保特点，最大限度缩短流程、简化手续，力争实现施工企业办理参保缴费备案当日办结，避免因办理项目参保而拖延施工许可证的申领，影响工程开工进度。有条件的地区，可以将建筑项目参保事项纳入政府行政审批大厅办理，或协调住建部门，在统筹地区住建部门行政办事场所设立工伤保险参保经办窗口，也可委托住建部门办理参保核定手续并开具缴费通知单，方便施工企业在办理施工许可等行政审批手续时“一站式”办结参保手续。

四、提升效率，开设工伤认定和待遇支付绿色通道。适应建筑施工企业职工流动性大的特点，对于在工地内发生、事实清楚、当事双方无争议的案件实行“快认快结”，一般应当在10日内作出工伤认定的决定，可以开辟绿色通道，尽可能缩短劳动能力鉴定等待时限和待遇支付时限。有条件的地区对工伤认定后仍在医疗救治期间的职工特别是伤情较重人员，及时办理医疗费用联网实时结算手续，减轻施工企业和工伤职工的医疗费垫付压力。

五、适应特点，完善按项目参保统计工作。建筑业按项目参加工伤保险，参保人数的统计有一定的复杂性。为适应建筑业按项目参保统计要求，各地在按照《关于规范建筑业按项目参加工伤保险统计方法的通知（试行）》（人社厅发〔2015〕159号）要求统计参保人数的同时，应根据开工项目数、在建项目数、参保项目数统计项目参保率，于每双月10日前将上两月项目参保率报送工伤保险司和社保中心（见附件），部里将定期通报各地工作进展。

六、扩充系统，创新信息化服务水平。各地要按照《关于扩充社会保险管理信息系统功能支持建筑业按项目参加工伤保险工作的通知》（人社信息函〔2016〕17号）要求，扩充社会保险管理信息系统相关功能，支持建筑业按项目参加工伤保险，实现工伤保险参保登记、缴费、工伤认定、劳动能力鉴定等业务办理的全流程信息化。按照《关于加快推进社会保障卡应用的意见》（人社部发〔2014〕52号）要求，推进社会保障卡在建筑业工伤保险领域应用。加快推进全民参保计划的实施，建立完善全民参保登记数据库，通过信息比对、入户调查、资源共享、动态更新等措施，支持和促进按项目参保的人员管理。建立与住建、安监、工会等部门的信息交换机制，畅通信息共享渠道，共享项目用工、施工许可证发放、参保、安全生产管理等信息资源。

七、加强宣传培训，提升工伤保险参保积极性和社会知晓度。要充分运用传统媒体、新媒体等手段，高密度开展建筑业从业人员特别是农民工喜闻乐见的宣传活动。要在建筑项目施工现场设立工伤保险政策及参保流程宣传栏，实现宣传全覆盖，确保全体进场农民工知晓“个人不缴费、项目全参保、干活要打卡、咨询找社保”。要联合住建、安监、工会等部门，对各类新建、在建项目的有关管理人员进行培训，提高按项目参加工伤保险的自觉性和主动性，杜绝因不清楚、不了解、不会办而影响参保工作。已开展工伤预防试点的地区，可使用工伤预防经费对宣传培训活动予以必要经费保障，其他地区应由同级人社部门作出经费安排。

八、加强监督，有效防范和查处恶意骗保行为。在为建筑施工企业按项目参加工伤保险提供便捷、高效服务的同时，要加强管理监督工作，把住关键环节，做到快而不乱、便而不疏。对利用项目参保浑水摸鱼、造假骗保的行为，一经发现，要会同有关部门严肃处理、依法严惩。

做好建筑业工伤保险工作，是党中央、国务院对工伤保险工作提出的新要求，是当前社保扩面的重点任务。各地要在政策全面落地的基础上，加大力度，扎实有效推进建筑业按项目参加工伤保险工作全面落实。同时，应适时启动与交通运输、铁路、水利、能源等部门的沟通协调工作，尽早使这一惠民政策覆盖相关领域从业人员。

附件：建筑项目参保情况统计表

（附件本书略）

人力资源社会保障部办公厅关于做好企业“五证合一”社会保险登记工作的通知

（2016年8月22日　人社厅发〔2016〕130号）

各省、自治区、直辖市及新疆生产建设兵团人力资源社会保障厅（局）：

为贯彻落实《国务院办公厅关于加快推进“五证合一、一照一码”登记制度改革的通知》（国办发〔2016〕53号）精神和《工商总局等五部门关于贯彻落实〈国务院办公厅关于加快推进“五证合一”登记制度改革的通知〉的通知》（工商企注字〔2016〕150号）要求，切实做好企业“五证合一”社会保险登记工作，现就有关事项通知如下：

一、明确“五证合一”登记制度改革的适用范围

从2016年10月1日起，在工商部门登记的企业和农民专业合作社（以下统称“企业”）按照“五证合一、一照一码”登记制度进行社会保险登记证管理。国家机关、事业单位、社会团体等未纳入“五证合一、一照一码”登记制度管理的单位仍按原办法，到社会保险经办机构办理社会保险登记，由社会保险经办机构核发社会保险登记证，并逐步采用统一社会信用代码进行登记证管理。

二、简化优化企业社会保险登记业务流程

各地要及时建立适合“五证合一、一照一码”登记制度的企业社会保险登记业务流程，为企业提供更加方便快捷的登记服务。新成立的企业在办理工商注册登记时，同步完成企业的社会保险登记。实行“五证合一”制度改革前办理社会保险登记时要求企业提供的银行账号等指标项目，改革后由企业在为职工办理社会保险登记时提供。

企业办理“五证合一”登记后，社会保险经办机构应及时接收工商部门交换的数据，生成企业的《社会保险登记表》，并按规定存档。企业登记信息变更或注销后，社会保险经办机构应依据工商部门的交换数据及时更新企业的社会保险登记信息。其中，已参加社会保险的企业办理工商注销登记后，仍需到社会保险经办机构办理注销登记。社会保险经办机构对工商部门交换数据有疑义的，要及时反馈工商部门。同时做好社会保险登记与就业失业登记、劳动用工备案等其他人力资源和社会保障业务的信息共享和业务协同。

三、做好企业社会保险登记与职工参保登记业务的衔接

社会保险经办机构要充分利用工商部门提供的共享信息，实现企业社会保险登记与职工参保登记业务的有机衔接，切实做好扩面征缴工作。接收工商部门共享的企业社会保险登记信息后，社会保险经办机构要通过公开信、公告、短信等多种方式，提醒、督促已办理“五证合一”营业执照的企业在产生用工后30日内，依法及时到社会保险经办机构为职工办理参保登记手续。逾期仍不办理职工参保登记手续的，经办机构提请有关部门依法要求用人单位履行职工参保缴费义务。

企业为职工办理参保登记手续时，社会保险经办机构应核对“五证合一”营业执照。对于已从工商部门获取数据信息的企业，社会保险经办机构可直接调取该单位基本信息，补充开户银行账号等有关资料，完成职工参保登记。职工参保登记时补充的相关信息发生变更的，由企业向社会保险经办机构办理变更手续。

四、加强信息比对和跟踪管理

登记是社会保险经办管理的重要环节，在简化企业社会保险登记证办理流程、取消社会保险登记证定期验证换证规定后，社会保险经办机构要深化共享登记信息的比对和分析应用，继续做好年度缴费基数的申报和核定，切实加强跟踪管理。原社会保险登记证定期验证时，要求企业填报的参加社会保险人数、缴费工资总额、缴费金额、欠缴社会保险费等情况，纳入企业年度报告，由企业自行向工商部门报告并向社会公示。对于工商部门提供的企业基本信息、年度报告信息、经营异常名录信息和严重违法失信企业名单信息，社会保险经办机构要及时分析，准确掌握企业的存续、经营和履行社会保险缴费义务等情况。对企业年报数据与实际参保缴费数据不一致、企业公示相关情况与参保缴费规模不匹配的，要及时与企业沟通，查找原因，作出处理。

建立健全企业社会保险诚信管理制度，规范企业登记和参保缴费行为。对已取得“五证合一”营业执照并产生用工的企业，应通过查看参保缴费证明和社会保险个人权益记录单等方式，核验是否依法履行参保缴费义务。大力推广网上办事、掌上社保和自助服务，方便企业和个人查询和打印单位参保缴费证明和社会保险个人权益记录单。对存在虚假公示、申报社会保险参保缴费等情况的，要督促企业更正；情节严重的，应商有关部门开展联合惩戒。

五、建立有效的工作机制

推行企业“五证合一”社会保险登记是当前人力资源社会保障部门简化优化流程、改进公共服务、加强作风建设的重要内容，各地区要高度重视，主要领导亲自抓，确保登记制度改革措施平稳实施。建立与工商等部门信息共享、互信互动的工作机制，及时接收企业的工商登记信息和年报等公示信息，并按要求向工商部门反馈企业相关基本信息。强化系统联动，社会保险经办机构与信息化综合管理机构要密切配合，做好共享信息的整理、传输、反馈和分析应用；省级人力资源社会保障部门接收企业工商登记信息后，应在5个工作日内分发至市级社会保险经办机构，确保企业社会保险登记工作的及时开展。各级社会保险经办机构要加强工作调度，建立“五证合一”社会保险登记工作台账，并将企业登记信息的管理和在扩面征缴工作中的应用情况作为年度业务考核的重要内容。

各地开展“五证合一”社会保险登记工作的有关情况，请于12月31日前报送我部社会保险事业管理中心。

人力资源社会保障部办公厅关于进一步做好建筑业工伤保险工作的通知

（2017年3月9日　人社厅函〔2017〕53号）

各省、自治区、直辖市及新疆生产建设兵团人力资源社会保障厅（局）：

建筑业工伤保险专项扩面行动——“同舟计划”实施两年来，各地人力资源社会保障部门认真贯彻《关于进一步做好建筑业工伤保险工作的意见》（人社部发〔2014〕103号，以下简称《意见》），主动作为，扎实推进，建筑业按项目参加工伤保险工作取得显著成效（分省区市项目参保率情况详见附件1）。但工作中还存在亟待解决的突出问题，如工作进展不平衡，有12个省份新开工项目参保率低于全国平均水平；部分地区过于依赖行政强制力的集中推动，确保项目参保工作的长效机制还没有建立；交通运输、铁路、水利等相关行业建设项目参加工伤保险工作尚未启动等。为推动建立健全建筑业按项目参加工伤保险的长效工作机制，巩固建筑项目“先参保、再开工”政策成效，完成“同舟计划”确定的目标任务，现就进一步做好建筑业按项目参加工伤保险工作通知如下：

一、进一步提高认识，增强做好建筑业工伤保险工作的责任感、紧迫感

党中央、国务院高度重视建筑业工人合法权益保护问题。近期，《国务院办公厅关于促进建筑业持续健康发展的意见》（国办发〔2017〕19号）再次强调，要“建立健全与建筑业相适应的社会保险参保缴费方式，大力推进建筑施工单位参加工伤保险。”这不仅是当前工伤保险扩面的中心任务，也是促进建筑业持续健康发展、保护建筑业工人合法权益的重要举措，各级人社部门要增强政治责任感和工作紧迫感，切实抓好工作落实，围绕项目参保模式积极推进政策创新和管理服务创新，着力建立健全建筑业按项目参保长效工作机制，同时，为灵活就业人员、分享经济等新业态从业人员的参保管理工作积累经验，奠定基础。

二、进一步加强领导，推动形成更高水平、更高效率的部门协作机制

建筑业按项目参加工伤保险工作涉及多部门职责，需要多部门联动。各级人社部门要进一步发挥好牵头作用，会同有关部门加强和完善联席会议、联合督查、信息共享、定期会商等行之有效的部门协作机制。要联合有关部门，切实把握好政策关键点，在“项目参保证明作为保证工程安全施工的具体措施之一，不落实不予核发施工许可证”的问题上不开口子，不搞变通，守住政策底线。3 月底前，请各地将省（区、市）一级部门协作机制建立、运行情况，书面报部工伤保险司备案。

三、进一步强化督查通报，夯实项目参保长效工作机制

实践证明，督查、通报是推进项目参保工作的有效抓手，也是建立健全项目参保长效工作机制的关键措施。各地要进一步发挥督查对推进项目参保工作的作用，突出加强对工作进度慢、参保率回落较大地区的督查。4 月底前，请各地人社厅局将 2017 年度开展专项督查和会同有关部门开展联合督查的工作方案报部工伤保险司、社保中心备案。

要进一步坚持和完善项目参保率定期调度通报制度，探索将新开工项目参保率纳入人社事业发展计划指标。4 月 10 日前，请各地将截至 3 月底的《建筑项目参保情况统计表》（详见附件 2）及省（区、市）内项目参保率定期调度通报制度建立情况报部工伤保险司、社保中心，之后逢单月 10 日前报送《建筑项目参保情况统计表》。

四、进一步创新管理服务，推动实现从“要我参保”到“我要参保”的转变

建筑业按项目参加工伤保险，是适应建筑业用工特点做出的政策创新。在项目参保模式下，要高度重视管理服务创新，优化流程，减少环节，提高效率，逐步开辟绿色通道、专门窗口，提供一站式服务，逐步实现工伤医疗费用联网实时结算。借鉴商业保险管理经验，创新人性化服务内容，进一步提升工伤保险在为参保企业、项目和工伤职工服务上的便捷性和可及性。

附件：1. 建筑项目参保情况统计汇总表

2. 建筑项目参保情况统计表

（附件本书略）

人力资源社会保障部等6部门关于铁路、公路、水运、水利、能源、机场工程建设项目参加工伤保险工作的通知

（2018年1月2日　人社部发〔2018〕3号）

各省、自治区、直辖市及新疆生产建设兵团人力资源社会保障厅（局）、交通运输厅（局、委）、水利（水务）厅（局）、能源局、各地区铁路监管局、民航各地区管理局：

党中央、国务院高度重视建筑业农民工工伤权益保障问题。2014年12月，经国务院批准，人力资源社会保障部、住房城乡建设部、安全监管总局、全国总工会制定印发了“关于进一步做好建筑业工伤保险工作的意见”（人社部发〔2014〕103号，以下简称《意见》），做出了工伤优先，项目参保，概算提取，一次参保，全员覆盖的制度安排，并明确交通运输、铁路、水利等相关行业参照执行。三年来，在各部门的协力推动以及各地共同努力下，住建领域新开工工程建设项目参保率已达到99.73%，累计4000多万人次建筑业农民工纳入工伤保险保障。部分地区结合实际一并推动交通运输、铁路、水利等相关行业工程建设项目参加工伤保险工作，取得了一定成效，为全面推开创造了条件。为全面贯彻党中央、国务院关于切实保障和改善民生的重大部署，深入落实《意见》要求，加大力度将在各类工程建设项目中流动就业的农民工纳入工伤保险保障，现就铁路、公路、水运、水利、能源、机场（以下简称交通运输等行业）工程建设项目参加工伤保险工作通知如下：

一、切实增强做好工作的责任感和紧迫感。《国务院办公厅关于促进建筑业持续健康发展的意见》（国办发〔2017〕19号）再次强调要“建立健全与建筑业相适应的社会保险参保缴费方式，大力推进建筑施工单位参加工伤保险”，明确了做好建筑行业工程建设项目农民工职业伤害保障工作的政策方向和制度安排。各地要在进一步健全住建领域工程建设项目按项目参加工伤保险长效工作机制的同时，进一步增强责任感和紧迫感，按照《意见》要求，全面启动交通运输等行业工程建设项目参加工伤保险工作，结合行业用工特点，做好参保办法、办理流程、保障服务等具体制度安排，确保在各类工地上流动就业的农民工依法享有工伤保险保障。

二、推进形成更高水平更高效率的部门协作机制。按项目参加工伤保险工作涉及多部门职责，必须协调联动，合力推进。在推进住建领域工程建设项目参加工伤保险工作中，各地普遍建立的联席会议、联合督查、信息共享、经办对接等部门协作机制，发挥了重要作用，创造积累了行之有效的经验做法。各地要在现有工作基础上，扩大协作范围，丰富协作内容，针对交通运输等行业工程建设项目施工管理、用工管理的特点，设计高效、便捷、管用的管理服务流程和参保约束机制，切实做到“先参保，再开工”。

按照“谁审批，谁负责”的原则，各类工程建设项目在办理相关手续、进场施工前，均应向行业主管部门或监管部门提交施工项目总承包单位或项目标段合同承建单位参加工伤保险的证明，作为保证工程安全施工的具体措施之一。未参加工伤保险的项目和标段，主管部门、监管部门要及时督促整改，即时补办参加工伤保险手续，杜绝“未参保，先开工”甚至“只施工，不参保”现象。各级行业主管部门、监管部门要将施工项目总承包单位或项目标段合同承建单位参加工伤保险情况纳入企业信用考核体系，未参保项目发生事故造成生命财产重大损失的，责成工程责任单位限期整改，必要时可对总承包单位或标段合同承建单位启动问责程序。

三、依法合理确定缴费比例。建筑施工企业相对固定的职工，应按用人单位参加工伤保险。不能按用人单位参加工伤保险的职工特别是短期雇佣的农民工，应按项目优先参加工伤保险，一般应由施工项目总承包单位或项目标段合同承建单位按照劳动雇佣关系一次性代缴本项目工伤保险费，覆盖项目使用的所有职工，包括专业承包单位、劳务分包单位使用的农民工。各类工程建设项目可以项目或标段为单位，按照项目或标段的建筑安装工程费（或工程合同价）的一定比例参保缴费。对人工成本占比较低的工程建设项目，可按照人工成本乘以工伤保险行业基准费率的方式计算工伤保险费。对于难以确定直接人工成本的工程建设项目，可参照本地区社会平均工资确定缴费基数。各统筹地区要按照“以支定收、收支平衡”原则，根据当地工伤保险基金的运行情况，科学合理确定费率。同时，注重发挥浮动费率作用，低保费起步，逐步实现收支平衡。

四、进一步加强督查和定期通报工作。从 2017 年起，人力资源社会保障部已将新开工项目参保率纳入人力资源社会保障事业发展指标体系，定期分省通报调度。各地人力资源社会保障部门要以此为契机，会同有关部门进一步强化督查措施，提高数据的可靠性和可应用性。要在全面启动交通运输等行业工程建设项目参加工伤保险工作的同时，将同口径数据纳入通报调度安排，并作为督查重点。各地人力资源社会保障部门要在门户网站上定期通报当地工程建设项目参保率情况，并加强与住房城乡建设、交通运输、水利、能源、铁路和民航部门的数据共享。

五、着力提高经办服务质量和管理水平。按项目参加工伤保险是适应流动用工特点做出的政策创新。各地人力资源社会保障部门要为参保工程建设项目及标段和工伤职工提供更加优质便捷的人性化服务，积极探索优化适合按项目参加工伤保险的登记、缴费、认定、劳动能力鉴定、待遇支付等服务流程，开辟绿色通道、专门窗口等，提供一站式服务。要最大限度缩短参加工伤保险工作流程、简化手续，力争实现施工企业办理参保缴费备案当日办结，避免因办理项目参加工伤保险而影响工程开工进度。施工项目总承包单位或项目标段合同承建单位应当在工程项目施工期内督促专业承包单位、劳务分包单位建立职工花名册、考勤记录、工资发放表等台账，对项目施工期内全部施工人员实行动态实名制管理。施工人员发生工伤后，以劳动合同为基础确认劳动关系，对未签订劳动合同的，由人力资源社会保障部门参照工资支付凭证或记录、工作证、招工登记表、考勤记录及其他劳动者证言等证据，确认事实劳动关系。对在工地内发生、事实清楚、当事双方无争议的工伤案件实行“快认快结”，一般应当在10日内作出工伤认定的决定。对在参保工程建设项目施工期间发生工伤，项目竣工时尚未完成工伤认定或劳动能力鉴定的，建筑施工企业要保证工伤职工医疗救治和停工留薪期间的法定待遇，在完成工伤认定及劳动能力鉴定后工伤职工依法享受各项工伤保险待遇。

各地人力资源社会保障部门要会同各部门按照《工伤预防费使用管理暂行办法》（人社部规〔2017〕13号），指导建筑施工企业积极开展工伤预防宣传和培训工作，要建立健全政府部门、行业协会、施工企业等多层次的培训体系，不断提升职工特别是农民工的工伤保险意识，控制和减少工伤发生。对积极开展工伤预防，有效减少工伤发生的项目承包单位，符合条件的，要优先落实浮动费率政策。

各地人力资源社会保障、交通运输、水利、能源、铁路、民航等部门要依据国家法律法规和本通知要求，结合本地实际制定具体实施方案，合力做好工程建设领域职工特别是农民工工伤保险权益保障工作。

（二）机关事业单位参保

中华人民共和国公务员法(摘录)

（2005年4月27日第十届全国人民代表大会常务委员会第十五次会议通过　根据2017年9月1日第十二届全国人民代表大会常务委员会第二十九次会议《关于修改〈中华人民共和国法官法〉等八部法律的决定》修正　2018年12月29日第十三届全国人民代表大会常务委员会第七次会议修订）

第八十三条　公务员依法参加社会保险，按照国家规定享受保险待遇。

公务员因公牺牲或者病故的，其亲属享受国家规定的抚恤和优待。

中国人民解放军文职人员条例(摘录)

(2005年6月23日国务院、中央军事委员会令第438号公布 2017年9月27日国务院、中央军事委员会令第689号修订)

第二条 本条例所称文职人员，是指在军民通用、非直接参与作战且社会化保障不宜承担的军队编制岗位从事管理工作和专业技术工作的非现役人员，是军队人员的组成部分。

文职人员在军队和社会生活中，依法享有国家工作人员相应的权利，履行相应的义务。

第五条 军队建立与国家公务员和事业单位工作人员制度相衔接、具有比较优势的文职人员管理、保障制度和机制。

第五十条 用人单位及其文职人员应当按照国家规定参加所在地职工基本医疗保险、失业保险、生育保险，缴纳保险费。参加养老保险、工伤保险的办法另行制定。

军队根据国家有关规定，为文职人员建立补充保险。

中共中央办公厅 国务院办公厅印发《聘任制公务员管理规定（试行）》（摘录）

第三十条　聘任制公务员按照国家有关规定参加基本养老保险和职业年金、基本医疗保险、工伤保险、失业保险、生育保险。

（新华社北京 2017 年 9 月 29 日电）

人力资源社会保障部 财政部关于进一步做好事业单位等参加工伤保险工作有关问题的通知

（2012 年 10 月 29 日　人社部发〔2012〕67 号）

各省、自治区、直辖市及新疆生产建设兵团人力资源社会保障厅（局）、财政厅（局、财务局）：

为保障事业单位、社会团体、民办非企业单位、基金会、律师事务所、会计师事务所等组织因工作遭受事故伤害或者患职业病的工作人员依法享受工伤保险待遇，按照《中华人民共和国社会保险法》和《工伤保险条例》规定，现就有关问题通知如下：

一、事业单位、社会团体、民办非企业单位、基金会、律师事务所、会计师事务所等组织按照《中华人民共和国社会保险法》、《工伤保险条例》规定，依照属地管理原则，参加统筹地区的工伤保险，并按时足额缴纳工伤保险费。缴纳工伤保险费所需费用在社会保障缴费中列支，其费率均暂按一类风险行业执行。

二、事业单位、社会团体、民办非企业单位、基金会、律师事务所、会计师事务所等组织的工作人员遭受事故伤害或者患职业病的，其工伤范围、工伤认定、劳动能力鉴定、待遇标准等按照《工伤保险条例》规定执行。

三、参照公务员法管理的事业单位、社会团体工作人员因工作遭受事故伤害或者患职业病的，按照《工伤保险条例》第六十五条的规定执行。

四、本通知自下发之日起施行。凡此前文件与本通知规定不符的，以本通知规定为准。

人力资源社会保障部关于支持和鼓励事业单位专业技术人员创新创业的指导意见（摘录）

（2017年3月10日　人社部规〔2017〕4号）

三、支持和鼓励事业单位专业技术人员离岗创新创业

事业单位专业技术人员带着科研项目和成果离岗创办科技型企业或者到企业开展创新工作（简称离岗创业），是充分发挥市场在人才资源配置中的决定性作用，提高人才流动性，最大限度激发和释放创新创业活力的重要举措，有助于科技创新成果快速实现产业化，转化为现实生产力。

事业单位专业技术人员离岗创业期间依法继续在原单位参加社会保险，工资、医疗等待遇，由各地各部门根据国家和地方有关政策结合实际确定，达到国家规定退休条件的，应当及时办理退休手续。创业企业或所工作企业应当依法为离岗创业人员缴纳工伤保险费用，离岗创业人员发生工伤的，依法享受工伤保险待遇。离岗创业期间非因工死亡的，执行人事关系所在事业单位抚恤金和丧葬费规定。离岗创业人员离岗创业期间执行原单位职称评审、培训、考核、奖励等管理制度。离岗创业期间取得的业绩、成果等，可以作为其职称评审的重要依据；创业业绩突出，年度考核被确定为优秀档次的，不占原单位考核优秀比例。离岗创业期间违反事业单位工作人员管理相关规定的，按照事业单位人事管理条例等相关政策法规处理。

事业单位对离岗创业人员离岗创业期间空出的岗位，确因工作需要，经同级事业单位人事综合管理部门同意，可按国家有关规定用于聘用急需人才。离岗创业人员返回的，如无相应岗位空缺，可暂时突破岗位总量聘用，并逐步消化。离岗创业人员离岗创业期间，本人提出与原单位解除聘用合同的，原单位应当依法解除聘用合同；本人提出提前返回的，可以提前返回原单位。离岗创业期满无正当理由未按规定返回的，原单位应当与其解除聘用合同，终止人事关系，办理相关手续。

事业单位专业技术人员离岗创业，须提出书面申请，经单位同意，可在3年内保留人事关系。对离岗创办科技型企业的，按规定享受国家创业有关扶持政策。事业单位与离岗创业人员应当订立离岗协议，约定离岗事项、离岗期限、基本待遇、保密、成果归属等内容，明确双方权利义务，同时相应变更聘用合同。离岗创业项目涉及原单位知识产权、科研成果的，事业单位、离岗创业人员、相关企业可以订立协议，明确收益分配等内容。

（三）涉外人员参保

中华人民共和国外商投资法（摘录）

（2019 年 3 月 15 日第十三届全国人民代表大会第二次会议通过）

第六条 在中国境内进行投资活动的外国投资者、外商投资企业，应当遵守中国法律法规，不得危害中国国家安全、损害社会公共利益。

在中国境内就业的外国人参加社会保险暂行办法（摘录）

（2011年9月6日　人力资源和社会保障部令第16号）

第三条　在中国境内依法注册或者登记的企业、事业单位、社会团体、民办非企业单位、基金会、律师事务所、会计师事务所等组织（以下称用人单位）依法招用的外国人，应当依法参加职工基本养老保险、职工基本医疗保险、工伤保险、失业保险和生育保险，由用人单位和本人按照规定缴纳社会保险费。

与境外雇主订立雇用合同后，被派遣到在中国境内注册或者登记的分支机构、代表机构（以下称境内工作单位）工作的外国人，应当依法参加职工基本养老保险、职工基本医疗保险、工伤保险、失业保险和生育保险，由境内工作单位和本人按照规定缴纳社会保险费。

劳动和社会保障部办公厅关于取得国外永久性居民身份证回国工作人员在国内工作期间有关社会保险问题的复函

（2001 年 9 月 10 日　劳社厅函〔2001〕198 号）

北京市劳动和社会保障局：

你局《关于回国高级科技人才中持国外绿卡在国内工作人员有关社会保险问题的函》（京劳社养函〔2001〕59 号）收悉。经研究，现答复如下：

对于取得国外永久性居民身份证的人员回国工作，凡同国内企业建立劳动关系的，应按规定参加企业所在地的社会保险，缴纳社会保险费，并享受相应待遇。这些人员同国内企业解除劳动关系并离境时，社会保险经办机构应当终止其社会保险关系，并根据职工申请，对参加基本养老保险，且不符合领取基本养老金条件的，将其基本养老保险个人账户的储存额一次性支付给本人；参加基本医疗保险的，将其个人账户结余部分一次性退给本人；参加失业保险的，单位和个人此前缴纳的失业保险费不予退还。

人力资源和社会保障部办公厅关于进一步做好在国内就业的华侨参加社会保险有关工作的通知

（2009 年 9 月 8 日　人社厅发〔2009〕118 号）

各省、自治区、直辖市人力资源社会保障（劳动保障）厅（局），新疆生产建设兵团人力资源和社会保障局：

随着我国改革开发和社会经济发展，越来越多的华桥回国内就业和发展。按照《社会保障费征缴暂行条例》（国务院令第 259 号）和《劳动和社会保障部办公厅关于取得国外永久性居民身份证的人员在国内就业期间有关社会保险问题的复函》（劳社厅函〔2001〕198 号）有关规定，各地逐步将在国内就业的华侨纳入社会保险覆盖范围。但在实际操作中，部分华侨和地方社会保险经办部门反映，由于华侨没有居民身份证，无法办理参保登记手续，影响了华侨的参保。为进一步做好在国内就业的华侨参加社会保险有关工作，维护他们的社会保险权益，现就有关问题通知如下：

一、聘雇华侨人员的用人单位，可持华侨本人的有效护照等证明材料及时到当地社会保险经办机构为其办理参保登记手续，建立社会保险关系。在国内灵活就业的华侨人员，可持本人有效护照等，按照个体身份人员参保办法到所在地社会保险经办机构办理参保缴费手续。华侨参加社会保险的各项业务办理程序与国内其他参保人员一致。

二、首次参保或已办理终止国内的社会保险关系手续后再次回国就业并参保的华侨人员，社会保险经办机构根据《参保华侨社会保障号码编制规则》（见附件）为其建立社会保障号码，并在信息系统中做专门的参保标识。

三、按规定符合享受社会保险待遇申领条件的华侨参保人员，可持本人有效护照等领取社会保险待遇手续。在境外居住的，经向社会保险经办机构申请，其社会保险待遇可委托亲属或他人代领；或应本人要求，由社会保险经办机构将应领取的人民币兑换成本人选择的国内可兑换的外汇币种，汇至华侨实际居住国，相关费用由个人负担。境外居住的华侨应每年向负责支付其养老保险待遇的社会保险经办机构提供一次由我驻外使领馆或居住国主管部门、公证机关出具的健在证明的公证、认证等证明。

四、各级人力资源和社会保障部门要认真落实华侨参保的有关政策，按照规定将符合条件的华侨纳入社会保险覆盖范围，切实维护他们的合法权益。要针对华侨参保的实际，改进管理服务方式，调整和优化经办规程，及时提供业务查询服务，方便华侨办理参保等手续。工作中发现的问题，请及时向我部报告。

附：参保华侨社会保障号码编制规则

附

参保华侨社会保障号码编制规则

华侨在国内参保社会保障号码由中国国家代码（CHN）、有效护照号码组成。中国国家代码和护照号码之间预留一位，其表现形式为：

一、中国国家代码按“ISO3166-1-2006”国家及其地区的名称代码的第一部分国家代码规定的3位英文字母表示，即“CHN”。遇国际标准升级时，人力资源社会保障部统一确定代码升级时间。

二、社会保障号码预留位1位，默认情况为0，在特殊情况时，可填写数字为1至9。

三、有效护照号码，应包含护照号码中全部英文字母和阿拉伯数字。不包括其中的“.”、“-”等特殊字符。例如（在我国工作持有效护照，护照号码为 G01234567 的华侨，其社会保障号码为：CHN0G01234567。）

四、数据库对华侨社会保障号码预留 18 位长度。

五、华侨在国内连续参保期间，其社会保障号码不变。期间护照号码发生改变时，社会保险经办机构以华侨初次参保登记时的社会保障号码作为标识，对参保人员的护照号码变更情况进行相应的记录。

参保华侨本人办理终止在国内的社会保险关系手续后，再次回国内就业并参保，社会保险经办机构应为其重新建立社会保险关系并编制社会保障号码。

人力资源和社会保障部办公厅关于做好在我国境内就业的外国人参加社会保险工作有关问题的通知

（2011年12月2日　人社厅发〔2011〕113号）

各省、自治区、直辖市人力资源和社会保障厅（局），新疆生产建设兵团劳动保障局：

根据《中华人民共和国社会保险法》和《在中国境内就业的外国人参加社会保险暂行办法》（人社部令第16号，以下简称《暂行办法》）规定，现就做好在中国境内就业的外国人参加社会保险工作有关事宜通知如下：

一、依法将符合规定的外国人纳入参保范围

各地要严格执行社会保险法和《暂行办法》，于2011年12月31日前将符合条件的外国人纳入社会保险覆盖范围，督促用人单位和外国人按照现行法律法规参保并按时足额缴纳社会保险费。2011年10月15日之前已经在中国境内就业，且符合参保条件的外国人，统一从2011年10月15日起参保缴费。2011年10月15日至12月31日办理参保缴费手续的，免收其滞纳金。2012年1月1日之后办理参保缴费手续的，从2011年10月15日起收取滞纳金。2011年10月15日以后在中国境内就业的，从在中国境内就业开始之月起参保缴费。用人单位申报外国人的缴费基数，统一按人民币形式申报。各地要按照有关政策规定，做好社会保险费收缴以及个人权益记录等工作。

二、完善外国人社会保险登记办理程序

各地要完善社会保险登记办理程序，方便用人单位为聘雇的外国人办理参保登记手续。驻华代表机构、外国常驻新闻机构、外国企业常驻代表机构等单位办理社会保险登记手续时，应要求其提供由中国主管部门颁发的批准设立文件及由中国质量技术监督部门颁发的组织机构代码证书等证明文件。

对于首次参保的外国人，应要求用人单位提供其本人有效护照、《外国人就业证》或《外国专家证》、《外国常驻记者证》等就业证件（取得在中国永久居留资格的人员，应提供本人《外国人永久居留证》），以及劳动合同或派遣合同等证明材料，到用人单位参保所在地社保机构办理社会保险登记手续。经审核通过的，社保机构根据《外国人社会保障号码编制规则》，为其建立社会保障号码，发放社会保障卡。

具有与我国签订社会保险缴费双边或多边协议（或协定，以下简称协议）国家国籍的就业人员，在其依法获得在我国境内就业证件 3 个月内提供协议国出具参保证明的，应按协议规定免除其规定险种在规定期限内的缴费义务。对于依法获得在我国境内就业证件 3 个月后不能提供协议国出具的参保证明的，应按规定征收社会保险费并收取相应的滞纳金。对于协议之外的险种以及协议规定险种超过规定期限的，应要求其按规定缴纳社会保险费。

三、明确外国人参保的相关政策

在我国就业的外国人领取养老保险待遇的年龄，原则上按照现行退休年龄政策的相关规定执行。

外国人在我国境内发生的生育保险费用，由生育保险基金支付，具体办法由各省、自治区、直辖市确定。

四、优化和改进管理服务工作

各地要针对外国人参保的特点和具体情况，调整和优化业务经办规程和管理办法，改进管理服务方式。外国人就业较多的地区可印制外文版本的政策规定、办事指南等材料，方便用人单位和外国人办理参保和待遇核定等手续，并提供有中英文对照的社会保险权益记录；有条件的地区，可为外国人参保提供外语咨询服务。要统一调整相关用表（相关表格调整指标见附件），及时完善社会保险数据库，尽快在社会保险业务管理系统中实现外国人参保的业务办理。加强基础信息数据的采集与维护，保障参保人员信息的准确和安全。加快社会保障卡发放进度，方便外国人参保缴费和信息查询。建立外国人参保数据定期上报机制，支持查询和分析服务。

社保机构要加强与当地就业部门的业务联系，建立就业与社保信息交换共享机制，通过信息网络第一时间获取外国人就业信息，为督促聘雇外国人的用人单位和外国人办理参保手续提供基础信息。同时，要建立与外国专家局以及公安、文化、民政等部门的协作机制，实现部门间信息共享机制，及时掌握外国人入境、离境和在国内就业等情况。

建立部级外国人参保信息查询系统，各地社保机构可通过人力资源社会保障业务专网查询外国人办理《外国人就业证》、《外国专家证》和其他国家提供的为该国在中国就业人员出具的参保证明以及外国人在中国参保及社会保障号码等信息。

外国人参保数据上报、信息查询的具体内容和系统方案另行制定。

五、加强工作调度和监督检查

各地要建立外国人参保工作的调度制度，按照规定的时间统一上报外国人参保工作进展情况，我部将定期进行通报。要加大对聘雇外国人的用人单位参保缴费情况的监督检查力度，建立经常性检查工作机制，对外国人就业相对集中的企业要进行重点检查，对拒不参保的，依法处理，确保社会保险法的真正落实。

做好在我国境内就业的外国人参加社会保险工作，事关我国法律实施的权威性和严肃性。各级人力资源社会保障部门要从政治和全局的角度予以高度重视，认真组织贯彻落实。要及时收集并重视网络和媒体舆情，坚持正确的舆论导向，通过电视、网络等媒体，运用多种形式，加强对外国人参保政策要点的宣传，公开参保缴费、待遇核定等经办程序，有条件的地区要到外国人就业相对较多的企业进行政策讲解，送政策上门，使参保单位和外国人能够及时准确了解相关政策内容，依法履行参保缴费义务。

已经开展外国人参保的地区，要按照社会保险法和《暂行办法》的规定，调整相关政策，做好政策和经办管理的衔接工作。对工作中发现的问题要及时向人力资源社会保障部报告。

附件：在中国境内就业的外国人参保涉及社会保险相关用表及调整指标

（附件本书略）

二、工伤保险费征收

社会保险费征缴暂行条例

（1999年1月22日国务院令第259号发布　根据2019年3月24日《国务院关于修改部分行政法规的决定》修正）

第一章　总　则

第一条　为了加强和规范社会保险费征缴工作，保障社会保险金的发放，制定本条例。

第二条　基本养老保险费、基本医疗保险费、失业保险费（以下统称社会保险费）的征收、缴纳，适用本条例。

本条例所称缴费单位、缴费个人，是指依照有关法律、行政法规和国务院的规定，应当缴纳社会保险费的单位和个人。

第三条　基本养老保险费的征缴范围：国有企业、城镇集体企业、外商投资企业、城镇私营企业和其他城镇企业及其职工，实行企业化管理的事业单位及其职工。

基本医疗保险费的征缴范围：国有企业、城镇集体企业、外商投资企业、城镇私营企业和其他城镇企业及其职工，国家机关及其工作人员，事业单位及其职工，民办非企业单位及其职工，社会团体及其专职人员。

失业保险费的征缴范围：国有企业、城镇集体企业、外商投资企业、城镇私营企业和其他城镇企业及其职工，事业单位及其职工。

省、自治区、直辖市人民政府根据当地实际情况，可以规定将城镇个体工商户纳入基本养老保险、基本医疗保险的范围，并可以规定将社会团体及其专职人员、民办非企业单位及其职工以及有雇工的城镇个体工商户及其雇工纳入失业保险的范围。

社会保险费的费基、费率依照有关法律、行政法规和国务院的规定执行。

第四条　缴费单位、缴费个人应当按时足额缴纳社会保险费。

征缴的社会保险费纳入社会保险基金，专款专用，任何单位和个人不得挪用。

第五条　国务院劳动保障行政部门负责全国的社会保险费征缴管理和监督检查工作。县级以上地方各级人民政府劳动保障行政部门负责本行政区域内的社会保险费征缴管理和监督检查工作。

第六条　社会保险费实行三项社会保险费集中、统一征收。社会保险费的征收机构由省、自治区、直辖市人民政府规定，可以由税务机关征收，也可以由劳动保障行政部门按照国务院规定设立的社会保险经办机构（以下简称社会保险经办机构）征收。

第二章　征缴管理

第七条　缴费单位必须向当地社会保险经办机构办理社会保险登记，参加社会保险。

登记事项包括：单位名称、住所、经营地点、单位类型、法定代表人或者负责人、开户银行账号以及国务院劳动保障行政部门规定的其他事项。

第八条　企业在办理登记注册时，同步办理社会保险登记。

前款规定以外的缴费单位应当自成立之日起 30 日内，向当地社会保险经办机构申请办理社会保险登记。

第九条　缴费单位的社会保险登记事项发生变更或者缴费单位依法终止的，应当自变更或者终止之日起 30 日内，到社会保险经办机构办理变更或者注销社会保险登记手续。

第十条　缴费单位必须按月向社会保险经办机构申报应缴纳

的社会保险费数额，经社会保险经办机构核定后，在规定的期限内缴纳社会保险费。

缴费单位不按规定申报应缴纳的社会保险费数额的，由社会保险经办机构暂按该单位上月缴费数额的百分之一百一十确定应缴数额；没有上月缴费数额的，由社会保险经办机构暂按该单位的经营状况、职工人数等有关情况确定应缴数额。缴费单位补办申报手续并按核定数额缴纳社会保险费后，由社会保险经办机构按照规定结算。

第十一条 省、自治区、直辖市人民政府规定由税务机关征收社会保险费的，社会保险经办机构应当及时向税务机关提供缴费单位社会保险登记、变更登记、注销登记以及缴费申报的情况。

第十二条 缴费单位和缴费个人应当以货币形式全额缴纳社会保险费。

缴费个人应当缴纳的社会保险费，由所在单位从其本人工资中代扣代缴。

社会保险费不得减免。

第十三条 缴费单位未按规定缴纳和代扣代缴社会保险费的，由劳动保障行政部门或者税务机关责令限期缴纳；逾期仍不缴纳的，除补缴欠缴数额外，从欠缴之日起，按日加收千分之二的滞纳金。滞纳金并入社会保险基金。

第十四条 征收的社会保险费存入财政部门在国有商业银行开设的社会保障基金财政专户。

社会保险基金按照不同险种的统筹范围，分别建立基本养老保险基金、基本医疗保险基金、失业保险基金。各项社会保险基金分别单独核算。

社会保险基金不计征税、费。

第十五条 省、自治区、直辖市人民政府规定由税务机关征收社会保险费的，税务机关应当及时向社会保险经办机构提供缴费单位和缴费个人的缴费情况；社会保险经办机构应当将有关情况汇总，报劳动保障行政部门。

第十六条　社会保险经办机构应当建立缴费记录，其中基本养老保险、基本医疗保险并应当按照规定记录个人账户。社会保险经办机构负责保存缴费记录，并保证其完整、安全。社会保险经办机构应当至少每年向缴费个人发送一次基本养老保险、基本医疗保险个人账户通知单。

缴费单位、缴费个人有权按照规定查询缴费记录。

第三章　监督检查

第十七条　缴费单位应当每年向本单位职工公布本单位全年社会保险费缴纳情况，接受职工监督。

社会保险经办机构应当定期向社会公告社会保险费征收情况，接受社会监督。

第十八条　按照省、自治区、直辖市人民政府关于社会保险费征缴机构的规定，劳动保障行政部门或者税务机关依法对单位缴费情况进行检查时，被检查的单位应当提供与缴纳社会保险费有关的用人情况、工资表、财务报表等资料，如实反映情况，不得拒绝检查，不得谎报、瞒报。劳动保障行政部门或者税务机关可以记录、录音、录像、照相和复制有关资料；但是，应当为缴费单位保密。

劳动保障行政部门、税务机关的工作人员在行使前款所列职权时，应当出示执行公务证件。

第十九条　劳动保障行政部门或者税务机关调查社会保险费征缴违法案件时，有关部门、单位应当给予支持、协助。

第二十条　社会保险经办机构受劳动保障行政部门的委托，可以进行与社会保险费征缴有关的检查、调查工作。

第二十一条　任何组织和个人对有关社会保险费征缴的违法行为，有权举报。劳动保障行政部门或者税务机关对举报应当及时调查，按照规定处理，并为举报人保密。

第二十二条 社会保险基金实行收支两条线管理，由财政部门依法进行监督。

审计部门依法对社会保险基金的收支情况进行监督。

第四章 罚 则

第二十三条 缴费单位未按照规定办理社会保险登记、变更登记或者注销登记，或者未按照规定申报应缴纳的社会保险费数额的，由劳动保障行政部门责令限期改正；情节严重的，对直接负责的主管人员和其他直接责任人员可以处1000元以上5000元以下的罚款；情节特别严重的，对直接负责的主管人员和其他直接责任人员可以处5000元以上10000元以下的罚款。

第二十四条 缴费单位违反有关财务、会计、统计的法律、行政法规和国家有关规定，伪造、变造、故意毁灭有关账册、材料，或者不设账册，致使社会保险费缴费基数无法确定的，除依照有关法律、行政法规的规定给予行政处罚、纪律处分、刑事处罚外，依照本条例第十条的规定征缴；迟延缴纳的，由劳动保障行政部门或者税务机关依照第十三条的规定决定加收滞纳金，并对直接负责的主管人员和其他直接责任人员处5000元以上20000元以下的罚款。

第二十五条 缴费单位和缴费个人对劳动保障行政部门或者税务机关的处罚决定不服的，可以依法申请复议；对复议决定不服的，可以依法提起诉讼。

第二十六条 缴费单位逾期拒不缴纳社会保险费、滞纳金的，由劳动保障行政部门或者税务机关申请人民法院依法强制征缴。

第二十七条 劳动保障行政部门、社会保险经办机构或者税务机关的工作人员滥用职权、徇私舞弊、玩忽职守，致使社会保险费流失的，由劳动保障行政部门或者税务机关追回流失的社会保险费；构成犯罪的，依法追究刑事责任；尚不构成犯罪的，依法给予行政处分。

第二十八条　任何单位、个人挪用社会保险基金的，追回被挪用的社会保险基金；有违法所得的，没收违法所得，并入社会保险基金；构成犯罪的，依法追究刑事责任；尚不构成犯罪的，对直接负责的主管人员和其他直接责任人员依法给予行政处分。

第五章　附　则

第二十九条　省、自治区、直辖市人民政府根据本地实际情况，可以决定本条例适用于本行政区域内工伤保险费和生育保险费的征收、缴纳。

第三十条　税务机关、社会保险经办机构征收社会保险费，不得从社会保险基金中提取任何费用，所需经费列入预算，由财政拨付。

第三十一条　本条例自发布之日起施行。

国务院办公厅关于印发降低社会保险费率综合方案的通知

（2019 年 4 月 1 日　国办发〔2019〕13 号）

各省、自治区、直辖市人民政府，国务院各部委、各直属机构：

《降低社会保险费率综合方案》已经国务院同意，现印发给你们，请认真贯彻执行。

降低社会保险费率，是减轻企业负担、优化营商环境、完善社会保险制度的重要举措。各地区各有关部门要以习近平新时代中国特色社会主义思想为指导，全面贯彻党的十九大和十九届二中、三中全会精神，坚持稳中求进工作总基调，坚持新发展理念，统筹考虑降低社会保险费率、完善社会保险制度、稳步推进社会保险费征收体制改革，密切协调配合，抓好工作落实，确保企业特别是小微企业社会保险缴费负担有实质性下降，确保职工各项社会保险待遇不受影响、按时足额支付。

降低社会保险费率综合方案

为贯彻落实党中央、国务院决策部署，降低社会保险（以下简称社保）费率，完善社保制度，稳步推进社保费征收体制改革，制定本方案。

一、降低养老保险单位缴费比例

自 2019 年 5 月 1 日起，降低城镇职工基本养老保险（包括企业和机关事业单位基本养老保险，以下简称养老保险）单位缴费比例。各省、自治区、直辖市及新疆生产建设兵团（以下统称省）养老保险单位缴费比例高于16%的，可降至16%；目前低于16%的，要研究提出过渡办法。各省具体调整或过渡方案于2019年4月15日前报人力资源社会保障部、财政部备案。

二、继续阶段性降低失业保险、工伤保险费率

自2019年5月1日起，实施失业保险总费率1%的省，延长阶段性降低失业保险费率的期限至2020年4月30日。自2019年5月1日起，延长阶段性降低工伤保险费率的期限至2020年4月30日，工伤保险基金累计结余可支付月数在18至23个月的统筹地区可以现行费率为基础下调20%，累计结余可支付月数在24个月以上的统筹地区可以现行费率为基础下调50%。

三、调整社保缴费基数政策

调整就业人员平均工资计算口径。各省应以本省城镇非私营单位就业人员平均工资和城镇私营单位就业人员平均工资加权计算的全口径城镇单位就业人员平均工资，核定社保个人缴费基数上下限，合理降低部分参保人员和企业的社保缴费基数。调整就业人员平均工资计算口径后，各省要制定基本养老金计发办法的过渡措施，确保退休人员待遇水平平稳衔接。

完善个体工商户和灵活就业人员缴费基数政策。个体工商户和灵活就业人员参加企业职工基本养老保险，可以在本省全口径城镇单位就业人员平均工资的60%至300%之间选择适当的缴费基数。

四、加快推进养老保险省级统筹

各省要结合降低养老保险单位缴费比例、调整社保缴费基数政策等措施，加快推进企业职工基本养老保险省级统筹，逐步统一养老保险参保缴费、单位及个人缴费基数核定办法等政策，2020年底前实现企业职工基本养老保险基金省级统收统支。

五、提高养老保险基金中央调剂比例

加大企业职工基本养老保险基金中央调剂力度，2019年基金中央调剂比例提高至3.5%，进一步均衡各省之间养老保险基金负担，确保企业离退休人员基本养老金按时足额发放。

六、稳步推进社保费征收体制改革

企业职工基本养老保险和企业职工其他险种缴费，原则上暂按现行征收体制继续征收，稳定缴费方式，“成熟一省、移交一省”；机关事业单位社保费和城乡居民社保费征管职责如期划转。人力资源社会保障、税务、财政、医保部门要抓紧推进信息共享平台建设等各项工作，切实加强信息共享，确保征收工作有序衔接。妥善处理好企业历史欠费问题，在征收体制改革过程中不得自行对企业历史欠费进行集中清缴，不得采取任何增加小微企业实际缴费负担的做法，避免造成企业生产经营困难。同时，合理调整2019年社保基金收入预算。

七、建立工作协调机制

国务院建立工作协调机制，统筹协调降低社保费率和社保费征收体制改革相关工作。县级以上地方政府要建立由政府负责人牵头，人力资源社会保障、财政、税务、医保等部门参加的工作协调机制，统筹协调降低社保费率以及征收体制改革过渡期间的工作衔接，提出具体安排，确保各项工作顺利进行。

八、认真做好组织落实工作

各地区各有关部门要加强领导，精心组织实施。人力资源社会保障部、财政部、税务总局、国家医保局要加强指导和监督检查，及时研究解决工作中遇到的问题，确保各项政策措施落到实处。

社会保险费征缴监督检查办法

（1999 年 3 月 19 日　劳动和社会保障部令第 3 号）

第一条　为加强社会保险费征缴监督检查工作，规范社会保险费征缴监督检查行为，根据《社会保险费征缴暂行条例》（以下简称条例）和有关法律、法规规定，制定本办法。

第二条　对中华人民共和国境内的企业、事业单位、国家机关、社会团体、民办非企业单位、城镇个体工商户（以下简称缴费单位）实施社会保险费征缴监督检查适用本办法。

前款所称企业是指国有企业、城镇集体企业、外商投资企业、城镇私营企业和其他城镇企业。

第三条　劳动保障行政部门负责社会保险费征缴的监督检查工作，对违反条例和本办法规定的缴费单位及其责任人员，依法作出行政处罚决定，并可以按照条例规定委托社会保险经办机构进行与社会保险费征缴有关的检查、调查工作。

劳动保障行政部门的劳动保障监察机构具体负责社会保险费征缴监督检查和行政处罚，包括对缴费单位进行检查、调查取证、拟定行政处罚决定书、送达行政处罚决定书、拟定向人民法院申请强制执行行政处罚决定的申请书、受理群众举报等工作。

社会保险经办机构受劳动保障行政部门的委托，可以对缴费单位履行社会保险登记、缴费申报、缴费义务的情况进行调查和检查，发现缴费单位有瞒报、漏报和拖欠社会保险费等行为时，应当责令其改正。

第四条　劳动保障监察机构与社会保险经办机构应当建立按月相互通报制度。社会保险经办机构应当及时将需要给予行政处罚的缴费单位情况向劳动保障监察机构通报，劳动保障监察机构应当及时将查处违反规定的情况通报给社会保险经办机构。

第五条 县级以上地方各级劳动保障行政部门对缴费单位监督检查的管辖范围，由省、自治区、直辖市劳动保障行政部门依照社会保险登记、缴费申报和缴费工作管理权限，制定具体规定。

第六条 社会保险费征缴监督检查应当包括以下内容：

（一）缴费单位向当地社会保险经办机构办理社会保险登记、变更登记或注销登记的情况；

（二）缴费单位向社会保险经办机构申报缴费的情况；

（三）缴费单位缴纳社会保险费的情况；

（四）缴费单位代扣代缴个人缴费的情况；

（五）缴费单位向职工公布本单位缴费的情况；

（六）法律、法规规定的其他内容。

第七条 劳动保障行政部门应当向社会公布举报电话，设立举报信箱，指定专人负责接待群众投诉；对符合受理条件的举报，应当于7日内立案受理，并进行调查处理，且一般应当于30日内处理结案。

第八条 劳动保障行政部门应当建立劳动保障年检制度，进行劳动保障年度检查，掌握缴费单位参加社会保险的情况；对违反条例规定的，应当责令其限期改正，并依照条例规定给予行政处罚。

第九条 劳动保障监察人员在执行监察公务和社会保险经办机构工作人员对缴费单位进行调查、检查时，至少应当由两人共同进行，并应当主动出示执法证件。

第十条 劳动保障监察人员执行监察公务和社会保险经办机构工作人员进行调查、检查时，行使下列职权：

（一）可以到缴费单位了解遵守社会保险法律、法规的情况；

（二）可以要求缴费单位提供与缴纳社会保险费有关的用人情况、工资表、财务报表等资料，询问有关人员，对缴费单位不能立即提供有关参加社会保险情况和资料的，可以下达劳动保障行政部门监督检查询问书；

（三）可以记录、录音、录像、照相和复制有关资料。

第十一条　劳动保障监察人员执行监察公务和社会保险经办机构工作人员进行调查、检查时，承担下列义务：

（一）依法履行职责，秉公执法，不得利用职务之便谋取私利；

（二）保守在监督检查工作中知悉的缴费单位的商业秘密；

（三）为举报人员保密。

第十二条　缴费单位有下列行为之一，情节严重的，对直接负责的主管人员和其他直接责任人员处以1000元以上5000元以下的罚款；情节特别严重的，对直接负责的主管人员和其他直接责任人员处以5000元以上10000万元以下的罚款：

（一）未按规定办理社会保险登记的；

（二）在社会保险登记事项发生变更或者缴费单位依法终止后，未按规定到社会保险经办机构办理社会保险变更登记或者社会保险注销登记的；

（三）未按规定申报应当缴纳社会保险费数额的。

第十三条　对缴费单位有下列行为之一的，依照条例第十三条的规定，从欠缴之日起，按日加收千分之二的滞纳金，并对直接负责的主管人员和其他直接责任人员处以5000元以上20000元以下罚款：

（一）因伪造、变造、故意毁灭有关账册、材料造成社会保险费迟延缴纳的；

（二）因不设账册造成社会保险费迟延缴纳的；

（三）因其他违法行为造成社会保险费迟延缴纳的。

第十四条　对缴费单位有下列行为之一的，应当给予警告，并可以处以5000元以下的罚款：

（一）伪造、变造社会保险登记证的；

（二）未按规定从缴费个人工资中代扣代缴社会保险费的；

（三）未按规定向职工公布本单位社会保险费缴纳情况的。

对上述违法行为的行政处罚，法律、法规另有规定的，从其规定。

第十五条 对缴费单位有下列行为之一的，应当给予警告，并可以处以10000元以下的罚款：

（一）阻挠劳动保障监察人员依法行使监察职权，拒绝检查的；

（二）隐瞒事实真相，谎报、瞒报，出具伪证，或者隐匿、毁灭证据的；

（三）拒绝提供与缴纳社会保险费有关的用人情况、工资表、财务报表等资料的；

（四）拒绝执行劳动保障行政部门下达的监督检查询问书的；

（五）拒绝执行劳动保障行政部门下达的限期改正指令书的；

（六）打击报复举报人员的；

（七）法律、法规及规章规定的其他情况。

对上述违法行为的行政处罚，法律、法规另有规定的，从其规定。

第十六条 本办法第十二条、第十三条的罚款均由缴费单位直接负责的主管人员和其他直接责任人员个人支付，不得从单位报销。

第十七条 对缴费单位或者缴费单位直接负责的主管人员和其他直接责任人员的罚款，必须全部上缴国库。

第十八条 缴费单位或者缴费单位直接负责的主管人员和其他直接责任人员，对劳动保障行政部门做出的行政处罚决定不服的，可以于15日内，向上一级劳动保障行政部门或者同级人民政府申请行政复议。对行政复议决定不服的，可以自收到行政复议决定书之日起15日内向人民法院提起行政诉讼。

行政复议和行政诉讼期间，不影响该行政处罚决定的执行。

第十九条　缴费单位或者缴费单位直接负责的主管人员和其他直接责任人员，在15日内拒不执行劳动保障行政部门对其做出的行政处罚决定，又不向上一级劳动保障行政部门或者同级人民政府申请行政复议，或者对行政复议决定不服，又不向人民法院提起行政诉讼的，可以申请人民法院强制执行。

第二十条　劳动保障行政部门和社会保险经办机构的工作人员滥用职权、徇私舞弊、玩忽职守，构成犯罪的，依法追究刑事责任；尚不构成犯罪的，给予责任人员行政处分。

第二十一条　本办法自发布之日起施行。

部分行业企业工伤保险费缴纳办法

（2010 年 12 月 31 日　人力资源和社会保障部令第 10 号）

第一条　根据《工伤保险条例》第十条第三款的授权，制定本办法。

第二条　本办法所称的部分行业企业是指建筑、服务、矿山等行业中难以直接按照工资总额计算缴纳工伤保险费的建筑施工企业、小型服务企业、小型矿山企业等。

前款所称小型服务企业、小型矿山企业的划分标准可以参照《中小企业标准暂行规定》（国经贸中小企〔2003〕143 号）执行。

第三条　建筑施工企业可以实行以建筑施工项目为单位，按照项目工程总造价的一定比例，计算缴纳工伤保险费。

第四条　商贸、餐饮、住宿、美容美发、洗浴以及文体娱乐等小型服务业企业以及有雇工的个体工商户，可以按照营业面积的大小核定应参保人数，按照所在统筹地区上一年度职工月平均工资的一定比例和相应的费率，计算缴纳工伤保险费；也可以按照营业额的一定比例计算缴纳工伤保险费。

第五条　小型矿山企业可以按照总产量、吨矿工资含量和相应的费率计算缴纳工伤保险费。

第六条　本办法中所列部分行业企业工伤保险费缴纳的具体计算办法，由省级社会保险行政部门根据本地区实际情况确定。

第七条　本办法自 2011 年 1 月 1 日起施行。

社会保险费申报缴纳管理规定

（2013 年 9 月 26 日　人力资源和社会保障部令第 20 号）

第一章　总　则

第一条　为规范社会保险费的申报和缴纳管理工作，根据《中华人民共和国社会保险法》（以下简称社会保险法）、《社会保险费征缴暂行条例》，制定本规定。

第二条　用人单位进行缴费申报和社会保险经办机构征收社会保险费，适用本规定。

本规定所称社会保险费，是指由用人单位及其职工依法参加社会保险并缴纳的职工基本养老保险费、职工基本医疗保险费、工伤保险费、失业保险费和生育保险费。

第三条　社会保险经办机构负责社会保险缴费申报、核定等工作。

省、自治区、直辖市人民政府决定由社会保险经办机构征收社会保险费的，社会保险经办机构应当依法征收社会保险费。

社会保险经办机构负责征收的社会保险费，实行统一征收。

第二章　社会保险费申报

第四条　用人单位应当按月在规定期限内到当地社会保险经办机构办理缴费申报，申报事项包括：

（一）用人单位名称、组织机构代码、地址及联系方式；

（二）用人单位开户银行、户名及账号；

（三）用人单位的缴费险种、缴费基数、费率、缴费数额；

（四）职工名册及职工缴费情况；

（五）社会保险经办机构规定的其他事项。

在一个缴费年度内，用人单位初次申报后，其余月份可以只申报前款规定事项的变动情况；无变动的，可以不申报。

第五条 职工应缴纳的社会保险费由用人单位代为申报。代职工申报的事项包括：职工姓名、社会保障号码、用工类型、联系地址、代扣代缴明细等。

用人单位代职工申报的缴费明细以及变动情况应当经职工本人签字认可，由用人单位留存备查。

第六条 用人单位到社会保险经办机构办理社会保险缴费申报有困难的，经社会保险经办机构同意，可以邮寄申报。邮寄申报以寄出地的邮戳日期为实际申报日期。

有条件的地区，用人单位也可以按照社会保险经办机构的规定进行网上申报。

第七条 用人单位应当向社会保险经办机构如实申报本规定第四条、第五条所列申报事项。用人单位申报材料齐全、缴费基数和费率符合规定、填报数量关系一致的，社会保险经办机构核准后出具缴费通知单；用人单位申报材料不符合规定的，退用人单位补正。

社会保险经办机构在开展社会保险稽核工作过程中，发现用人单位未如实申报造成漏缴、少缴社会保险费的，按照社会保险法第八十六条的规定处理。

第八条 用人单位应当自用工之日起 30 日内为其职工申请办理社会保险登记并申报缴纳社会保险费。未办理社会保险登记的，由社会保险经办机构核定其应当缴纳的社会保险费。

用人单位未按照规定申报应缴纳的社会保险费数额的，社会保险经办机构暂按该单位上月缴费数额的 110% 确定应缴数额；没有上月缴费数额的，社会保险经办机构暂按该单位的经营状况、职工人数、当地上年度职工平均工资等有关情况确定应缴数额。用人单位补办申报手续后，由社会保险经办机构按照规定结算。

第九条　用人单位因不可抗力，不能按期办理缴费申报的，可以延期申报；不可抗力情形消除后，应当立即向社会保险经办机构报告。社会保险经办机构应当查明事实，予以核准。

第三章　社会保险费缴纳

第十条　用人单位应当持社会保险经办机构出具的缴费通知单在规定的期限内采取下列方式之一缴纳社会保险费：

（一）到其开户银行或者其他金融机构缴纳；

（二）与社会保险经办机构约定的其他方式。

社会保险经办机构、用人单位可以与银行或者其他金融机构签订协议，委托银行或者其他金融机构根据社会保险经办机构开出的托收凭证划缴用人单位和为其职工代扣的社会保险费。

第十一条　职工应当缴纳的社会保险费由用人单位代扣代缴。用人单位依法履行代扣代缴义务时，任何单位或者个人不得干预或者拒绝。

用人单位未按时足额代缴的，社会保险经办机构应当责令其限期缴纳，并自欠缴之日起按日加收0.5‰的滞纳金。用人单位不得要求职工承担滞纳金。

第十二条　征收的社会保险费，应当存入社会保险经办机构按照规定开设的社会保险基金收入户。社会保险经办机构应当按照有关规定定期将收到的基金存入依法开设的社会保险基金财政专户。

第十三条　社会保险经办机构对已征收的社会保险费，根据用人单位实际缴纳额（包括代扣代缴额）和代扣代缴明细，按照国家有关规定进行记账。

第十四条　用人单位应当按月将缴纳社会保险费的明细情况告知职工本人。

用人单位应当每年向本单位职工代表大会通报或者在本单位住所的显著位置公布本单位全年社会保险费缴纳情况，接受职工监督。

第十五条 社会保险经办机构应当及时、完整、准确地记录用人单位及其职工的缴费情况，并将缴费情况定期告知用人单位和职工。用人单位和职工有权按照《社会保险个人权益记录管理办法》等规定查询缴费情况。

社会保险经办机构应当至少每年一次向社会公布社会保险费征收情况，接受社会监督。

第四章 未按时足额缴纳社会保险费的处理

第十六条 用人单位有下列情形之一的，社会保险经办机构应当于查明欠缴事实之日起5个工作日内发出社会保险费限期补缴通知，责令用人单位在收到通知后5个工作日内补缴，同时告知其逾期仍未缴纳的，将按照社会保险法第六十三条、第八十六条的规定处理：

（一）未按规定申报且未缴纳社会保险费的；

（二）申报后未按时足额缴纳社会保险费的；

（三）因瞒报、漏报职工人数、缴费基数等事项而少缴社会保险费的。

第十七条 用人单位未按照本规定第十六条规定的期限补缴的，社会保险经办机构可以按照社会保险法第六十三条第二款的规定，向用人单位开户银行或者其他金融机构查询其存款账户。

第十八条 社会保险经办机构可以根据查询结果向所属的社会保险行政部门申请作出划拨社会保险费的决定，并提交下列材料：

（一）用人单位名称、法定代表人、地址、联系方式；

（二）用人单位开户银行、户名及账号；

（三）申请划拨的事实、理由及依据；

（四）申请划拨的社会保险费数额；

（五）社会保险行政部门要求提供的其他材料。

第十九条　社会保险行政部门接到社会保险经办机构划拨申请后，应当按照《中华人民共和国行政强制法》的规定，及时作出划拨社会保险费决定，并书面通知用人单位开户银行或者其他金融机构予以划拨。

第二十条　社会保险行政部门作出的划拨社会保险费决定，应当按照《中华人民共和国行政强制法》的规定送达用人单位，并抄送社会保险经办机构。

第二十一条　经查询，用人单位账户余额少于应当缴纳的社会保险费数额的，或者划拨后用人单位仍未足额清偿社会保险费的，社会保险经办机构可以要求用人单位以抵押、质押的方式提供担保。

第二十二条　用人单位应当到社会保险经办机构认可的评估机构对其抵押财产或者质押财产进行评估，经社会保险经办机构审核后，对能够足额清偿社会保险费的，双方依法签订抵押合同或者质押合同；需要办理登记的，应当依法办理抵押登记或者质押登记。

第二十三条　社会保险经办机构与用人单位签订抵押合同或者质押合同后，应当签订延期缴费协议，并约定协议期满用人单位仍未足额清偿社会保险费的，社会保险经办机构可以参照协议期满时的市场价格，以抵押财产、质押财产折价或者以拍卖、变卖所得抵缴社会保险费。

延期缴费协议期限最长不超过 1 年。

第二十四条　用人单位提供担保并签订延期缴费协议的，其职工在延缴期间按照规定享受社会保险待遇。

第二十五条　用人单位经责令仍未补缴且有下列情形之一的，社会保险经办机构可以按照社会保险法第六十三条第三款的规定，向所在地有管辖权的人民法院申请扣押、查封、拍卖用人单位财产，以拍卖所得抵缴应缴纳的社会保险费、滞纳金：

（一）经查询，用人单位开户银行账户余额少于应缴纳的社会保险费数额且未签订担保合同的；

（二）经划拨，用人单位仍未足额清偿应缴纳的社会保险费且未签订担保合同的；

（三）延期缴费协议期满，因担保财产的市场价格或者权利状况发生变化，用人单位仍未足额清偿应缴纳的社会保险费的。

第二十六条 社会保险经办机构申请人民法院强制执行的，应当提供下列材料：

（一）强制执行申请书；

（二）用人单位欠缴社会保险费及加收滞纳金的事实、理由和依据；

（三）社会保险经办机构限期补缴通知；

（四）用人单位的意见；

（五）用人单位有本规定第二十五条所列情形时的相关材料；

（六）申请强制执行的用人单位财产情况；

（七）法律、行政法规规定以及人民法院要求的其他材料。

强制执行申请书应当由社会保险经办机构负责人签名，加盖社会保险经办机构的印章，并注明日期。

第五章　法律责任

第二十七条 社会保险行政部门及其工作人员作出划拨社会保险费决定时，有下列行为之一的，按照《中华人民共和国行政强制法》的规定，由上级社会保险行政部门或者有关部门责令改正，对直接负责的主管人员和其他直接责任人员依法给予处分；给用人单位或者个人造成损失的，依法承担赔偿责任；构成犯罪的，依法追究刑事责任：

（一）违反法定程序作出划拨社会保险费决定的；

（二）未在规定时限内及时作出划拨社会保险费决定并书面通知用人单位开户银行或者其他金融机构的；

（三）决定划拨的社会保险费数额错误的；

（四）向当事人泄露信息影响划拨社会保险费的；

（五）有违反法律、法规和规章的其他行为的。

第二十八条　社会保险经办机构及其工作人员有下列行为之一的，由社会保险行政部门责令改正，视情节轻重对直接负责的主管人员和其他直接责任人员依法给予相应处分：

（一）未按照本规定第八条核定或者确定用人单位应当缴纳的社会保险费数额的；

（二）对已征收的社会保险费未按照国家规定记账的；

（三）未依法责令欠缴社会保险费的用人单位限期补缴社会保险费、加收滞纳金的；

（四）申请人民法院强制执行不符合规定的；

（五）签订担保合同和延期缴费协议不符合规定的；

（六）未按照规定审核、处置担保财产的；

（七）法律、法规和规章规定的其他情形。

第二十九条　社会保险经办机构擅自更改社会保险费缴费基数、费率，导致少收或者多收社会保险费的，由社会保险行政部门责令其追缴应当缴纳的社会保险费或者退还不应当缴纳的社会保险费；对直接负责的主管人员和其他直接责任人员依法给予处分。

第三十条　用人单位未按照规定向社会保险经办机构进行缴费申报或者未按照规定缴纳社会保险费的，社会保险行政部门应当依法查处。

用人单位未按时足额缴纳社会保险费的，由社会保险经办机构按照社会保险法第八十六条的规定，责令其限期缴纳或者补足，并自欠缴之日起按日加收 0.5‰的滞纳金；逾期仍不缴纳的，由社会保险行政部门处欠缴数额 1 倍以上 3 倍以下的罚款。

第三十一条 用人单位未按月将代扣代缴社会保险费明细情况告知职工本人，或者未按照规定通报、公布本单位全年社会保险费缴纳情况的，职工有权向社会保险行政部门举报、投诉。

第六章 附 则

第三十二条 社会保险费由税务机关征收的，社会保险经办机构应当及时将用人单位和职工应缴社会保险费数额提供给税务机关；税务机关应当及时向社会保险经办机构提供用人单位和职工的缴费情况。

社会保险经办机构应当按月将单位和个人缴纳失业保险费的情况提供给负责支付失业保险待遇的经办机构。

第三十三条 以个人身份参加社会保险的，社会保险费申报和缴纳办法另行规定。

第三十四条 本规定自 2013 年 11 月 1 日起施行。原劳动和社会保障部《社会保险费申报缴纳管理暂行办法》（劳动和社会保障部令第 2 号）同时废止。

人力资源和社会保障部关于推进工伤保险市级统筹有关问题的通知

（2010年3月15日　人社部发〔2010〕20号）

各省、自治区、直辖市人力资源社会保障（劳动保障）厅（局），新疆生产建设兵团劳动保障局：

《工伤保险条例》实施以来，工伤保险覆盖范围不断扩大，参保人数快速增加，政策标准和管理服务逐步完善，工伤保险制度在维护职工权益、分散用人单位风险、促进社会和谐稳定方面日益发挥出重要作用。但由于多种原因，目前仍有相当一部分地区工伤保险实行县级统筹，统筹层次低，基金规模小，化解风险能力差，已成为制约工伤保险事业健康发展的突出问题之一。为落实《工伤保险条例》，加快推进工伤保险市级统筹工作，现就有关问题通知如下：

一、充分认识建立工伤保险市级统筹工作的重要意义

建立工伤保险市级统筹，是进一步贯彻落实《工伤保险条例》，完善工伤保险制度、推进工伤保险事业发展的需要。提高工伤保险统筹层次，扩大基金规模，有利于提高工伤保险基金抵御风险的能力，更安全、更有效地保障工伤职工权益；有利于进一步提高基金使用效率；有利于不断提高工伤保险保障水平，并统筹解决好老工伤等历史遗留问题；有利于加快推进预防、补偿、康复三位一体工伤保险制度体系建设，为工伤职工提供更全面、更周到的服务。各地要从深入贯彻落实科学发展观、保障民生的全局和推进工伤保险事业全面发展的高度，将提高统筹层次作为完善工伤保险制度的一项重要任务，加大工作力度，切实加快推进工伤保险市级统筹工作。

二、进一步明确工伤保险市级统筹工作的重点

建立工伤保险市级统筹，核心是实现工伤保险基金统筹，关键是基金在全市范围统筹调剂使用，基础是统一参保缴费办法、待遇支付等项政策标准和规范工伤认定、劳动能力鉴定、工伤预防、工伤医疗和工伤康复等项管理服务。

目前，尚未实现市级统筹的地区，应结合本地实际，明确工作重点。要统一参保范围和参保对象，按《工伤保险条例》和有关政策规定推进各类用人单位和职工参加工伤保险；统一行业差别费率标准，做好征缴工作；统一基金管理，实行全市基金收支预算管理制度，有条件的地区要实现基金统收统支，其他地区也要统一基金财务管理制度和使用办法，加大基金市级调剂力度，逐步实现全市范围内统一调度和使用基金；统一制定工伤认定和劳动能力鉴定办法，规范认定和鉴定程序；统一工伤保险待遇支付标准；统一经办流程和信息系统。

三、切实抓好工伤保险市级统筹的组织实施工作

实行工伤保险市级统筹是一项系统工程，各地要切实加强领导，密切配合，结合本地实际情况，制定推进工伤保险市级统筹的具体工作方案。要明确市、县（区）两级工伤保险机构职责划分，科学制定实行市级统筹的各项管理办法和工作程序，充分发挥市、县（区）两级工伤保险机构的作用，建立职责清晰、运行顺畅、服务便捷的工作机制，保障工作的顺利开展。要进一步加强基金征缴，规范基金管理，强化监督检查，确保工伤保险待遇及时足额支付，确保工伤保险基金安全。2010年底，在全国范围内基本实现工伤保险市级统筹。在推进市级统筹工作中，有条件的省份要建立省级调剂金制度。在实行市级统筹后，仍存在统筹地区基金平衡问题的省份，可以探索建立工伤保险省级统筹。通过工伤保险统筹层次的提高，使工伤保险制度进一步完善，工伤职工的权益得到更好的保障。

人力资源社会保障部关于切实做好社会保险费申报缴纳管理规定贯彻实施工作的通知

（2013年10月31日　人社部发〔2013〕82号）

各省、自治区、直辖市及新疆生产建设兵团人力资源社会保障厅（局）：

《社会保险费申报缴纳管理规定》（人力资源和社会保障部令第20号，以下简称《申报缴纳管理规定》）已于9月26日颁布，于11月1日起施行。贯彻落实好《申报缴纳管理规定》，是实施社会保险法的重要举措，有利于依法征收社会保险费，扩大社会保险的覆盖面；有利于规范社会保险费的申报和缴纳工作程序，提高经办管理效率和服务水平；有利于维护各类参保单位和广大参保群众的合法权益，促进社会保险制度可持续发展。为切实做好《申报缴纳管理规定》的贯彻实施工作，现将有关问题通知如下：

一、理顺管理体制，积极推进统一经办管理

（一）由社保经办机构征收社会保险费的地区，应积极整合经办管理资源，逐步实现各险种统一登记、统一核定、统一征收、统一稽核、统一处罚，以方便用人单位和个人参保缴费，提高工作效率。

（二）由其他机构征收社会保险费的地区，人力资源社会保障部门也要积极协调相关机构，落实《申报缴纳管理规定》的相关规定；社保经办机构要严格核定应缴纳社会保险费数额，加强与征收机构的协作，科学制定征收计划，做好参保人员社会保险权益记录；这些地区的社会保险欠费清理工作由社保经办机构负责的，应按照《申报缴纳管理规定》第四章规定执行。

二、认真履行职责，做好社会保险费核定工作

（三）各地区要切实执行社会保险法第五十八条关于“由社会保险经办机构核定”用人单位应当缴纳的社会保险费的规定，落实社保经办机构核定社会保险费的职能；地方现行相关规定与社会保险法不符的，人力资源社会保障部门要积极协调修改；社保经办机构不得将社会保险费核定职能委托其他部门行使。

（四）社保经办机构在核定用人单位申报的社会保险费时，要规范缴费基数的核定程序，明确按月办理缴费申报的期限，指导用人单位完整、如实填报社会保险费申报表和其他申报材料。在一个缴费年度内的初始月份，社保经办机构应对用人单位及其职工的适用险种、费率、职工名册、缴费基数、缴费数额、缴费起止时间、用人单位信息等申报事项进行全面审核。在缴费年度内的其余月份，以上规定事项未发生变动的，社保经办机构可根据实际情况不再要求用人单位办理申报手续，并按初始月份申报事项内容核定其应缴社会保险费；以上规定事项发生变动的用人单位可只申报变动情况，由社保经办机构予以审核。

（五）社保经办机构在核定应缴纳的社会保险费时，应要求用人单位提供本单位纳税申报表和经职工本人签字确认的为职工代扣代缴明细情况。要严格按照以国家统计局有关文件规定口径计算的工资收入核定缴费基数，包括计时工资、计件工资、奖金、加班加点工资、津贴、补贴以及特殊情况下支付的工资等项目。

三、规范征收程序，确保社会保险费应收尽收

（六）各地要不断完善征缴方式，大力发展委托银行或其他金融机构划缴社会保险费等方式，简化征收流程，方便用人单位缴费。社保经办机构要认真落实“至少每年一次向社会公布社会保险费征收情况”，明确公布的具体时间和方式，接受社会监督。

（七）对未按时足额缴纳社会保险费的用人单位，社保经办机构应责令限期缴纳或补足，并自欠缴之日起、至足额补缴欠费之日止加收0.5‰的滞纳金，滞纳金并入社会保险基金；逾期仍不缴纳的，由人力资源社会保障行政部门处欠缴数额1倍以上3倍以下的罚款。各级人力资源社会保障行政部门和社保经办机构要做好对用人单位责令期满前后的衔接工作，确保法规实施的严肃性、准确性。

（八）对未按时足额缴纳社会保险费并逾期未改的用人单位，社保经办机构应及时查询其在银行和其他金融机构的存款账户情况。存款账户余额不小于欠费数额的，社保经办机构应提取、整理准确、完整的材料和信息，向人力资源社会保障行政部门提出划拨申请，并对划拨工作予以协助和配合；人力资源社会保障行政部门接到划拨申请后应及时审核并发出缴纳社会保险费催告书，催告缴纳期限一般不超过3天，逾期仍未缴纳的，应及时作出划拨决定，实施划拨，避免欠费用人单位转移资金。划拨决定和执行情况要及时向社保经办机构反馈。各地区人力资源社会保障部门要充分发挥社保经办机构和劳动保障监察机构在划拨工作中的作用，明确职责分工，形成工作合力，规范工作流程。

（九）社保经办机构经查询，用人单位在银行和其他金融机构的账户余额少于应当缴纳的社会保险费数额的，或者划拨后用人单位仍未足额清偿社会保险费的，可以与其签订延期缴纳社会保险费协议，但用人单位必须提供抵押、质押担保；社保经办机构不得与用人单位签订无担保或其他担保形式的延期缴费协议，也不得在未经查询账户和未完成划拨欠费之前与用人单位签订延期缴费协议。按照协议延期缴费期间，职工个人应缴纳的社会保险费部分若已按时足额缴纳，不应算作缴费中断，可按规定享受相应的社会保险待遇。

（十）对用人单位经责令仍未补缴且符合《申报缴纳管理规定》第二十五条规定情形的，社保经办机构可以依法申请人民法院强制执行；但在未责令用人单位限期缴纳或补足、或责令限期未逾之前，社保经办机构不应申请强制划拨欠费。

四、加强组织领导，确保《申报缴纳管理规定》落到实处

（十一）各级人力资源社会保障部门要充分认识实施《申报缴纳管理规定》的重要意义，切实加强领导，组织相关单位和机构认真学习《申报缴纳管理规定》，结合贯彻社会保险法、《劳动保障监察条例》等法律法规，进行针对性培训，加强专业队伍建设。

（十二）社会保险费申报缴纳管理工作政策性强、涉及面广、程序复杂，各级人力资源社会保障部门要明确责任分工，及时调整完善相关执法监察和经办管理规则和程序。行政部门要加强对社会保险费申报缴纳的监督管理，对于不依法申报、不依法缴纳社会保险费等违反社会保险法律法规的行为，要认真调查取证，及时予以处罚和纠正。社保经办机构要认真总结社会保险费核定和征收工作的经验，创新工作方式，加强与人民法院、银行和其他金融机构的沟通协调，保证账户查询和强制执行等工作程序依法、实施高效。

（十三）无论是人力资源社会保障行政部门还是社保经办机构，凡违反《申报缴纳管理规定》，导致职工社会保险权益受到损害的，都要依法追究直接责任人员和直接负责主管人员的责任。

（十四）要加强《申报缴纳管理规定》的宣传，社保经办机构应在服务场所张贴有关政策要点和流程，使各类用人单位和参保职工普遍知晓，并支持、配合做好社会保险费申报缴纳工作。

五、统一文书制式，精细做好信息档案管理

（十五）各地区应按照全国统一格式制作相关法律和工作文书（见附件），并纳入统一的信息管理系统，保管好相关文书档案，提高社会保险费申报缴纳工作的规范性。

附件：1. 社会保险费申报表（样式）

2. 社会保险费限期补缴通知

3. 商请查询用人单位存款账户的函

4. 划拨欠缴社会保险费申请书

5. 缴纳社会保险费催告书

6. 划拨欠缴社会保险费决定书

7. 协助划拨欠缴社会保险费通知书

8. 延期缴纳社会保险费协议

（附件本书略）

人力资源社会保障部 财政部
关于调整工伤保险费率政策的通知

（2015年7月22日 人社部发〔2015〕71号）

各省、自治区、直辖市人力资源社会保障厅（局）、财政厅（局），新疆生产建设兵团人力资源社会保障局、财务局：

按照党的十八届三中全会提出的“适时适当降低社会保险费率”的精神，为更好贯彻社会保险法、《工伤保险条例》，使工伤保险费率政策更加科学、合理，适应经济社会发展的需要，经国务院批准，自2015年10月1日起，调整现行工伤保险费率政策。现将有关事项通知如下：

一、关于行业工伤风险类别划分

按照《国民经济行业分类》（GB/T4754-2011）对行业的划分，根据不同行业的工伤风险程度，由低到高，依次将行业工伤风险类别划分为一类至八类（见附件）。

二、关于行业差别费率及其档次确定

不同工伤风险类别的行业执行不同的工伤保险行业基准费率。各行业工伤风险类别对应的全国工伤保险行业基准费率为，一类至八类分别控制在该行业用人单位职工工资总额的0.2%、0.4%、0.7%、0.9%、1.1%、1.3%、1.6%、1.9%左右。

通过费率浮动的办法确定每个行业内的费率档次。一类行业分为三个档次，即在基准费率的基础上，可向上浮动至120%、150%，二类至八类行业分为五个档次，即在基准费率的基础上，可分别向上浮动至120%、150%或向下浮动至80%、50%。

各统筹地区人力资源社会保障部门要会同财政部门，按照

“以支定收、收支平衡”的原则，合理确定本地区工伤保险行业基准费率具体标准，并征求工会组织、用人单位代表的意见，报统筹地区人民政府批准后实施。基准费率的具体标准可根据统筹地区经济产业结构变动、工伤保险费使用等情况适时调整。

三、关于单位费率的确定与浮动

统筹地区社会保险经办机构根据用人单位工伤保险费使用、工伤发生率、职业病危害程度等因素，确定其工伤保险费率，并可依据上述因素变化情况，每一至三年确定其在所属行业不同费率档次间是否浮动。对符合浮动条件的用人单位，每次可上下浮动一档或两档。统筹地区工伤保险最低费率不低于本地区一类风险行业基准费率。费率浮动的具体办法由统筹地区人力资源社会保障部门商财政部门制定，并征求工会组织、用人单位代表的意见。

四、关于费率报备制度

各统筹地区确定的工伤保险行业基准费率具体标准、费率浮动具体办法，应报省级人力资源社会保障部门和财政部门备案并接受指导。省级人力资源社会保障部门、财政部门应每年将各统筹地区工伤保险行业基准费率标准确定和变化以及浮动费率实施情况汇总报人力资源社会保障部、财政部。

附件：工伤保险行业风险分类表

附件

工伤保险行业风险分类表

行业类别	行业名称
一	软件和信息技术服务业，货币金融服务，资本市场服务，保险业，其他金融业，科技推广和应用服务业，社会工作，广播、电视、电影和影视录音制作业，中国共产党机关，国家机构，人民政协、民主党派，社会保障，群众团体、社会团体和其他成员组织，基层群众自治组织，国际组织
二	批发业，零售业，仓储业，邮政业，住宿业，餐饮业，电信、广播电视和卫星传输服务，互联网和相关服务，房地产业，租赁业，商务服务业，研究和试验发展，专业技术服务业，居民服务业，其他服务业，教育，卫生，新闻和出版业，文化艺术业
三	农副食品加工业，食品制造业，酒、饮料和精制茶制造业，烟草制品业，纺织业，木材加工和木、竹、藤、棕、草制品业，文教、工美、体育和娱乐用品制造业，计算机、通信和其他电子设备制造业，仪器仪表制造业，其他制造业，水的生产和供应业，机动车、电子产品和日用产品修理业，水利管理业，生态保护和环境治理业，公共设施管理业，娱乐业
四	农业，畜牧业，农、林、牧、渔服务业，纺织服装、服饰业，皮革、毛皮、羽毛及其制品和制鞋业，印刷和记录媒介复制业，医药制造业，化学纤维制造业，橡胶和塑料制品业，金属制品业，通用设备制造业，专用设备制造业，汽车制造业，铁路、船舶、航空航天和其他运输设备制造业，电气机械和器材制造业，废弃资源综合利用业，金属制品、机械和设备修理业，电力、热力生产和供应业，燃气生产和供应业，铁路运输业，航空运输业，管道运输业，体育
五	林业，开采辅助活动，家具制造业，造纸和纸制品业，建筑安装业，建筑装饰和其他建筑业，道路运输业，水上运输业，装卸搬运和运输代理业
六	渔业，化学原料和化学制品制造业，非金属矿物制品业，黑色金属冶炼和压延加工业，有色金属冶炼和压延加工业，房屋建筑业，土木工程建筑业
七	石油和天然气开采业，其他采矿业，石油加工、炼焦和核燃料加工业
八	煤炭开采和洗选业，黑色金属矿采选业，有色金属矿采选业，非金属矿采选业

人力资源社会保障部办公厅关于贯彻落实国务院常务会议精神切实做好稳定社保费征收工作的紧急通知

（2018年9月21日　人社厅函〔2018〕246号）

各省、自治区、直辖市及新疆生产建设兵团人力资源社会保障厅（局）：

为深入贯彻落实2018年9月6日和9月18日国务院常务会议关于社保费征收体制改革的有关精神，确保征收体制改革平稳有序推进，维护经济社会发展稳定大局，现就稳定社保费征收工作有关事项紧急通知如下：

一、充分认识稳定社保费征收工作的重要意义。社保费征收既关系到社会保障事业健康发展和参保人员切身利益，同时也影响到参保单位特别是参保企业的生产经营和长远发展，社会关注度极高，在当前复杂形势下，进一步激发市场主体活力，稳定社会预期尤为重要。各地人社部门要切实提高政治站位，把思想和行动统一到党中央和国务院有关精神上来，把稳定征收作为当前社保工作的首要政治任务，不折不扣全力抓好落实。

二、严格执行现行各项社保费征收政策。党中央做出的将基本养老保险费、基本医疗保险费、失业保险费等各项社会保险费交由税务部门统一征收的决定，只是征收主体的变更，并未调整现行社保费征收政策。当前，我部正根据国务院要求，会同相关部门抓紧开展测算分析，提出适当降低单位社保缴费比例、确保总体上不增加企业缴费负担的具体政策措施。在社保征收机构改革到位前，各地现行的社保缴费基数、费率等相关征收政策，要一律保持不变。

三、严禁自行组织对企业历史欠费进行集中清缴。目前，仍承担社保费征缴和清欠职能职责的地区，要稳妥处理好历史欠费问题，严禁自行对企业历史欠费进行集中清缴。已经开展集中清缴的，要立即纠正，并妥善做好后续工作。

四、积极做好征收体制改革相关准备工作。各地人社部门及社保经办机构要与税务等部门加强协作，抓紧开发建设信息共享平台，要梳理问题清单，逐一拟定实施解决方案，确保机构改革到位后，能记好账，记准数，各项业务正常运转，参保人权益得到切实保障。改革过程中，各级社保经办机构要依法履职尽责，始终做好参保登记、会计核算、统计调查、基金预决算等各项业务工作，确保工作不断档、不缺位。

五、加强督促检查，确保党中央国务院要求落实到位。各地人社部门要立即组织开展一次全面排查，发现问题及时整改。下一步，部里将按照国务院要求，联合相关部门对各地落实情况进行重点督查，对违反规定的将严肃处理。

各地排查情况及工作中发现的新情况和新问题，请及时向我部报告。

三、基金管理监督

社会保险基金监督举报工作管理办法

（2001 年 5 月 18 日 劳动和社会保障部令第 11 号）

第一条 为了规范社会保险基金举报管理，加强社会保险基金监督，制定本办法。

第二条 劳动保障行政部门受理和办理社会保险基金监督举报适用本办法。

第三条 公民、法人和其他社会组织有权对养老保险基金、医疗保险基金、失业保险基金、工伤保险基金、生育保险基金收支、管理方面的违法违纪行为进行检举、控告。

公民、法人和其他社会组织就本条前款所列行为进行的检举、控告，劳动保障行政部门应当受理。

第四条 县级以上各级人民政府劳动保障行政部门负责社会保险基金监督的机构（以下简称监督机构）具体承办举报受理和办理工作。

负责受理、办理举报案件的工作人员必须忠于职守、廉洁奉公、保守秘密。

第五条 社会保险基金监督举报应当接受社会监督。举报人的合法权益依法受到保护。

任何单位和个人不得以任何借口阻拦、压制或打击报复举报人。

第六条 劳动保障行政部门应当开设社会保险基金监督电话，向社会公布监督电话号码、传真号码、通讯地址、邮政编码和受理举报的范围，并为举报人提供其他便利条件。

第七条 监督机构受理当面举报，应当指定专人接待，做好笔录，必要时可以录音。笔录应由举报人签名或者盖章，但举报人可以不留姓名或拒绝录音。

受理电话举报，应当如实记录，在征得举报人同意后，可以录音。

受理电报、传真、信函和其他书面方式的举报，应当指定专人拆阅、登记。对内容不详的署名举报，应当及时约请举报人面谈或通过其他方式索取补充材料。

第八条 对涉及重大问题和紧急事项的举报，监督机构应当立即向有关领导报告，并在职责范围内依法采取必要措施。

第九条 对不属于本办法受理范围的举报，监督机构应当告知举报人向有处理权的单位反映，或者将举报材料及时移送有处理权的单位。

第十条 凡符合本办法受理范围的举报，监督机构应当自受理之日起 30 日内办结。情况复杂的可以适当延长，但最长不得超过 60 日。

第十一条 下级劳动保障行政部门对上级劳动保障行政部门交办的举报案件，应当及时办理，并向交办单位书面报告调查处理意见。

第十二条 上级劳动保障行政部门发现下级劳动保障行政部门对举报案件的处理确有错误的，应当责成下级劳动保障行政部门重新处理，必要时也可以直接处理。

第十三条 举报人要求答复本人所举报案件办理结果的，监督机构应当负责将办理结果告知举报人。

第十四条 监督机构应当严格管理直接办理的举报材料和交办处理的举报材料，逐件登记举报人和被举报人、举报案件的主要内容和办理结果。

第十五条 举报材料和记录应当按国家保密规定列入密件管理。办结的举报案件，应当立卷归档。

第十六条 监督机构对举报案件应当每季度进行一次汇总分

析，并于每季度结束后 15 日内将汇总情况报告上级监督机构。上级监督机构要求专门报告的，下级监督机构应当及时按照要求报告有关情况。

第十七条　监督机构及其工作人员受理、办理举报案件时，应当遵守以下保密规定：

（一）不得私自摘抄、复制、扣押、销毁举报材料；

（二）严禁泄露举报人的姓名、单位、住址等情况；

（三）不得向被调查单位和被调查人出示举报材料；

（四）对匿名的举报材料不得鉴定笔迹；

（五）宣传报道和奖励举报有功人员，除征得举报人的同意外，不得公开举报人的姓名和单位等内容。

第十八条　举报受理、办理工作人员及其负责人，推诿、敷衍、拖延举报处理或徇私舞弊的，由劳动保障行政部门给予批评教育；情节严重的，依法给予行政处分；构成犯罪的，由司法机关依法追究刑事责任。

第十九条　省、自治区、直辖市劳动保障行政部门可以根据本办法制定实施细则。

第二十条　本办法自发布之日起施行。

社会保险基金行政监督办法

（2001 年 5 月 18 日　劳动和社会保障部令第 12 号）

第一条　为了保障社会保险基金的安全，规范和加强社会保险基金监督，根据国务院规定，制定本办法。

第二条　劳动保障行政部门对社会保险基金收入户、社会保险基金支出户、社会保障基金财政专户以及其他与社会保险基金有关的帐户收支和结余情况的监督，应当按照本办法的规定执行。

本办法所称社会保险基金包括养老保险基金、医疗保险基金、失业保险基金、工伤保险基金和生育保险基金。

第三条　劳动保障部主管全国社会保险基金监督工作。县级以上地方各级人民政府劳动保障行政部门主管本行政区域内的社会保险基金监督工作。

劳动保障行政部门负责社会保险基金监督的机构（以下简称监督机构）具体实施社会保险基金监督工作。

第四条　社会保险基金监督应遵循客观、公正、合法、效率的原则。

第五条　社会保险基金监督包括以下内容：

（一）贯彻执行社会保险基金管理法律、法规和国家政策的情况；

（二）社会保险基金预算执行情况及决算；

（三）社会保险基金征收、支出及结余情况；

（四）社会保险基金管理的其他事项。

第六条　监督机构及其监督人员在履行职责时，享有下列权利：

（一）要求被监督单位提供或报送社会保险基金预算或财务收支计划、预算执行情况、决算、财务报告，以及其他与社会保险基金管理有关的资料；

（二）查阅被监督单位与社会保险基金有关的会计凭证、会计帐簿、会计报表，以及其他与社会保险基金管理有关的资料；

（三）就监督事项向有关单位和个人进行调查，并取得有关证明材料；

（四）对被监督单位隐匿、伪造、变造会计凭证、会计帐簿、会计报表以及其他与社会保险基金管理有关的资料的行为予以纠正或制止；

（五）对被监督单位转移、隐匿社会保险基金资产的行为予以纠正或制止；

（六）对被监督单位违反社会保险基金管理法律、法规的其他行为予以纠正或制止。

第七条 监督机构及其监督人员在履行职责时，应当忠于职守、秉公执法、清正廉洁、保守秘密。

第八条 监督机构实施监督时，应当由两名以上监督人员共同进行。

第九条 社会保险基金监督方式包括现场监督和非现场监督。监督机构应当制定年度监督计划。年度监督计划要明确现场监督的地区或单位的比例，并抄送同级财政、审计部门。

现场监督是指监督机构对被监督单位社会保险基金管理情况实施的实地检查。现场监督分为定期监督、不定期监督和按《社会保险基金监督举报工作管理办法》的规定受理的举报案件查处。

非现场监督是指监督机构对被监督单位报送的社会保险基金管理有关数据资料进行的检查、分析。非现场监督分为常规监督和专项监督。常规监督通过被监督单位按监督机构的要求定期报送有关数据进行；专项监督通过被监督单位按监督机构的要求报送专项数据进行。在非现场监督过程中发现被监督单位存在严重违法违纪问题的，应实施现场监督。

第十条 监督机构实施现场监督，依照下列程序进行：

（一）根据年度监督计划和工作需要确定监督项目及监督内容，制定监督方案，并在实施监督 3 日前通知被监督单位；

（二）检查被监督单位社会保险基金会计凭证、会计帐簿、会计报表、统计报表，查阅与监督事项有关的文件、资料，检查现金、实物、有价证券，向被监督单位和有关个人调查取证，听取被监督单位有关社会保险基金管理情况的汇报；

（三）根据检查结果，写出监督报告，并送被监督单位征求意见。被监督单位应当在接到监督报告 10 日内提出书面意见。逾期未提出书面意见的，视同无异议。

第十一条 监督机构实施非现场监督，依照下列程序进行：

（一）根据监督计划及工作需要，确定非现场监督目的及监督内容，提出定期报送数据或专项报送数据的范围、格式、报送方式及时限，通知被监督单位；

（二）审核被监督单位报送的数据，对不符合要求的数据，应要求被监督单位补报或重新报送；

（三）分析被监督单位报送的数据，评估社会保险基金管理状况及存在的问题，写出监督报告。

第十二条 对现场监督或非现场监督中存在问题并需要改进的被监督单位，由劳动保障行政部门提出监督处理意见。

第十三条 监督机构对被监督单位执行监督处理意见的情况，有权进行检查。

第十四条 被监督单位有下列行为之一的，由监督机构责令改正；拒不改正的，由监督机构建议被监督单位行政主管部门对主要负责人和直接责任人给予行政处分；构成犯罪的，由司法机关依法追究刑事责任：

（一）拒绝、阻挠监督人员进行监督的；

（二）拒绝、拖延提供与监督事项有关资料的；

（三）隐匿、伪造、变造、毁弃会计凭证、会计帐簿、会计报表以及其他与社会保险基金管理有关资料的；

（四）转移、隐匿社会保险基金资产的。

第十五条　被监督单位报复陷害监督人员的，由被监督单位行政主管部门对直接责任人给予行政处分；构成犯罪的，由司法机关依法追究刑事责任。

第十六条　监督人员滥用职权、徇私舞弊、玩忽职守的，由劳动保障行政部门给予行政处分；构成犯罪的，由司法机关依法追究刑事责任。

第十七条　本办法自发布之日起施行。

劳动和社会保障部办公厅关于贯彻实施《社会保险基金行政监督办法》和《社会保险基金监督举报工作管理办法》有关问题的通知

（2001年9月4日　劳社厅函〔2001〕196号）

各省、自治区、直辖市劳动和社会保障厅（局）：

为贯彻执行《社会保险基金行政监督办法》（劳动保障部令11号）和《社会保险基金监督举报工作管理办法》（劳动保障部令12号），加强社会保险基金监督，规范监督管理行为，现就两个办法具体实施的有关事项通知如下：

一、各级劳动保障部门应结合本地实际情况、会同财政等部门和单位，于2001年底之前，研究制定《社会保险基金行政监督办法实施细则》，指导和规范社会保险基金监督工作。

二、省级劳动保障部门要在2001年10月30日前，开设专门的社会保险基金监督电话，地、县两级劳动保障部门要积极创造条件，在2001年底前开设监督电话。各级劳动保障部门要通过新闻媒体公布社会保险基金监督举报电话号码，开通社会监督的渠道，逐步建设覆盖全国的社会保险基金监督电话网。

三、各级劳动保障行政部门基金监督机构应根据《社会保险基金监督举报工作管理办法》的规定，拟定举报案件处理办法，规范运作程序，建立举报受理和办理情况汇总报告制度，按季汇总分析上报报表，每半年上报一次总结分析报告。省级基金监督机构应在季度终了15日内，将举报案件受理及办理汇总分析报告，上报劳动保障部社会保险基金监督司。

四、各级劳动保障部门可建立举报有功人员奖励制度。奖励资金由劳动保障部门商同级财政部门在社会保险基金监督检查专项经费中解决。

五、根据《国务院关于印发完善城镇社会保障体系试点方案的通知》（国发〔2000〕42号）要求，各级劳动保障部门要积极筹建由政府代表、用人单位代表及有关专家、学者等组成的社会保障监督委员会，稳步推进基金监督工作，逐步建立健全社会保险基金监督管理体系。

附件：社会保险基金监督举报案件受理及办理情况季度汇总分析报表

（附件本书略）

劳动和社会保障部关于印发《社会保障基金现场监督规则》的通知

（2003 年 3 月 5 日　劳社部发〔2003〕5 号）

各省、自治区、直辖市劳动和社会保障厅（局）：

为健全社会保障基金监督制度，规范现场监督检查行为，提高监督工作质量，根据有关规定，我部制定了《社会保障基金现场监督规则》，现印发给你们，请遵照执行。

社会保障基金现场监督规则

第一条　为健全社会保障基金监督制度，规范监督检查行为，提高现场监督检查质量，根据有关法规政策规定，制定本规则。

第二条　本规则所称现场监督，是指劳动保障行政部门基金监督机构对被监督单位管理社会保障基金情况的实地检查。

被监督单位包括社会保险费征缴机构、社会保险待遇支付机构、社会保障基金管理和运营机构。

第三条　县级以上劳动保障行政部门基金监督机构，依据本规则对下列各项社会保障基金收支、划转及管理运营情况实施现场监督。

（一）基本养老保险基金、基本医疗保险基金、失业保险基金、工伤保险基金、生育保险基金和农村养老保险基金；

（二）企业年金基金、企业补充医疗保险基金。

劳动保障部对全国社会保障基金划转及管理运营情况实施现场监督。

在全国范围内统一部署及与有关部门联合进行的社会保障基金专项监督检查，按照专项监督检查规定执行，不适用本规则。

第四条　社会保障基金现场监督应当遵循依法监督、实事求是、客观公正的原则。

第五条　社会保障基金现场监督人员应具备下列条件：

（一）熟悉社会保障法律、法规和政策；

（二）掌握财政、金融和审计等专业知识；

（三）具有相应的调查研究、综合分析和文字表达能力；

（四）法律、法规规定的其他条件。

第六条　劳动保障行政部门基金监督机构根据现场监督任务，组成检查组并指定检查组长。检查组长有权对检查组成员工作进行监督，对检查质量及结果负责。检查组成员应由两名以上监督人员组成。成员可由基金监督机构工作人员组成，也可由基金监督机构委托的有关单位或中介机构工作人员组成。

检查遇到重大问题应向劳动保障行政部门基金监督机构请示报告。检查组接受基金监督机构领导，不受其他单位和个人干涉。

第七条　实施现场监督前，检查组应收集与检查事项有关的法律法规、政策规定及其他资料，主要包括：

（一）社会保障法律、法规和政策规定及其他相关法律、法规和政策规定；

（二）个人或单位举报、上级机关交办、有关部门移送的材料；

（三）被监督单位有关情况和材料；

（四）与检查有关的其他资料。

第八条　现场监督前，检查组应拟定现场监督实施方案。现场监督实施方案经基金监督机构批准后，由检查组负责组织实施。现场监督实施方案主要包括下列内容：

（一）被监督单位名称和基本情况；

（二）检查目的；

（三）检查范围、内容和重点；

（四）预定检查起止日期；

（五）监督人员及其分工；

（六）编制日期。

第九条 劳动保障行政部门基金监督机构一般应于现场监督3个工作日前，向被监督单位下达现场监督通知书。现场监督通知书应统一编制文号，加盖劳动保障行政部门公章。现场监督通知书主要包括下列内容：

（一）被监督单位名称；

（二）检查依据、范围、内容和方式；

（三）检查起始时间；

（四）要求被监督单位配合事项；

（五）监督人员名单；

（六）签发日期及公章。

基金监督机构认为提前向被监督单位下达现场监督通知书，可能会影响检查结果时，可以选择适当时间或方式下达现场监督通知书。

第十条 检查组按现场监督通知书规定时间进驻被监督单位，出示有效证件。检查组应向被监督单位说明检查依据、目的、内容、范围、时间等，要求被监督单位介绍有关情况，提供有关文件、资料和其他事项。被监督单位应主动配合，全面提供与检查事项相关的资料，真实反映有关问题，并根据监督人员要求，就其真实性、完整性做出书面承诺。

第十一条 现场监督过程中，发现现场监督实施方案与实际情况不相适应或客观情况发生变化等，检查组报基金监督机构同意后，可调整现场监督实施方案。

第十二条 现场监督人员应运用监盘、观察、询问、记录、计算、复核、复制、分析等方法，审查被监督单位的银行开户、会计凭证、会计账簿、会计报表、业务台账、统计报表，查阅与检查事项有关的文件、资料、合同，检查现金、存款、有价证券，向有关单位和个人进行调查，并取得有关证据。

第十三条　监督人员应记录检查发现的重要事项，编制现场监督工作底稿。现场监督工作底稿应一事一稿，并附有关检查证据。现场监督工作底稿经检查组审定后，送被监督单位相关人员签署意见。现场监督工作底稿主要包括下列内容：

（一）现场监督工作底稿编号；

（二）被监督单位名称；

（三）重要事项发生日期、文件号、凭证号、原会计分录和金额等内容摘录；

（四）附件主要内容及数量；

（五）被监督单位相关人员意见及签名；

（六）编制人员签名及日期；

（七）复核人员签名及日期。

第十四条　检查证据是现场监督工作底稿反映重要事项的依据，主要包括财务账表、文件资料复印件及谈话记录等。检查证据应由有关单位人员签名或盖章。有关人员和单位拒绝签名或盖章的检查证据，应注明原因和日期。拒绝签名或盖章不影响客观事实的证据仍然有效。监督人员应对被监督单位或有关人员有异议的检查证据进行核实。

第十五条　现场监督结束时，检查组应向被监督单位通报情况，听取被监督单位意见和建议。

第十六条　检查组应根据现场监督工作底稿及有关法规、政策和资料，综合分析检查情况，及时提出现场监督报告，一般在离开现场后7个工作日内完成。现场监督报告主要包括下列内容：

（一）检查工作情况；

（二）检查范围、内容、方式和时间；

（三）被监督单位基本情况；

（四）被监督单位存在问题、评价、结论和依据；

（五）意见和建议；

（六）检查组长签名和日期。

第十七条 现场监督报告应送被监督单位征求意见。被监督单位应在接到报告10日内提出书面意见。逾期未提书面意见的视同无异议，监督人员应予注明。被监督单位对报告有异议，检查组应进一步研究核实，并据实修改现场监督报告。

第十八条 检查组应在接到被监督单位书面意见后7日内，向劳动保障行政部门基金监督机构提交现场监督报告，并附被监督单位意见。遇有特殊情况，经基金监督机构同意，提交现场监督报告的时间可适当延长。

第十九条 基金监督机构对检查组提交的报告应予以审核。审核主要包括下列内容：

（一）检查的有关事项是否清楚；

（二）检查证据是否充分、合法、具有说服力；

（三）检查程序是否符合有关规定。

对事实不清、证据不足的现场监督报告，基金监督机构应责成检查组长说明情况或核实，也可另行调查取证核实。

第二十条 劳动保障行政部门基金监督机构根据现场监督报告，分别作如下处理。

不需要行政处理的，下达监督意见书。监督意见书主要包括下列内容：

（一）主送单位；

（二）检查情况；

（三）评价和整改意见；

（四）发文机关和日期。

需要行政处理的，下达处理意见书。处理意见书主要包括下列内容：

（一）主送单位及抄送单位；

（二）被监督单位违纪违规事实及处理意见；

（三）处理意见执行期限和要求；

（四）建议政府及有关部门处理意见；

（五）发文机关和日期。

需要政府或上级主管部门处理的重大问题，应及时报告。报告主要包括下列内容：

（一）主送单位；

（二）检查情况；

（三）被监督单位违纪违规事实；

（四）处理建议；

（五）发文机关和日期。

第二十一条　被监督单位接到处理意见书后应按要求进行整改，并将处理和整改结果报基金监督机构。基金监督机构应检查处理意见的执行情况。

第二十二条　现场监督结束后，检查组应做好检查材料的整理归档工作，并及时移交基金监督机构。基金监督机构要做好后续资料的收集归档工作，妥善保管归档材料。归档主要包括下列资料：

（一）现场监督实施方案；

（二）现场监督通知书；

（三）现场监督工作底稿；

（四）现场监督报告；

（五）被监督单位对现场监督报告的书面意见；

（六）监督意见书、处理意见书及建议处理报告；

（七）被监督单位整改及处理结果报告；

（八）其他应归档资料。

附件：1. 现场监督实施方案（样式）

2. 现场监督通知书（样式）

3. 现场监督工作底稿（样式）

4. 现场监督谈话记录（样式）

（附件本书略）

人力资源和社会保障部关于印发社会保险基金监督检查证管理规程的通知

（2010年11月24日　人社部发〔2010〕85号）

各省、自治区、直辖市人力资源社会保障厅（局），福建省公务员局，新疆生产建设兵团人事局、劳动保障局，各副省级人力资源社会保障（人事、劳动保障）局：

为贯彻落实《中华人民共和国劳动法》、《中华人民共和国社会保险法》，进一步加强社会保险基金监管工作，规范社会保险基金监督检查证发放管理，严格实行持证上岗制度，我们制定了《社会保险基金监督检查证管理规程》，现予印发。请各地严格按照管理规程的要求，认真做好社会保险基金监督检查证的发放管理工作。

社会保险基金监督检查证管理规程

为进一步加强社会保险基金监管，规范社会保险基金监督检查证的发放管理，根据《中华人民共和国劳动法》、《中华人民共和国社会保险法》等有关法律法规，制定本规程。

第一条　社会保险基金监督检查证（以下简称检查证）的申领、培训、考试、发放和管理适用本规程。

第二条　检查证由人力资源社会保障部统一印制、发放和管理。

第三条　检查证的发放对象应符合以下条件：

（一）在各级社会保险基金监督机构从事社会保险基金监督

工作的行政人员；

（二）具备与社会保险基金监督工作相适应的专业知识和业务能力；

（三）参加社会保险基金监督业务考试，成绩合格。

第四条　各级社会保险基金监督人员应持证上岗，在对社会保险基金进行现场监督检查时，须出示检查证。

第五条　持有检查证的监督人员要履行以下义务：

（一）忠于职守，尽职尽责，秉公执法；

（二）遵守法律法规和相关保密规定，依法保守被检查单位的工作和商业秘密；

（三）参加社会保险基金监督业务培训和检查证年检；

（四）严禁使用检查证从事与社会保险基金监督业务无关的活动，严禁持证谋私、违法乱纪；

（五）严禁借用、涂改、冒用、伪造、转让、买卖，以欺骗等手段骗取检查证；

（六）其他需要履行的义务。

第六条　社会保险基金监督持证人员，在履行监督检查职责时，可以采取下列措施：

（一）查阅、记录、复制与社会保险基金收支、管理和投资运营相关的资料，对可能被转移、隐匿或者灭失的资料予以封存；

（二）询问与调查事项有关的单位和个人，要求其对与调查事项有关的问题作出说明、提供有关证明材料；

（三）对隐匿、转移、骗取、侵占社会保险基金的行为予以制止并责令改正。

第七条　申领检查证的人员，必须参加社会保险基金监督业务培训，且集中培训时间不少于 16 小时。培训采取集中授课方式，培训内容包括社会保障政策法规，社保基金监管操作实务以及金融、财会、审计等专业知识。培训结束后统一组织考试。考试采取闭卷形式。

第八条 省级基金监督人员的培训和考试由人力资源社会保障部组织。省级以下基金监督机构人员的培训和考试由人力资源社会保障部组织或授权省级人力资源社会保障部门按照本规程组织。考试结束后，由人力资源社会保障部组织阅卷或授权省级人力资源社会保障部门阅卷，并对考试合格的人员进行资格审核，颁发检查证。

根据工作需要，拟自行组织检查证培训考试的省市，需提前将培训考试方案（见附件 1）报人力资源社会保障部基金监督司。部基金监督司在接到请示后 10 个工作日内作出是否同意的回复。人力资源社会保障部对省级人力资源社会保障机构组织的培训和考试情况进行不定期抽查监督。

经人力资源社会保障部基金监督司批复同意组织检查证培训考试的省市，须在考试前 15 个工作日内将发送考卷的请示（见附件 2）报人力资源社会保障部基金监督司。

第九条 申领检查证的监督人员采取就地申报、逐级审核的报名方式。申领人员填写参加培训报名表（见附件 3），加盖单位印章并附上本人工作证复印件，逐级上报至省级人力资源社会保障部门基金监督机构，省级基金监督机构汇总后（见附件 4）报人力资源社会保障部基金监督司审核同意。

第十条 人力资源社会保障部负责建立检查证考试题库，为培训考试提供辅导材料和试卷，并根据相关法律法规制定情况，对考试题库进行更新完善。

第十一条 检查证实行年检制度。省级以下检查证持证人员由省级基金监督部门组织年检，并将年检情况上报人力资源社会保障部基金监督司。

第十二条 检查证有效期为 5 年。到期换发需重新申领、培训和考试。考试合格的换证人员填写换证审核表（见附件 5），逐级申报并审核。人力资源社会保障部根据换证申请人员工作、培训、考试和年检等情况核发新证。

第十三条　人力资源社会保障部基金监督司以及省级基金监督机构按照管理权限，分别建立检查证持证人员档案库，并按照要求严格管理。

第十四条　检查证实行统一编号管理。统一编号确定为6位代码，前2位为省级代码，后4位为个人代码。

第十五条　持证人员应妥善保管检查证，如有遗失应及时向省级基金监督机构书面报告，省级基金监督机构应于10个工作日内书面报告人力资源社会保障部，人力资源社会保障部定期予以审核补发。

第十六条　持证人员调离基金监督岗位，或不再直接从事社会保险基金监督工作的，所在单位应及时收回检查证并上交省级人力资源社会保障部门，并由省级人力资源社会保障部门上交人力资源社会保障部予以注销。

第十七条　各级人力资源社会保障部门应加强对持证人员的监督和管理，接受公民、法人及其他社会组织对违法使用检查证的检举，及时调查核实和处理。

对越权使用检查证的、非公务场合使用检查证的，或利用检查证以权谋私、违法乱纪的人员，各级人力资源社会保障部门视情节轻重给予处分或撤销其检查证；构成犯罪的，移交司法机关，依法追究有关刑事责任。

第十八条　本办法由人力资源社会保障部负责解释。

第十九条　本办法自发布之日起施行，原有的《社会保险审计检查证管理规程》同时废止。

附件：1. 关于组织社会保险基金监督检查证培训考试的请示（样式）

2. 关于请发送社会保险基金监督检查业务培训考试试卷的请示（样式）

3. ××省社会保险基金监督检查业务培训报名表（样式）

4. ××省申领社会保险基金监督检查证人员汇总表（样式）
5. 社会保险基金监督检查证换证审核表（样式）
（附件本书略）

人力资源社会保障部关于开展社会保险基金社会监督试点的意见

（2012 年 12 月 28 日　人社部发〔2012〕98 号）

各省、自治区、直辖市及新疆生产建设兵团人力资源社会保障厅（局）：

社会保险基金是重要的社会公共基金，基金安全是社会保障制度健康运行的重要保证，关系人民群众的切身利益和社会和谐稳定。为贯彻社会保险法，按照党的十八大提出的“确保基金安全”和“坚持用制度管权管事管人，保障人民知情权、参与权、表达权、监督权”的要求，在依法强化社会保险基金行政监督的同时，要进一步加强社会的直接监督。为引导社会各方面积极规范有序地参与社会保险基金监督工作，进一步推进政务公开，决定开展社会保险基金社会监督试点。现提出如下意见：

一、开展社会监督的主要任务和基本原则

开展社会保险基金社会监督试点的主要任务是，鼓励和支持社会各方面积极参与社会保险基金监督工作，使这项重要的公共基金“在阳光下运行”，探索和完善社会保险基金社会监督办法，推进建立行政监督与社会监督相结合的有效机制。通过开展社会监督，总结社会保险基金管理经验，发现存在问题，促进完善政策，加强基础管理，更好地维护基金安全，保证社会保险制度平稳健康可持续发展。

开展社会保险基金社会监督工作应坚持以下原则：

（一）依法公开。落实社会保险法，贯彻政务公开的要求，凡是能够公开的社会保险政策和经办事项，都要依法向社会公开，保障公众的知情权和监督权。

（二）规范有序。人力资源社会保障部门要搭建稳定的平台，疏通交流渠道，引导各方面有序参与社会监督，并不断提高监督的水平和能力。

（三）多种形式并举。以社会组织的参与为重点，探索多种社会监督形式，对社会保险基金进行全方位的监督。

（四）循序渐进。开展社会监督工作要积极稳妥，遵循社会保险基金管理运行的规律和特点，先行试点，总结经验，逐步推开和深入。

二、社会监督的对象及内容

社会保险基金社会监督，主要对涉及社会保险基金征缴、支付、管理、服务和投资运营等单位和个人的下列行为进行监督：

（一）社会保险相关部门。是否按规定存储、管理社会保险基金，有无违规开设银行账户、违反收支两条线规定、将不同险种基金混合建账及核算；是否按规定及时足额划转社会保险基金；有无隐匿、转移、侵占、挪用或贪污社会保险基金等行为；有无将社会保险基金用于平衡其他政府预算，兴建、改建办公场所，支付人员经费、运行费用、管理费用，或者违反法律、行政法规规定挪作其他用途。

（二）社会保险经办机构。是否依规办理社会保险登记、核定社会保险缴费基数、费率和人数及按规定编制提供社会保险缴费清册，有无违规核销社会保险欠费行为；基金核算、管理是否符合财务会计制度和相关政策规定；是否及时依规审核社会保险待遇支出，有无通过修改数据材料骗取或协助他人骗取社会保险基金等行为；是否按时足额支付社会保险待遇、结算社会保险基金支出；有无隐匿、转移、侵占、挪用或贪污社会保险基金行为。

（三）社会保险费征收机构。是否按时足额征收社会保险费并及时存入规定的基金专户，有无多征、少征或滞压现象；有无篡改缴费记录等社会保险数据行为或隐匿、丢失相关数据资料情况；有无隐匿、转移、侵占、挪用或贪污社会保险基金行为。

（四）社会保险相关服务机构。定点医疗机构、定点零售药店、协议工伤康复机构、协议工伤伤残辅助器具配置机构、社会保险基金存储发放机构、职业介绍、培训机构等，有无违反服务协议和相关合同、骗取或协助他人骗取社会保险基金的行为；投资运营机构是否按规定投资运营。

（五）用人单位。是否按规定办理社会保险登记、申报缴费基数及参保人数；是否按时足额缴纳社会保险费；是否按时足额向参保人员或受益人发放社会保险待遇；有无骗取或协助他人骗取社会保险基金的问题。其他组织有无侵害社会保险基金的行为。

（六）参保人员。是否按规定办理社会保险手续，有无谎报身份、伪造档案、出具虚假证明材料、隐瞒个人信息骗取参保资格或社会保险基金行为。

三、社会监督的主体

社会各方面均可根据各自了解和掌握信息的渠道，本着自愿、平等、诚信、守法的原则，积极参与社会保险基金社会监督，依法享有社会监督权利，履行社会监督义务，承担社会监督责任。

（一）参保人员。参加社会保险的职工、离退休人员、城乡居民等，都可以通过合法渠道获取相关信息，对社会保险政策执行和基金管理情况提出批评建议，对涉嫌社会保险基金违法违规问题向主管机关反映和提供线索。

其他个人均可参与社会保险基金的社会监督，及时反映发现的违法违规问题。

（二）参保单位。参加社会保险的各类单位，都可以监督社会保险政策执行和基金管理情况，对涉嫌社会保险基金违法违规问题，向主管机关反映情况和提供线索。

（三）社会组织。各社会组织可利用自身优势参与对社会保险基金的监督，向主管机关反映涉嫌社会保险基金违法违规问题。与社会保险基金密切相关的社会组织，可探索建立社会保险参保缴费行为自律机制、从业人员自律机制，或采取签订行业自律公约等形式，加强自我约束和同业监管。

（四）新闻媒体。新闻媒体可利用自身优势，积极宣传社会保险政策法规，对发现的涉嫌社会保险基金违法违规问题，深入调查了解，力求准确掌握情况，并积极向主管机关提供线索，发挥舆论监督作用。

（五）专业人员。大专院校、研究机构、学术团体及专家、学者，可通过分析社会保险制度运行情况，发现基金管理漏洞，提出完善的建议。社会保险基金管理、经办、投资运营和服务机构的工作人员，可根据自身的工作条件，了解本单位管理经办运用和投资运营社会保险基金的情况，注意发现违法违规问题，积极揭露和反映。

四、社会监督的途径和方式

（一）扩大公众参与权。各地要健全决策规则和程序，建立规范的制度，把公众参与、专家论证作为社会保险重大决策的必经程序。凡是涉及群众切身利益的社会保险改革方案和重大政策，都要广泛听取专家学者和社会各方面意见。有条件的地区可探索建立听证会制度。社会保险决策情况应依法向社会公布，接受社会监督。

（二）加强信息披露。现行有效的社会保险法规、制度、政策、标准、经办流程，应按政务公开要求在政府门户网站等载体予以公布，方便公众查询和监督。社会保险基金收入、支出、结余和收益情况，要按规定向社会披露，为公众监督提供信息渠道。对于查处的社会保险基金重大违法违规案件，要按照规定进行公布，扩大公众的知情权，并发挥警示教育作用。

（三）加强舆论监督。要注重发挥各种舆论工具的监督作用，畅通沟通渠道，加强舆论引导，实现有效监督。

（四）完善监督举报制度。各地要从方便群众的角度出发，搭建社会监督平台，设立举报信箱、电话、传真、电子邮箱等，畅通社会监督渠道。有条件的地区可在政府网站上设立社会保险基金监督举报专栏，受理涉及社会保险基金违法违规问题的举报投诉。要积极建立举报奖励制度，研究制定举报奖励办法，落实举报奖励资金，提高群众参与社会监督的积极性。

（五）聘请社会监督员。各地可结合本地实际情况，聘请社会保险基金社会监督员。社会监督员应具有较强政策水平，热心公益事业，能够秉公办事。要加强对社会监督员的日常管理和培训，大力支持社会监督员的工作。对蓄意打击报复社会监督员的行为，应依法依规作出处理。

（六）落实和完善社会保险监督委员会制度。各地要按照社会保险法规定，因地制宜地组建社会保险监督委员会，充分发挥其对社会保险进行监督的作用。

五、社会监督意见的反映和处理

（一）健全社会监督意见反映和处理机制。社会监督发现的涉及社会保险基金违法违规问题，均可依法向本级人力资源社会保障部门基金监督机构举报或反映。基金监督机构应积极受理，根据问题性质、部门职责等，责成有关方面进行查证处理；对重大违法违规问题，基金监督机构应组织力量，直接进行查处。要严格监督执法，严肃执法纪律，按规定及时报告和通报相关调查处理情况。各级人力资源社会保障部门的内设业务部门或经办机构在接到举报后，应及时通报本级基金监督机构。建立处理社会监督反映问题的协调机制，做到职责分工明确，工作有机衔接，防止推诿扯皮。

（二）保护社会监督举报人的合法权益。对社会监督发现的问题，举报或反映人要求告知情况的，相关部门核实处理后，要及时反馈处理情况。对于举报或反映问题查证属实的，要按规定及时对举报人给予奖励。要依法加强对举报人的保护，任何单位和个人不得以任何借口阻拦、压制或打击报复举报人，不得违规泄露举报人信息。

六、社会监督的组织和要求

（一）试点工作的安排。为积极稳妥地推进社会保险基金社会监督试点，部里将根据工作基础和自愿的原则，在6个省份各选择2—3个市县作为部级试点地区。各省（区、市）可根据实际情况，选择有条件的市县开展试点工作，并报部里备案。要加强对试点地区的工作指导，跟踪了解情况，总结交流经验，不断完善制度。

（二）试点工作的组织。各地要充分认识社会保险基金社会监督工作的重要意义，将其摆在与行政监督同等重要的位置，高度重视，认真组织，宣传社会保险政策法规，充分调动社会各方面的积极性，形成有利的社会氛围。

（三）试点工作的要求。试点地区要结合实际制定具体实施方案，健全工作机制，给予必要的人力和资金支持，确保试点工作有序进行。要不断摸索积累经验，为全面推开奠定实践基础。要研究试点中出现的新情况、新问题，妥善处理社会监督与行政监督的关系。遇有重要情况，要及时向上级人力资源社会保障部门报告。

部基金监督司具体负责社会保险基金社会监督试点组织指导工作。各地要及时报送情况，加强沟通联系。

人力资源社会保障部 财政部关于工伤保险基金省级统筹的指导意见

（2017年6月22日　人社部发〔2017〕60号）

各省、自治区、直辖市及新疆生产建设兵团人力资源社会保障厅（局）、财政（财务）厅（局）：

实行基金省级统筹是工伤保险制度体系建设的重要举措，是推进工伤保险制度公平可持续发展的必然要求，对提高基金使用效率、增强保障能力具有重要意义。根据社会保险法、《工伤保险条例》等有关法律法规要求，现就工伤保险基金省级统筹（以下简称省级统筹）工作提出如下意见。

一、指导思想和基本原则

（一）指导思想。全面贯彻党的十八大和十八届三中、四中、五中、六中全会精神，深入贯彻习近平总书记系列重要讲话精神和治国理政新理念新思想新战略，紧紧围绕统筹推进“五位一体”总体布局和协调推进“四个全面”战略布局，坚持以人民为中心的发展思想，落实社会保险法和《工伤保险条例》，以更好保障工伤职工合法权益为出发点，以促进工伤保险制度更加公平、更可持续为落脚点，逐步建立规范、高效的工伤保险基金省级统筹管理体系。

（二）基本原则。坚持制度统一，分级管理，提高工伤保险服务水平；坚持职责明晰，强化考核，确保省级统筹有效运行；坚持统调结合，缺口分担，建立基金管理良性机制；坚持目标明确，分步实施，推进工伤保险健康发展。

二、主要内容

实行省级统筹，要求在省（区、市）内统一工伤保险参保范围和参保对象，统一工伤保险费率政策和缴费标准，统一工伤认定和劳动能力鉴定办法，统一工伤保险待遇支付标准，统一工伤保险经办流程和信息系统。

在基金管理上，有条件的省（区、市）可以实行基金统收统支管理；不具备条件的省（区、市）也可以在省级建立调剂金，由市（地）按照一定的规则和比例上解到省级社保基金财政专户集中管理，用于调剂解决各市（地）工伤保险基金支出缺口。

三、保障措施

（一）做好政策标准平稳衔接。实行省级统筹，全省（区、市）统一工伤保险各项政策及待遇标准，要统筹考虑各地经济发展水平差异、待遇计发基数变化情况，采取过渡办法，逐步实现待遇平衡。在行业费率调整方面，应按照平稳有序的原则，逐步调整到位，避免基金征缴和支付大幅波动，确保工伤保险制度平稳运行。

（二）明确各级责权划分。实行省级统筹，要明确各级在管理上的主体责任，坚持“以支定收，收支平衡”的原则，完善基金预算管理，健全基金征缴责任制和考核指标，建立职、权、责约束机制和基金缺口分担机制。各市（地）要强化基金征缴主体责任，严格执行基金支出范围和标准，根据《工伤保险条例》的规定，加强工伤认定、劳动能力鉴定管理，规范、优化流程，提高工作质量。地方各级财政要切实保证工伤认定调查必要的经费支出。

（三）加强基金管理使用。各省（区、市）要切实加强工伤保险基金管理，按《工伤保险条例》要求建立储备金。实行省级统收统支管理的省份，在处理各市（地）原结余基金时，可根据地方实际，采取不同时期结余基金分别上解、分步实施等方法。实行省级调剂金管理的省份，要结合本地实际确定合理的调剂金上解比例。建立省级调剂金后，各市（地）不再建立储备金和调剂金，原各市（地）自行筹集并建立的储备金、调剂金纳入本地基金结余，如当年出现基金缺口的，应按照动用本地区累计结余、省级调剂金的先后顺序解决。省级调剂金具体使用和管理办法由各省（区、市）制定。各省（区、市）应按照“以支定收、收支平衡”的原则和《工伤保险条例》相关规定及时调整缴费费率。

（四）做好信息系统的整合。各省（区、市）要依托“金保工程”整合现有资源，建立支持省级统筹的社会保险信息系统，提供工伤认定、劳动能力鉴定申报、参保权益信息查询、经办管理等网上服务，支持工伤医疗费即时结算。实现省、市、县三级管理部门信息的纵向互联，与银行、医疗和康复等机构的横向互通，与财政、住建、安监、工会等部门的信息共享，实现工伤保险业务运行、医疗费监控、基金监督、管理决策的信息化。

四、工作要求

（一）高度重视，加强领导。实行省级统筹，关系工伤保险制度的公平可持续发展，是社会保险制度建设的重要内容。各省（区、市）人力资源社会保障厅（局）要切实加强组织领导，根据需要成立由分管厅（局）领导担任组长的领导小组，制定专门工作方案，明确任务要求和进度安排，确保在 2020 年底全面实现省级统筹。成立领导小组情况及专门工作方案应于 10 月底前报人力资源社会保障部备案。

（二）周密部署，平稳实施。实施省级统筹，政策性强，涉及面广，各省（区、市）务必作出周密、细致的工作部署，确保实施工作平稳有序。已经实施省级统筹的省（区、市）要以本指导意见下发为契机，主动对标对表，一揽子解决工作中遇到的问题。

（三）加强宣传，引导舆论。实行省级统筹，要在政策风险评估的基础上，同步对宣传和舆论引导工作作出部署安排，加强针对性宣传，为省级统筹的平稳实施营造良好舆论氛围。

人力资源社会保障部办公厅关于贯彻落实贪污社会保险基金属于刑法贪污罪中较重情节规定的通知

（2017年8月22日　人社厅发〔2017〕107号）

各省、自治区、直辖市及新疆生产建设兵团人力资源社会保障厅（局）：

近日，《最高人民检察院关于贪污养老、医疗等社会保险基金能否适用〈最高人民法院 最高人民检察院关于办理贪污贿赂刑事案件适用法律若干问题的解释〉第一条第二款第一项规定的批复》（以下简称“批复”）明确，养老、医疗、工伤、失业、生育等社会保险基金可以认定为《最高人民法院 最高人民检察院关于办理贪污贿赂刑事案件适用法律若干问题的解释》第一条第二款第一项规定的“特定款物”，即贪污社会保险基金属于刑法第三百八十三条第一款规定的“其他较重情节”，贪污社会保险基金数额在一万元以上不满三万元的，依法判处三年以下有期徒刑或者拘役，并处罚金。批复明确把贪污社会保险基金作为刑法规定的“较重情节”，降低了贪污社保基金行为的入刑门槛，加大了对贪污社会保险基金犯罪行为的惩治力度，体现了对社会保险基金的重视，对保障社会保险基金安全、维护参保人权益具有重要意义。各级人力资源社会保障部门要高度重视，认真学习，深刻领会，加强对社会保险基金的管理和监督，严格防止贪污社会保险基金行为，贯彻落实批复规定，维护基金安全。现将有关事项通知如下：

一、加强宣传教育，提高防范贪污社会保险基金的意识。各级人力资源社会保障部门，特别是社会保险管理部门要组织干部职工认真学习批复规定，深刻领会其实质。要把批复规定传达到社会保险管理的每名干部职工，让每名干部职工深刻认识社会保险基金安全的重要性和贪污社会保险基金的危害性。社会保险基金是老百姓的养命钱、救命钱，任何个人不能贪污挪用。贪污社会保险基金，不仅危害基金安全和群众利益，而且影响干部队伍形象和社会保险制度威信，必须受到法律的严惩。要把宣传贯彻批复规定与开展廉政教育活动结合起来，结合过往案例进行警示教育。要把宣传贯彻批复规定与贯彻执行《社会保险工作人员纪律规定》结合起来，严格遵循“二十个不准”，预防和遏制职务犯罪。

二、完善内控管理，堵塞贪污社会保险基金的风险漏洞。梳理完善社会保险经办机构管理的内控制度，从源头上堵塞可能发生贪污社会保险基金的风险漏洞。优化经办操作流程，建立健全岗位之间、业务环节之间相互监督、相互制衡的机制，明确岗位职责，建立责任追究制度。严格社会保险基金管理，执行基金财务会计制度，做到基金账账相符，账实相符，日清月结。实现社会保险管理服务全面信息化，用流程管事，用电脑管人，加强信息化对业务工作的监督控制。落实政务公开要求，公开社会保险政策和办事指南，及时告知个人权益变化情况。

三、严格基金监督，着力查处贪污社会保险基金的违法行为。突出重点，梳理排查容易发生贪污社会保险基金行为的风险点，加强对财务会计、出纳等重要岗位的监督检查，加强对基金征缴、待遇发放等重要环节的监督检查，加强对政策变化、干部调整等重要时段的监督检查。加大力度，在做好日常监督检查的基础上，加强专项监督检查。创新手段，积极应用社会保险基金监管系统，提高监督效能，增强监督针对性和时效性。形成合力，鼓励和支持社会各方面参与基金监督，依法受理举报，构建行政监督与社会监督有机结合的全方位基金监督体系。从严查处，对发现涉嫌贪污社会保险基金的行为坚决一查到底，绝不放纵。

四、建立衔接机制，严惩贪污社会保险基金的犯罪行为。落实《行政执法机关移送涉嫌犯罪案件的规定》要求，加强与检察机关的沟通，建立行政执法与刑事司法衔接机制。对涉嫌贪污社会保险基金犯罪的，及时将案件移送人民检察院处理。要积极配合检察机关，做好社会保险基金管理政策咨询、资料提供、调查取证等工作，支持查处贪污社会保险基金的犯罪行为，严厉打击犯罪分子，维护社会保险基金安全，维护社会保险制度威信，维护参保群众利益。

附件：最高人民检察院关于贪污养老、医疗等社会保险基金能否适用《最高人民法院 最高人民检察院关于办理贪污贿赂刑事案件适用法律若干问题的解释》第一条第二款第一项规定的批复

（附件本书略）

第三部分
工伤认定

工伤认定办法

（2010 年 12 月 31 日　人力资源和社会保障部令第 8 号）

第一条　为规范工伤认定程序，依法进行工伤认定，维护当事人的合法权益，根据《工伤保险条例》的有关规定，制定本办法。

第二条　社会保险行政部门进行工伤认定按照本办法执行。

第三条　工伤认定应当客观公正、简捷方便，认定程序应当向社会公开。

第四条　职工发生事故伤害或者按照职业病防治法规定被诊断、鉴定为职业病，所在单位应当自事故伤害发生之日或者被诊断、鉴定为职业病之日起 30 日内，向统筹地区社会保险行政部门提出工伤认定申请。遇有特殊情况，经报社会保险行政部门同意，申请时限可以适当延长。

按照前款规定应当向省级社会保险行政部门提出工伤认定申请的，根据属地原则应当向用人单位所在地设区的市级社会保险行政部门提出。

第五条　用人单位未在规定的时限内提出工伤认定申请的，受伤害职工或者其近亲属、工会组织在事故伤害发生之日或者被诊断、鉴定为职业病之日起 1 年内，可以直接按照本办法第四条规定提出工伤认定申请。

第六条　提出工伤认定申请应当填写《工伤认定申请表》，并提交下列材料：

（一）劳动、聘用合同文本复印件或者与用人单位存在劳动关系（包括事实劳动关系）、人事关系的其他证明材料；

（二）医疗机构出具的受伤后诊断证明书或者职业病诊断证明书（或者职业病诊断鉴定书）。

第七条 工伤认定申请人提交的申请材料符合要求，属于社会保险行政部门管辖范围且在受理时限内的，社会保险行政部门应当受理。

第八条 社会保险行政部门收到工伤认定申请后，应当在15日内对申请人提交的材料进行审核，材料完整的，作出受理或者不予受理的决定；材料不完整的，应当以书面形式一次性告知申请人需要补正的全部材料。社会保险行政部门收到申请人提交的全部补正材料后，应当在15日内作出受理或者不予受理的决定。

社会保险行政部门决定受理的，应当出具《工伤认定申请受理决定书》；决定不予受理的，应当出具《工伤认定申请不予受理决定书》。

第九条 社会保险行政部门受理工伤认定申请后，可以根据需要对申请人提供的证据进行调查核实。

第十条 社会保险行政部门进行调查核实，应当由两名以上工作人员共同进行，并出示执行公务的证件。

第十一条 社会保险行政部门工作人员在工伤认定中，可以进行以下调查核实工作：

（一）根据工作需要，进入有关单位和事故现场；

（二）依法查阅与工伤认定有关的资料，询问有关人员并作出调查笔录；

（三）记录、录音、录像和复制与工伤认定有关的资料。调查核实工作的证据收集参照行政诉讼证据收集的有关规定执行。

第十二条 社会保险行政部门工作人员进行调查核实时，有关单位和个人应当予以协助。用人单位、工会组织、医疗机构以及有关部门应当负责安排相关人员配合工作，据实提供情况和证明材料。

第十三条　社会保险行政部门在进行工伤认定时，对申请人提供的符合国家有关规定的职业病诊断证明书或者职业病诊断鉴定书，不再进行调查核实。职业病诊断证明书或者职业病诊断鉴定书不符合国家规定的要求和格式的，社会保险行政部门可以要求出具证据部门重新提供。

第十四条　社会保险行政部门受理工伤认定申请后，可以根据工作需要，委托其他统筹地区的社会保险行政部门或者相关部门进行调查核实。

第十五条　社会保险行政部门工作人员进行调查核实时，应当履行下列义务：

（一）保守有关单位商业秘密以及个人隐私；

（二）为提供情况的有关人员保密。

第十六条　社会保险行政部门工作人员与工伤认定申请人有利害关系的，应当回避。

第十七条　职工或者其近亲属认为是工伤，用人单位不认为是工伤的，由该用人单位承担举证责任。用人单位拒不举证的，社会保险行政部门可以根据受伤害职工提供的证据或者调查取得的证据，依法作出工伤认定决定。

第十八条　社会保险行政部门应当自受理工伤认定申请之日起60日内作出工伤认定决定，出具《认定工伤决定书》或者《不予认定工伤决定书》。

第十九条　《认定工伤决定书》应当载明下列事项：

（一）用人单位全称；

（二）职工的姓名、性别、年龄、职业、身份证号码；

（三）受伤害部位、事故时间和诊断时间或职业病名称、受伤害经过和核实情况、医疗救治的基本情况和诊断结论；

（四）认定工伤或者视同工伤的依据；

（五）不服认定决定申请行政复议或者提起行政诉讼的部门和时限；

（六）作出认定工伤或者视同工伤决定的时间。

《不予认定工伤决定书》应当载明下列事项：

（一）用人单位全称；

（二）职工的姓名、性别、年龄、职业、身份证号码；

（三）不予认定工伤或者不视同工伤的依据；

（四）不服认定决定申请行政复议或者提起行政诉讼的部门和时限；

（五）作出不予认定工伤或者不视同工伤决定的时间。

《认定工伤决定书》和《不予认定工伤决定书》应当加盖社会保险行政部门工伤认定专用印章。

第二十条 社会保险行政部门受理工伤认定申请后，作出工伤认定决定需要以司法机关或者有关行政主管部门的结论为依据的，在司法机关或者有关行政主管部门尚未作出结论期间，作出工伤认定决定的时限中止，并书面通知申请人。

第二十一条 社会保险行政部门对于事实清楚、权利义务明确的工伤认定申请，应当自受理工伤认定申请之日起15日内作出工伤认定决定。

第二十二条 社会保险行政部门应当自工伤认定决定作出之日起20日内，将《认定工伤决定书》或者《不予认定工伤决定书》送达受伤害职工（或者其近亲属）和用人单位，并抄送社会保险经办机构。

《认定工伤决定书》和《不予认定工伤决定书》的送达参照民事法律有关送达的规定执行。

第二十三条 职工或者其近亲属、用人单位对不予受理决定不服或者对工伤认定决定不服的，可以依法申请行政复议或者提起行政诉讼。

第二十四条 工伤认定结束后，社会保险行政部门应当将工伤认定的有关资料保存50年。

第二十五条 用人单位拒不协助社会保险行政部门对事故伤

害进行调查核实的，由社会保险行政部门责令改正，处2000元以上2万元以下的罚款。

第二十六条　本办法中的《工伤认定申请表》、《工伤认定申请受理决定书》、《工伤认定申请不予受理决定书》、《认定工伤决定书》、《不予认定工伤决定书》的样式由国务院社会保险行政部门统一制定。

第二十七条　本办法自2011年1月1日起施行。劳动和社会保障部2003年9月23日颁布的《工伤认定办法》同时废止。

附件：1. 工伤认定申请表

2. 工伤认定申请受理决定书

3. 工伤认定申请不予受理决定书

4. 认定工伤决定书

5. 不予认定工伤决定书

（附件本书略）

劳动和社会保障部办公厅关于职工在工作中遭受他人蓄意伤害是否认定工伤的复函

（2000 年 1 月 13 日　劳社厅函〔2000〕4 号）

广东省劳动厅：

你厅《关于职工在工作中遭受他人蓄意伤害是否进行工伤认定的请示》（粤劳安〔1999〕346 号）收悉。经研究，现答复如下：

关于职工在工作中遭受他人蓄意伤害是否认定工伤的问题，应该根据具体情况确定。按照《企业职工工伤保险试行办法》（劳部发〔1996〕266 号）规定，因履行职责遭致人身伤害的，应当认定工伤。对于暂时缺乏证据，无法判定其受伤害原因是因公还是因私的，可先按照疾病和非因工负伤、死亡待遇处理。待伤害原因确定后，再按有关规定进行工伤认定。其中认定为工伤的，其工伤待遇享受期限从受伤害之日起计算。已享受的疾病和非因工负伤、死亡待遇，应从工伤保险待遇中扣除。

劳动和社会保障部
关于确立劳动关系有关事项的通知

（2005 年 5 月 25 日　劳社部发〔2005〕12 号）

各省、自治区、直辖市劳动和社会保障厅（局）：

近一个时期，一些地方反映部分用人单位招用劳动者不签订劳动合同，发生劳动争议时因双方劳动关系难以确定，致使劳动者合法权益难以维护，对劳动关系的和谐稳定带来不利影响。为规范用人单位用工行为，保护劳动者合法权益，促进社会稳定，现就用人单位与劳动者确立劳动关系的有关事项通知如下：

一、用人单位招用劳动者未订立书面劳动合同，但同时具备下列情形的，劳动关系成立。

（一）用人单位和劳动者符合法律、法规规定的主体资格；

（二）用人单位依法制定的各项劳动规章制度适用于劳动者，劳动者受用人单位的劳动管理，从事用人单位安排的有报酬的劳动；

（三）劳动者提供的劳动是用人单位业务的组成部分。

二、用人单位未与劳动者签订劳动合同，认定双方存在劳动关系时可参照下列凭证：

（一）工资支付凭证或记录（职工工资发放花名册）、缴纳各项社会保险费的记录；

（二）用人单位向劳动者发放的“工作证”“服务证”等能够证明身份的证件；

（三）劳动者填写的用人单位招工招聘“登记表”、“报名表”等招用记录；

（四）考勤记录；

（五）其他劳动者的证言等。

其中，（一）、（三）、（四）项的有关凭证由用人单位负举证责任。

三、用人单位招用劳动者符合第一条规定的情形的，用人单位应当与劳动者补签劳动合同，劳动合同期限由双方协商确定。协商不一致的，任何一方均可提出终止劳动关系，但对符合签订无固定期限劳动合同条件的劳动者，如果劳动者提出订立无固定期限劳动合同，用人单位应当订立。

用人单位提出终止劳动关系的，应当按照劳动者在本单位工作年限每满一年支付一个月工资的经济补偿金。

四、建筑施工、矿山企业等用人单位将工程（业务）或经营权发包给不具备用工主体资格的组织或自然人，对该组织或自然人招用的劳动者，由具备用工主体资格的发包方承担用工主体责任。

五、劳动者与用人单位就是否存在劳动关系引发争议的，可以向有管辖权的劳动争议仲裁委员会申请仲裁。

劳动和社会保障部办公厅关于对《工伤保险条例》有关条款释义的函

（2006年9月4日　劳社厅函〔2006〕497号）

大连市劳动保障局：

你局《关于对〈工伤保险条例〉第十四条第三款释义的请示》（大劳发〔2006〕60号，以下简称请示）收悉。经研究，现回复如下：

请示中“《工伤保险条例》第十四条第三款”应为“《工伤保险条例》第十四条第（三）项”，其中“因履行工作职责受到暴力等意外伤害”中的因履行工作职责受到暴力伤害是指受到的暴力伤害与履行工作职责有因果关系。

人力资源和社会保障部办公厅关于改装电动自行车发生交通事故后工伤认定问题的复函

（2009年8月31日　人社厅函〔2009〕341号）

上海市人力资源和社会保障局：

你局《关于改装电动自行车发生交通事故后工伤认定问题的请示》（沪人社〔2009〕63号）收悉。经研究，现答复如下：

关于改装电动自行车发生交通事故后工伤认定问题，同意你局意见，即职工在上下班途中受到改装电动自行车事故伤害，不属于《工伤保险条例》第十六条规定的任何一种情形的，人力资源社会保障部门应依据交通管理部门对此类事故的处理意见进行工伤处理。若公安交通管理部门对此类事故按机动车事故处理，应认定为工伤；若按非机动车事故处理的，不应认定为工伤。

人力资源和社会保障部办公厅关于工伤保险有关规定处理意见的函

（2011年6月23日　人社厅函〔2011〕339号）

各省、自治区、直辖市人力资源社会保障厅（局），福建省公务员局，新疆生产建设兵团人事局、劳动保障局：

关于新《工伤保险条例》第十四条第六项的规定如何理解和适用问题，经征得国务院法制办和最高人民法院同意，并商公安部、交通运输部、铁道部，提出如下处理意见，请遵照执行：

一、该条规定的“上下班途中”是指合理的上下班时间和合理的上下班路途。

二、该条规定的“非本人主要责任”事故包括非本人主要责任的交通事故和非本人主要责任的城市轨道交通、客运轮渡和火车事故。其中，“交通事故”是指《道路交通安全法》第一百一十九条规定的车辆在道路上因过错或者意外造成的人身伤亡或者财产损失事件。“车辆”是指机动车和非机动车；“道路”是指公路、城市道路和虽在单位管辖范固但允许社会机动车通行的地方，包括广场、公共停车场等用于公众通行的场所。

三、“非本人主要责任”事故认定应以公安机关交通管理、交通运输、铁道等部门或司法机关，以及法律、行政法规授权组织出具的相关法律文书为依据。

第四部分
劳动能力鉴定

工伤职工劳动能力鉴定管理办法

（2014年2月20日人力资源和社会保障部、国家卫生和计划生育委员会令第21号公布　根据2018年12月14日《人力资源社会保障部关于修改部分规章的决定》修订）

第一章　总　则

第一条　为了加强劳动能力鉴定管理，规范劳动能力鉴定程序，根据《中华人民共和国社会保险法》、《中华人民共和国职业病防治法》和《工伤保险条例》，制定本办法。

第二条　劳动能力鉴定委员会依据《劳动能力鉴定　职工工伤与职业病致残等级》国家标准，对工伤职工劳动功能障碍程度和生活自理障碍程度组织进行技术性等级鉴定，适用本办法。

第三条　省、自治区、直辖市劳动能力鉴定委员会和设区的市级（含直辖市的市辖区、县，下同）劳动能力鉴定委员会分别由省、自治区、直辖市和设区的市级人力资源社会保障行政部门、卫生计生行政部门、工会组织、用人单位代表以及社会保险经办机构代表组成。

承担劳动能力鉴定委员会日常工作的机构，其设置方式由各地根据实际情况决定。

第四条　劳动能力鉴定委员会履行下列职责：

（一）选聘医疗卫生专家，组建医疗卫生专家库，对专家进行培训和管理；

（二）组织劳动能力鉴定；

（三）根据专家组的鉴定意见作出劳动能力鉴定结论；

（四）建立完整的鉴定数据库，保管鉴定工作档案 50 年；

（五）法律、法规、规章规定的其他职责。

第五条 设区的市级劳动能力鉴定委员会负责本辖区内的劳动能力初次鉴定、复查鉴定。

省、自治区、直辖市劳动能力鉴定委员会负责对初次鉴定或者复查鉴定结论不服提出的再次鉴定。

第六条 劳动能力鉴定相关政策、工作制度和业务流程应当向社会公开。

第二章 鉴定程序

第七条 职工发生工伤，经治疗伤情相对稳定后存在残疾、影响劳动能力的，或者停工留薪期满（含劳动能力鉴定委员会确认的延长期限），工伤职工或者其用人单位应当及时向设区的市级劳动能力鉴定委员会提出劳动能力鉴定申请。

第八条 申请劳动能力鉴定应当填写劳动能力鉴定申请表，并提交下列材料：

（一）有效的诊断证明、按照医疗机构病历管理有关规定复印或者复制的检查、检验报告等完整病历材料；

（二）工伤职工的居民身份证或者社会保障卡等其他有效身份证明原件。

第九条 劳动能力鉴定委员会收到劳动能力鉴定申请后，应当及时对申请人提交的材料进行审核；申请人提供材料不完整的，劳动能力鉴定委员会应当自收到劳动能力鉴定申请之日起 5 个工作日内一次性书面告知申请人需要补正的全部材料。

申请人提供材料完整的，劳动能力鉴定委员会应当及时组织鉴定，并在收到劳动能力鉴定申请之日起 60 日内作出劳动能力鉴定结论。伤情复杂、涉及医疗卫生专业较多的，作出劳动能力鉴定结论的期限可以延长 30 日。

第十条 劳动能力鉴定委员会应当视伤情程度等从医疗卫生

专家库中随机抽取 3 名或者 5 名与工伤职工伤情相关科别的专家组成专家组进行鉴定。

第十一条 劳动能力鉴定委员会应当提前通知工伤职工进行鉴定的时间、地点以及应当携带的材料。工伤职工应当按照通知的时间、地点参加现场鉴定。对行动不便的工伤职工，劳动能力鉴定委员会可以组织专家上门进行劳动能力鉴定。组织劳动能力鉴定的工作人员应当对工伤职工的身份进行核实。

工伤职工因故不能按时参加鉴定的，经劳动能力鉴定委员会同意，可以调整现场鉴定的时间，作出劳动能力鉴定结论的期限相应顺延。

第十二条 因鉴定工作需要，专家组提出应当进行有关检查和诊断的，劳动能力鉴定委员会可以委托具备资格的医疗机构协助进行有关的检查和诊断。

第十三条 专家组根据工伤职工伤情，结合医疗诊断情况，依据《劳动能力鉴定职工工伤与职业病致残等级》国家标准提出鉴定意见。参加鉴定的专家都应当签署意见并签名。

专家意见不一致时，按照少数服从多数的原则确定专家组的鉴定意见。

第十四条 劳动能力鉴定委员会根据专家组的鉴定意见作出劳动能力鉴定结论。劳动能力鉴定结论书应当载明下列事项：

（一）工伤职工及其用人单位的基本信息；

（二）伤情介绍，包括伤残部位、器官功能障碍程度、诊断情况等；

（三）作出鉴定的依据；

（四）鉴定结论。

第十五条 劳动能力鉴定委员会应当自作出鉴定结论之日起 20 日内将劳动能力鉴定结论及时送达工伤职工及其用人单位，并抄送社会保险经办机构。

第十六条 工伤职工或者其用人单位对初次鉴定结论不服

的，可以在收到该鉴定结论之日起15日内向省、自治区、直辖市劳动能力鉴定委员会申请再次鉴定。

申请再次鉴定，应当提供劳动能力鉴定申请表，以及工伤职工的居民身份证或者社会保障卡等有效身份证明原件。

省、自治区、直辖市劳动能力鉴定委员会作出的劳动能力鉴定结论为最终结论。

第十七条 自劳动能力鉴定结论作出之日起1年后，工伤职工、用人单位或者社会保险经办机构认为伤残情况发生变化的，可以向设区的市级劳动能力鉴定委员会申请劳动能力复查鉴定。

对复查鉴定结论不服的，可以按照本办法第十六条规定申请再次鉴定。

第十八条 工伤职工本人因身体等原因无法提出劳动能力初次鉴定、复查鉴定、再次鉴定申请的，可由其近亲属代为提出。

第十九条 再次鉴定和复查鉴定的程序、期限等按照本办法第九条至第十五条的规定执行。

第三章 监督管理

第二十条 劳动能力鉴定委员会应当每3年对专家库进行一次调整和补充，实行动态管理。确有需要的，可以根据实际情况适时调整。

第二十一条 劳动能力鉴定委员会选聘医疗卫生专家，聘期一般为3年，可以连续聘任。

聘任的专家应当具备下列条件：

（一）具有医疗卫生高级专业技术职务任职资格；

（二）掌握劳动能力鉴定的相关知识；

（三）具有良好的职业品德。

第二十二条 参加劳动能力鉴定的专家应当按照规定的时间、地点进行现场鉴定，严格执行劳动能力鉴定政策和标准，客观、公正地提出鉴定意见。

第二十三条　用人单位、工伤职工或者其近亲属应当如实提供鉴定需要的材料，遵守劳动能力鉴定相关规定，按照要求配合劳动能力鉴定工作。

工伤职工有下列情形之一的，当次鉴定终止：

（一）无正当理由不参加现场鉴定的；

（二）拒不参加劳动能力鉴定委员会安排的检查和诊断的。

第二十四条　医疗机构及其医务人员应当如实出具与劳动能力鉴定有关的各项诊断证明和病历材料。

第二十五条　劳动能力鉴定委员会组成人员、劳动能力鉴定工作人员以及参加鉴定的专家与当事人有利害关系的，应当回避。

第二十六条　任何组织或者个人有权对劳动能力鉴定中的违法行为进行举报、投诉。

第四章　法律责任

第二十七条　劳动能力鉴定委员会和承担劳动能力鉴定委员会日常工作的机构及其工作人员在从事或者组织劳动能力鉴定时，有下列行为之一的，由人力资源社会保障行政部门或者有关部门责令改正，对直接负责的主管人员和其他直接责任人员依法给予相应处分；构成犯罪的，依法追究刑事责任：

（一）未及时审核并书面告知申请人需要补正的全部材料的；

（二）未在规定期限内作出劳动能力鉴定结论的；

（三）未按照规定及时送达劳动能力鉴定结论的；

（四）未按照规定随机抽取相关科别专家进行鉴定的；

（五）擅自篡改劳动能力鉴定委员会作出的鉴定结论的；

（六）利用职务之便非法收受当事人财物的；

（七）有违反法律法规和本办法的其他行为的。

第二十八条　从事劳动能力鉴定的专家有下列行为之一的，

劳动能力鉴定委员会应当予以解聘；情节严重的，由卫生计生行政部门依法处理：

（一）提供虚假鉴定意见的；

（二）利用职务之便非法收受当事人财物的；

（三）无正当理由不履行职责的；

（四）有违反法律法规和本办法的其他行为的。

第二十九条 参与工伤救治、检查、诊断等活动的医疗机构及其医务人员有下列情形之一的，由卫生计生行政部门依法处理：

（一）提供与病情不符的虚假诊断证明的；

（二）篡改、伪造、隐匿、销毁病历材料的；

（三）无正当理由不履行职责的。

第三十条 以欺诈、伪造证明材料或者其他手段骗取鉴定结论、领取工伤保险待遇的，按照《中华人民共和国社会保险法》第八十八条的规定，由人力资源社会保障行政部门责令退回骗取的社会保险金，处骗取金额2倍以上5倍以下的罚款。

第五章 附 则

第三十一条 未参加工伤保险的公务员和参照公务员法管理的事业单位、社会团体工作人员因工（公）致残的劳动能力鉴定，参照本办法执行。

第三十二条 本办法中的劳动能力鉴定申请表、初次（复查）鉴定结论书、再次鉴定结论书、劳动能力鉴定材料收讫补正告知书等文书基本样式由人力资源社会保障部制定。

第三十三条 本办法自2014年4月1日起施行。

附件：1. 劳动能力鉴定申请表

2. 初次（复查）鉴定结论书

3. 再次鉴定结论书

4. 劳动能力鉴定材料收讫补正告知书

（附件本书略）

中华人民共和国国家标准

GB/T 16180-2014

代替 GB/T 16180-2006

劳动能力鉴定
职工工伤与职业病致残等级

2014-09-03 发布　　　　2015-01-01 实施

目　次

前　言

本标准按照 GB/T 1.1-2009 给出的规则起草。

本标准代替 GB/T 16180-2006《劳动能力鉴定　职工工伤与职业病致残等级》，与 GB/T 16180-2006 相比，主要技术变化如下：

——将总则中的分级原则写入相应等级标准头条；
——对总则中 4.1.4 护理依赖的分级进一步予以明确；
——删除总则 4.1.5 心理障碍的描述；
——将附录中有明确定义的内容直接写进标准条款；
——在具体条款中取消年龄和是否生育的表述；
——附录 B 中增加手、足功能缺损评估参考图表；
——附录 A 中增加视力减弱补偿率的使用说明；
——对附录中外伤性椎间盘突出症的诊断要求做了调整；
——完善了对癫痫和智能障碍的综合评判要求；
——归并胸、腹腔脏器损伤部分条款；
——增加系统治疗的界定；

——增加四肢长管状骨的界定；

——增加了脊椎骨折的分型界定；

——增加了关节功能障碍的量化判定基准；

——增加“髌骨、跟骨、距骨、下颌骨或骨盆骨折内固定术后”条款；

——增加“四肢长管状骨骨折内固定术或外固定支架术后”条款；

——增加“四肢大关节肌腱及韧带撕裂伤术后遗留轻度功能障碍”条款；

——完善、调整或删除了部分不规范、不合理甚至矛盾的条款；

——取消了部分条款后缀中易造成歧义的“无功能障碍”表述；

——伤残条目由572条调整为530条。

本标准由中华人民共和国人力资源和社会保障部提出。

本标准由中华人民共和国人力资源和社会保障部归口。

本标准起草单位：上海市劳动能力鉴定中心。

本标准主要起草人：陈道莅、张岩、杨庆铭、廖镇江、曹贵松、眭述平、叶纹、周泽深、陶明毅、王国民、程瑜、周安寿、左峰、林景荣、姚树源、王沛、孔翔飞、徐新荣、杨小锋、姜节凯、方晓松、刘声明、章艾武、李怀侠、姚凰。

本标准所代替标准的历次版本发布情况为：

——GB/T 16180-1996、GB/T 16180-2006。

劳动能力鉴定
职工工伤与职业病致残等级

1 范围

本标准规定了职工工伤致残劳动能力鉴定原则和分级标准。

本标准适用于职工在职业活动中因工负伤和因职业病致残程度的鉴定。

2　规范性引用文件

下列文件中的条款通过本标准的引用而成为本标准的条款。凡是注日期的引用文件，仅注日期的版本适用于本文件。凡是不注日期的引用文件，其最新版本（包括所有修改单）适用于本标准。

GB/T 4854（所有部分）　声学 校准测听设备的的基准零级

GB/T 7341（所有部分）　听力计

GB/T 7582-2004　声学 听阈与年龄关系的统计分布

GB/T 7583　声学 纯音气导听阈测定 保护听力用

GB 11533　标准对数视力表

GBZ 4　职业性慢性二硫化碳中毒诊断标准

GBZ 5　职业性氟及无机化合物中毒的诊断

GBZ 7　职业性手臂振动病诊断标准

GBZ 9　职业性急性电光性眼炎（紫外线角膜结膜炎）诊断

GBZ 12　职业性铬鼻病诊断标准

GBZ 24　职业性减压病诊断标准

GBZ 35　职业性白内障诊断标准

GBZ 45　职业性三硝基甲苯白内障诊断标准

GBZ 49　职业性噪声聋诊断标准

GBZ 54　职业性化学性眼灼伤诊断标准

GBZ 57　职业性哮喘病诊断标准

GBZ 60　职业性过敏性肺炎诊断标准

GBZ 61　职业性牙酸蚀病诊断标

GBZ 70　尘肺病诊断标准

GBZ 81　职业性磷中毒诊断标准

GBZ 82　职业性煤矿井下工人滑囊炎诊断标准

GBZ 83　职业性慢性砷中毒诊断标准
GBZ 94　职业性肿瘤诊断标准
GBZ 95　放射性白内障诊断标准
GBZ 96　内照射放射病诊断标准
GBZ 97　放射性肿瘤诊断标准
GBZ 101　放射性甲状腺诊断标准
GBZ 104　外照射急性放射病诊断标准
GBZ 105　外照射慢性放射病诊断标准
GBZ 106　放射性皮肤疾病诊断标准
GBZ 107　放射性性腺疾病诊断标准
GBZ 109　放射性膀胱疾病诊断标准
GBZ 110　急性放射性肺炎诊断标准
GBZ/T 238　职业性爆震聋的诊断

3　术语和定义

下列术语和定义适用于本文件。

3.1　劳动能力鉴定　indentify work ability

法定机构对劳动者在职业活动中因工负伤或患职业病后，根据国家工伤保险法规规定，在评定伤残等级时通过医学检查对劳动功能障碍程度（伤残程度）和生活自理障碍程度做出的技术性鉴定结论。

3.2　医疗依赖　medical dependence

工伤致残于评定伤残等级技术鉴定后仍不能脱离治疗。

3.3　生活自理障碍　ability of living independence

工伤致残者因生活不能自理，需依赖他人护理。

4　总则

4.1　判断依据

4.1.1　综合判定

依据工伤致残者于评定伤残等级技术鉴定时的器官损伤、功能障碍及其对医疗与日常生活护理的依赖程度，适当考虑由于伤残引起的社会心理因素影响，对伤残程度进行综合判定分级。

附录 A 为各门类工伤、职业病致残分级判定基准。

附录 B 为正确使用本标准的说明。

4.1.2　器官损伤

器官损伤是工伤的直接后果，但职业病不一定有器官缺损。

4.1.3　功能障碍

工伤后功能障碍的程度与器官缺损的部位及严重程度有关，职业病所致的器官功能障碍与疾病的严重程度相关。对功能障碍的判定，应以评定伤残等级技术鉴定时的医疗检查结果为依据，根据评残对象逐个确定。

4.1.4　医疗依赖

医疗依赖判定分级：

a）特殊医疗依赖：是指工伤致残后必须终身接受特殊药物、特殊医疗设备或装置进行治疗；

b）一般医疗依赖：是指工伤致残后仍需接受长期或终身药物治疗。

4.1.5　生活自理障碍

生活自理范围主要包括下列 5 项：

a）进食：完全不能自主进食，需依赖他人帮助；

b）翻身：不能自主翻身；

c）大、小便：不能自主行动，排大小便需要他人帮助；

d）穿衣、洗漱：不能自己穿衣、洗漱，完全依赖他人帮助；

e）自主行动：不能自主走动。

护理依赖的程度分三级：

a）完全生活自理障碍：生活完全不能自理，上述五项均需护理；

b）大部分生活自理障碍：生活大部不能自理，上述五项中三项或四项需要护理；

c）部分生活自理障碍：部分生活不能自理，上述五项中一项或两项需要护理。

4.2　晋级原则

对于同一器官或系统多处损伤，或一个以上器官不同部位同时受到损伤者，应先对单项伤残程度进行鉴定。如果几项伤残等级不同，以重者定级；如果两项及以上等级相同，最多晋升一级。

4.3　对原有伤残及合并症的处理

在劳动能力鉴定过程中，工伤或职业病后出现合并症，其致残等级的评定以鉴定时实际的致残结局为依据。

如受工伤损害的器官原有伤残或疾病史，即：单个或双器官（如双眼、四肢、肾脏）或系统损伤，本次鉴定时应检查本次伤情是否加重原有伤残，如若加重原有伤残，鉴定时按事实的致残结局为依据；若本次伤情轻于原有伤残，鉴定时则按本次伤情致残结局为依据。

对原有伤残的处理适用于初次或再次鉴定，复查鉴定不适用于本规则。

4.4　门类划分

按照临床医学分科和各学科间相互关联的原则，对残情的判定划分为五个门类。

a）神经内科、神经外科、精神科门。

b）骨科、整形外科、烧伤科门。

c）眼科、耳鼻喉科、口腔科门。

d）普外科、胸外科、泌尿生殖科门。

e）职业病内科门。

4.5　条目划分

按照4.4中的五个门类，以附录C中表C.1～C.5及一至十级分级系列，根据伤残的类别和残情的程度划分伤残条目，共列出残情530条。

4.6　等级划分

根据条目划分原则以及工伤致残程度，综合考虑各门类间的平衡，将残情级别分为一至十级。最重为第一级，最轻为第十级。对未列出的个别伤残情况，参照本标准中相应定级原则进行等级评定。

5　职工工伤与职业病致残等级分级

5.1　一级

5.1.1　定级原则

器官缺失或功能完全丧失，其他器官不能代偿，存在特殊医疗依赖，或完全或大部分或部分生活自理障碍。

5.1.2　一级条款系列

凡符合 5.1.1 或下列条款之一者均为工伤一级。

1）极重度智能损伤；

2）四肢瘫肌力≤3 级或三肢瘫肌力≤2 级；

3）重度非肢体瘫运动障碍；

4）面部重度毁容，同时伴有表 C.2 中二级伤残之一者；

5）全身重度瘢痕形成，占体表面积≥90%，伴有脊柱及四肢大关节活动功能基本丧失；

6）双肘关节以上缺失或功能完全丧失；

7）双下肢膝以上缺失及一上肢肘上缺失；

8）双下肢及一上肢严重瘢痕畸形，功能完全丧失；

9）眼无光感或仅有光感但光定位不准者；

10）肺功能重度损伤和呼吸困难Ⅳ级，需终生依赖机械通气；

11）双肺或心肺联合移植术；

12）小肠切除≥90%；

13）肝切除后原位肝移植；

14）胆道损伤原位肝移植；

15）全胰切除；

16）双侧肾切除或孤肾切除术后，用透析维持或同种肾移植术后肾功能不全尿毒症期；

17）尘肺叁期伴肺功能重度损伤及（或）重度低氧血症〔PO_2<5.3kPa（<40mmHg）〕；

18）其他职业性肺部疾患，伴肺功能重度损伤及（或）重度低氧血症〔PO_2<5.3kPa（<40mmHg）〕；

19）放射性肺炎后，两叶以上肺纤维化伴重度低氧血症〔PO_2<5.3kPa（<40mmHg）〕；

20）职业性肺癌伴肺功能重度损伤；

21）职业性肝血管肉瘤，重度肝功能损害；

22）肝硬化伴食道静脉破裂出血，肝功能重度损害；

23）肾功能不全尿毒症期，内生肌酐清除率持续<10mL/min，或血浆肌酐水平持续>707μmol/L（8mg/dL）。

5.2　二级

5.2.1　定级原则

器官严重缺损或畸形，有严重功能障碍或并发症，存在特殊医疗依赖，或大部分或部分生活自理障碍。

5.2.2　二级条款系列

凡符合5.2.1或下列条款之一者均为工伤二级。

1）重度智能损伤；

2）三肢瘫肌力3级；

3）偏瘫肌力≤2级；

4）截瘫肌力≤2级；

5）双手全肌瘫肌力≤2级；

6）完全感觉性或混合性失语；

7）全身重度瘢痕形成，占体表面积≥80%，伴有四肢大关节中3个以上活动功能受限；

8）全面部瘢痕痕或植皮伴有重度毁容；

9）双侧前臂缺失或双手功能完全丧失；

10）双下肢瘢痕畸形，功能完全丧失；

11）双膝以上缺失；

12）双膝、双踝关节功能完全丧失；

13）同侧上、下肢缺失或功能完全丧失；

14）四肢大关节（肩、髋、膝、肘）中四个以上关节功能完全丧失者；

15）一眼有或无光感，另眼矫正视力≤0.02，或视野≤8%（或半径≤5°）；

16）无吞咽功能，完全依赖胃管进食；

17）双侧上颌骨或双侧下颌骨完全缺损；

18）一侧上颌骨及对侧下颌骨完全缺损，并伴有颜面软组织损伤>$30cm^2$；

19）一侧全肺切除并胸廓成形术，呼吸困难Ⅲ级；

20）心功能不全三级；

21）食管闭锁或损伤后无法行食管重建术，依赖胃造瘘或空肠造瘘进食；

22）小肠切除3/4，合并短肠综合症；

23）肝切除3/4，并肝功能重度损害；

24）肝外伤后发生门脉高压三联症或发生Budd-chiari综合征；

25）胆道损伤致肝功能重度损害；

26）胰次全切除，胰腺移植术后；

27）孤肾部分切除后，肾功能不全失代偿期；

28）肺功能重度损伤及（或）重度低氧血症；

29）尘肺叁期伴肺功能中度损伤及（或）中度低氧血症；

30）尘肺贰期伴肺功能重度损伤及/或重度低氧血症〔PO_2<5.3kPa（40mmHg）〕；

31）尘肺叁期伴活动性肺结核；

32）职业性肺癌或胸膜间皮瘤；

33）职业性急性白血病；

34）急性重型再生障碍性贫血；

35）慢性重度中毒性肝病；

36）肝血管肉瘤；

37）肾功能不全尿毒症期，内生肌酐清除率<25mL/min 或血浆肌酐水平持续>450μmol/L（5mg/dL）；

38）职业性膀胱癌；

39）放射性肿瘤。

5.3　三级

5.3.1　定级原则

器官严重缺损或畸形，有严重功能障碍或并发症，存在特殊医疗依赖，或部分生活自理障碍。

5.3.2　三级条款系列

凡符合 5.3.1 或下列条款之一者均为工伤三级。

1）精神病性症状，经系统治疗 1 年后仍表现为危险或冲动行为者；

2）精神病性症状，经系统治疗 1 年后仍缺乏生活自理能力者；

3）偏瘫肌力 3 级；

4）截瘫肌力 3 级；

5）双足全肌瘫肌力≤2 级；

6）中度非肢体瘫运动障碍；

7）完全性失用、失写、失读、失认等具有两项及两项以上者；

8）全身重度瘢痕形成，占体表面积≥70%，伴有四肢大关节中 2 个以上活动功能受限；

9）面部瘢痕或植皮≥2/3 并有中度毁容；

10）一手缺失，另一手拇指缺失；

11）双手拇、食指缺失或功能完全丧失；

12）一手功能完全丧失，另一手拇指功能丧失；

13）双髋、双膝关节中，有一个关节缺失或无功能及另一关节重度功能障碍；

14）双膝以下缺失或功能完全丧失；

15）一侧髋、膝关节畸形，功能完全丧失；

16）非同侧腕上、踝上缺失；

17）非同侧上、下肢瘢痕畸形，功能完全丧失；

18）一眼有或无光感，另眼矫正视力≤0.05 或视野≤16%（半径≤10°）；

19）双眼矫正视力<0.05 或视野≤16%（半径≤10°）；

20）一侧眼球摘除或眼内容物剜出，另眼矫正视力<0.1 或视野≤24%（或半径≤15°）；

21）呼吸完全依赖气管套管或造口；

22）喉或气管损伤导致静止状态下或仅轻微活动即有呼吸困难；

23）同侧上、下颌骨完全缺损；

24）一侧上颌骨或下颌骨完全缺损，伴颜面部软组织损伤 $>30cm^2$；

25）舌缺损>全舌的 2/3；

26）一侧全肺切除并胸廓成形术；

27）一侧胸廓成形术，肋骨切除 6 根以上；

28）一侧全肺切除并隆凸切除成形术；

29）一侧全肺切除并大血管重建术；

30）Ⅲ度房室传导阻滞；

31）肝切除 2/3，并肝功能中度损害；

32）胰次全切除，胰岛素依赖；

33）一侧肾切除，对侧肾功能不全失代偿期；

34）双侧输尿管狭窄，肾功能不全失代偿期；

35）永久性输尿管腹壁造瘘；

36）膀胱全切除；

37）尘肺叁期；

38）尘肺贰期伴肺功能中度损伤及（或）中度低氧血症；

39）尘肺贰期合并活动性肺结核；

40）放射性肺炎后两叶肺纤维化，伴肺功能中度损伤及（或）中度低氧血症；

41）粒细胞缺乏症；

42）再生障碍性贫血；

43）职业性慢性白血病；

44）中毒性血液病，骨髓增生异常综合征；

45）中毒性血液病，严重出血或血小板含量$\leqslant 2\times10^{10}$/L；

46）砷性皮肤癌；

47）放射性皮肤癌。

5.4　四级

5.4.1　定级原则

器官严重缺损或畸形，有严重功能障碍或并发症，存在特殊医疗依赖，或部分生活自理障碍或无生活自理障碍。

5.4.2　四级条款系列

凡符合 5.4.1 或下列条款之一者均为工伤四级。

1）中度智能损伤；

2）重度癫痫；

3）精神病性症，经系统治疗 1 年后仍缺乏社交能力者；

4）单肢瘫肌力≤2 级；

5）双手部分肌瘫肌力≤2 级；

6）脑脊液漏伴有颅底骨缺损不能修复或反复手术失败；

7）面部中度毁容；

8）全身瘢痕面积≥60%，四肢大关节中 1 个关节活动功能受限；

9）面部瘢痕或植皮≥1/2 并有轻度毁容；

10）双拇指完全缺失或功能完全丧失；

11）一侧手功能完全丧失，另一手部分功能丧失；

12）一侧肘上缺失；

13）一侧膝以下缺失，另一侧前足缺失；

14）一侧膝以上缺失；

15）一侧踝以下缺失，另一足畸形行走困难；

16）一眼有或无光感，另眼矫正视力<0.2或视野≤32%（或半径≤20°）；

17）一眼矫正视力<0.05，另眼矫正视力≤0.1；

18）双眼矫正视力<0.1或视野≤32%（或半径≤20°）；

19）双耳听力损失≥91dB；

20）牙关紧闭或因食管狭窄只能进流食；

21）一侧上颌骨缺损1/2，伴颜面部软组织损伤>$20cm^2$；

22）下颌骨缺损长6cm以上的区段，伴口腔、颜面软组织损伤>$20cm^2$；

23）双侧颞下颌关节骨性强直，完全不能张口；

24）面颊部洞穿性缺损>$20cm^2$；

25）双侧完全性面瘫；

26）一侧全肺切除术；

27）双侧肺叶切除术；

28）肺叶切除后并胸廓成形术后；

29）肺叶切除并隆凸切除成形术后；

30）一侧肺移植术；

31）心瓣膜置换术后；

32）心功能不全二级；

33）食管重建术后吻合口狭窄，仅能进流食者；

34）全胃切除；

35）胰头、十二指肠切除；

36）小肠切除3/4；

37）小肠切除2/3，包括回盲部切除；

38）全结肠、直肠、肛门切除，回肠造瘘；

39）外伤后肛门排便重度障碍或失禁；

40）肝切除2/3；

41）肝切除1/2，肝功能轻度损害；

42）胆道损伤致肝功能中度损害；

43）甲状腺功能重度损害；

44）肾修补术后，肾功能不全失代偿期；

45）输尿管修补术后，肾功能不全失代偿期；

46）永久性膀胱造瘘；

47）重度排尿障碍；

48）神经原性膀胱，残余尿≥50mL；

49）双侧肾上腺缺损；

50）尘肺贰期；

51）尘肺壹期伴肺功能中度损伤或中度低氧血症；

52）尘肺壹期伴活动性肺结核；

53）病态窦房结综合征（需安装起搏器者）；

54）肾上腺皮质功能明显减退；

55）放射性损伤致免疫功能明显减退。

5.5　五级

5.5.1　定级原则

器官大部缺损或明显畸形，有较重功能障碍或并发症，存在一般医疗依赖，无生活自理障碍。

5.5.2　五级条款系列

凡符合5.5.1或下列条款之一者均为工伤五级：

1）四肢瘫肌力4级；

2）单肢瘫肌力3级；

3）双手部分肌瘫肌力3级；

4）一手全肌瘫肌力≤2级；

5）双足全肌瘫肌力 3 级；

6）完全运动性失语；

7）完全性失用、失写、失读、失认等具有一项者；

8）不完全性失用、失写、失读、失认等具有多项者；

9）全身瘢痕占体表面积≥50%，并有关节活动功能受限；

10）面部瘢痕或植皮≥1/3 并有毁容标准之一项；

11）脊柱骨折后遗 30°以上侧弯或后凸畸形，伴严重根性神经痛；

12）一侧前臂缺失；

13）一手功能完全丧失；

14）肩、肘、腕关节之一功能完全丧失；

15）一手拇指缺失，另一手除拇指外三指缺失；

16）一手拇指功能完全丧失，另一手除拇指外三指功能完全丧失；

17）双前足缺失或双前足瘢痕畸形，功能完全丧失；

18）双跟骨足底软组织缺损瘢痕形成，反复破溃；

19）一髋（或一膝）功能完全丧失；

20）四肢大关节之一人工关节术后遗留重度功能障碍；

21）一侧膝以下缺失；

22）第Ⅲ对脑神经麻痹；

23）双眼外伤性青光眼术后，需用药物维持眼压者；

24）一眼有或无光感；另眼矫正视力≤0.3 或视野≤40%（或半径≤25°）；

25）一眼矫正视力<0.05，另眼矫正视力≤0.2；

26）一眼矫正视力<0.1，另眼矫正视力等于 0.1；

27）双眼视野≤40%（或半径≤25°）；

28）双耳听力损失≥81dB；

29）喉或气管损伤导致一般活动及轻工作时有呼吸困难；

30）吞咽困难，仅能进半流食；

31）双侧喉返神经损伤，喉保护功能丧失致饮食呛咳、误吸；

32）一侧上颌骨缺损>1/4，但<1/2，伴软组织损伤>$10cm^2$，但<$20cm^2$；

33）下颌骨缺损长4cm以上的区段，伴口腔、颜面软组织损伤>$10cm^2$；

34）一侧完全面瘫，另一侧不完全面瘫；

35）双肺叶切除术；

36）肺叶切除术并大血管重建术；

37）隆凸切除成形术；

38）食管重建术后吻合口狭窄，仅能进半流食者；

39）食管气管（或支气管）瘘；

40）食管胸膜瘘；

41）胃切除3/4；

42）小肠切除2/3，包括回肠大部；

43）直肠、肛门切除，结肠部分切除，结肠造瘘；

44）肝切除1/2；

45）胰切除2/3；

46）甲状腺功能重度损害；

47）一侧肾切除，对侧肾功能不全代偿期；

48）一侧输尿管狭窄，肾功能不全代偿期；

49）尿道瘘不能修复者；

50）两侧睾丸、副睾丸缺损；

51）放射性损伤致生殖功能重度损伤；

52）阴茎全缺损；

53）双侧卵巢切除；

54）阴道闭锁；

55）会阴部瘢痕挛缩伴有阴道或尿道或肛门狭窄；

56）肺功能中度损伤；

57）莫氏Ⅱ型Ⅱ度房室传导阻滞；

58）病态窦房结综合征（不需安起博器者）；

59）中毒性血液病，血小板减少（$\leq 4\times10^{10}/L$）并有出血倾向；

60）中毒性血液病，白细胞含量持续$<3\times10^{9}/L$（$<3000/mm^{3}$）或粒细胞含量$<1.5\times10^{9}/L$（$1500/mm^{3}$）；

61）慢性中度中毒性肝病；

62）肾功能不全失代偿期，内生肌酐清除率持续<50mL/min或血浆肌酐水平持续>177μmol/L（2mg/dL）；

63）放射性损伤致睾丸萎缩；

64）慢性重度磷中毒；

65）重度手臂振动病。

5.6　六级

5.6.1　定级原则

器官大部缺损或明显畸形，有中等功能障碍或并发症，存在一般医疗依赖，无生活自理障碍。

5.6.2　六级条款系列

凡符合5.6.1或下列条款之一者均为工伤六级：

1）癫痫中度；

2）轻度智能损伤；

3）精神病性症状，经系统治疗1年后仍影响职业劳动能力者；

4）三肢瘫肌力4级；

5）截瘫双下肢肌力4级伴轻度排尿障碍；

6）双手全肌瘫肌力4级；

7）一手全肌瘫肌力3级；

8）双足部分肌瘫肌力≤2级；

9）单足全肌瘫肌力≤2级；

10）轻度非肢体瘫运动障碍；

11）不完全性感觉性失语；

12）面部重度异物色素沉着或脱失；

13）面部瘢痕或植皮≥1/3；

14）全身瘢痕面积≥40%；

15）撕脱伤后头皮缺失 1/5 以上；

16）一手一拇指完全缺失，连同另一手非拇指二指缺失；

17）一拇指功能完全丧失，另一手除拇指外有二指功能完全丧失；

18）一手三指（含拇指）缺失；

19）除拇指外其余四指缺失或功能完全丧失；

20）一侧踝以下缺失；或踝关节畸形，功能完全丧失；

21）下肢骨折成角畸形>15°，并有肢体短缩 4cm 以上；

22）一前足缺失，另一足仅残留拇趾；

23）一前足缺失，另一足除拇趾外，2~5 趾畸形，功能完全丧失；

24）一足功能完全丧失，另一足部分功能丧失；

25）一髋或一膝关节功能重度障碍；

26）单侧跟骨足底软组织缺损瘢痕形成，反复破溃；

27）一侧眼球摘除；或一侧眼球明显萎缩，无光感；

28）一眼有或无光感，另一眼矫正视力≥0.4；

29）一眼矫正视力≤0.05，另一眼矫正视力≥0.3；

30）一眼矫正视力≤0.1，另一眼矫正视力≥0.2；

31）双眼矫正视力≤0.2 或视野≤48%（或半径≤30°）；

32）第Ⅳ或第Ⅵ对脑神经麻痹，或眼外肌损伤致复视的；

33）双耳听力损失≥71dB；

34）双侧前庭功能丧失，睁眼行走困难，不能并足站立；

35）单侧或双侧颞下颌关节强直，张口困难Ⅲ度；

36）一侧上颌骨缺损 1/4，伴口腔、颜面软组织损伤 >10cm^2；

37）面部软组织缺损>20cm^2，伴发涎瘘；

38）舌缺损>1/3，但<2/3；

39）双侧颧骨并颧弓骨折，伴有开口困难Ⅱ度以上及颜面部畸形经手术复位者；

40）双侧下颌骨髁状突颈部骨折，伴有开口困难Ⅱ度以上及咬合关系改变，经手术治疗者；

41）一侧完全性面瘫；

42）肺叶切除并支气管楔形切除后；

43）肺叶切除并支气管形成术后；

44）支气管（或气管）胸膜瘘；

45）冠状动脉旁路移植术；

46）大血管重建术；

47）胃切除2/3；

48）小肠切除1/2，包括回盲部；

49）肛门外伤后排便轻度障碍或失禁；

50）肝切除1/3；

51）胆道损伤致肝功能轻度损伤；

52）腹壁缺损面积≥腹壁的1/4；

53）胰切除1/2；

54）甲状腺功能中度损害；

55）甲状旁腺功能中度损害；

56）肾损伤性高血压；

57）尿道狭窄经系统治疗1年后仍需定期行扩张术；

58）膀胱部分切除合并轻度排尿障碍；

59）两侧睾丸创伤后萎缩，血睾酮低于正常值；

60）放射性损伤致生殖功能轻度损伤；

61）双侧输精管缺损，不能修复；

62）阴茎部分缺损；

63）女性双侧乳房完全缺损或严重瘢痕畸形；

64）子宫切除；

65）双侧输卵管切除；

66）尘肺壹期伴肺功能轻度损伤及（或）轻度低氧血症；

67）放射性肺炎后肺纤维化（<两叶），伴肺功能轻度损伤及（或）轻度低氧血症；

68）其他职业性肺部疾患，伴肺功能轻度损伤；

69）白血病完全缓解；

70）中毒性肾病，持续性低分子蛋白尿伴白蛋白尿；

71）中毒性肾病，肾小管浓缩功能减退；

72）放射性损伤致肾上腺皮质功能轻度减退；

73）放射性损伤致甲状腺功能低下；

74）减压性骨坏死Ⅲ期；

75）中度手臂振动病；

76）氟及无机化合物中毒性慢性重度中毒。

5.7　七级

5.7.1　定级原则

器官大部分缺损或畸形，有轻度功能障碍或并发症，存在一般医疗依赖，无生活自理障碍。

5.7.2　七级条款系列

凡符合5.7.1或下列条款之一者均为工伤七级：

1）偏瘫肌力4级；

2）截瘫肌力4级；

3）单手部分肌瘫肌力3级；

4）双足部分肌瘫肌力3级；

5）单足全肌瘫肌力3级；

6）中毒性周围神经病重度感觉障碍；

7）人格改变或边缘智能，经系统治疗1年后仍存在明显社会功能受损者；

8）不完全性运动失语；

9）不完全性失用、失写、失读和失认等具有一项者；

10）符合重度毁容标准之二项者；

11）烧伤后颅骨全层缺损≥30cm²，或在硬脑膜上植皮面积≥10cm²；

12）颈部瘢痕挛缩，影响颈部活动；

13）全身瘢痕面积≥30%；

14）面部瘢痕、异物或植皮伴色素改变占面部的10%以上；

15）骨盆骨折内固定术后，骨盆环不稳定，骶髂关节分离；

15）骨盆骨折严重移位，症状明显者；

16）一手除拇指外，其他2~3指（含食指）近侧指间关节离断；

17）一手除拇指外，其他2~3指（含食指）近侧指间关节功能丧失；

18）肩、肘关节之一损伤后遗留关节重度功能障碍；

19）一腕关节功能完全丧失；

20）一足1~5趾缺失；

21）一前足缺失；

22）四肢大关节之一人工关节术后，基本能生活自理；

23）四肢大关节之一关节内骨折导致创伤性关节炎，遗留中重度功能障碍；

24）下肢伤后短缩>2cm，但<4cm者；

25）膝关节韧带损伤术后关节不稳定，伸屈功能正常者；

26）一眼有或无光感，另眼矫正视力≥0.8；

27）一眼有或无光感，另一眼各种客观检查正常；

28）一眼矫正视力≤0.05，另眼矫正视力≥0.6；

29）一眼矫正视力≤0.1，另跟矫正视力≥0.4；

30）双眼矫正视力≤0.3或视野≤64%（或半径≤40°）；

31）单眼外伤性青光跟术后，需用药物维持眼压者；

32）双耳听力损失≥56dB；

33）咽成形术后，咽下运动不正常；

34）牙槽骨损伤长度≥8cm，牙齿脱落10个及以上；

35）单侧颧骨并颧弓骨折，伴有开口困难Ⅱ度以上及颜面部畸形经手术复位者；

36）双侧不完全性面瘫；

37）肺叶切除术；

38）限局性脓胸行部分胸廓成形术；

39）气管部分切除术；

40）食管重建术后伴返流性食管炎；

41）食管外伤或成形术后咽下运动不正常；

42）胃切除1/2；

43）小肠切除1/2；

44）结肠大部分切除；

45）肝切除1/4；

46）胆道损伤，胆肠吻合术后；

47）脾切除；

48）胰切除1/3；

49）女性双侧乳房部分缺损；

50）一侧肾切除；

51）膀胱部分切除；

52）轻度排尿障碍；

53）阴道狭窄；

54）尘肺壹期，肺功能正常；

55）放射性肺炎后肺纤维化（<两叶），肺功能正常；

56）轻度低氧血症；

57）心功能不全一级；

58）再生障碍性贫血完全缓解；

59）白细胞减少症，含量持续$<4\times10^9$/L（4000/mm^3）；

60）中性粒细胞减少症，含量持续$<2\times10^9$/L（2000/mm^3）；

61）慢性轻度中毒性肝病；

62）肾功能不全代偿期，内生肌酐清除率<70mL/min；

63）三度牙酸蚀病。

5.8　八级

5.8.1　定级原则

器官部分缺损，形态异常，轻度功能障碍，存在一般医疗依赖，无生活自理障碍。

5.8.2　八级条款系列

凡符合5.8.1或下列条款之一者均为工伤八级：

1）单肢体瘫肌力4级；

2）单手全肌瘫肌力4级；

3）双手部分肌瘫肌力4级；

4）双足部分肌瘫肌力4级；

5）单足部分肌瘫肌力≤3级；

6）脑叶部分切除术后；

7）符合重度毁容标准之一项者；

8）面部烧伤植皮≥1/5；

9）面部轻度异物沉着或色素脱失；

10）双侧耳廓部分或一侧耳廓大部分缺损；

11）全身瘢痕面积≥20%；

12）一侧或双侧眼睑明显缺损；

13）脊椎压缩骨折，椎体前缘高度减少1/2以上者或脊柱不稳定性骨折；

14）3个及以上节段脊柱内固定术；

15）一手除拇、食指外，有两指近侧指间关节离断；

16）一手除拇、食指外，有两指近侧指间关节功能完全丧失；

17）一拇指指间关节离断；

18）一拇指指间关节畸形，功能完全丧失；

19）一足拇趾缺失，另一足非拇趾一趾缺失；

20）一足拇趾畸形，功能完全丧失，另一足非拇趾一趾畸形；

21）一足除拇趾外，其他三趾缺失；

22）一足除拇趾外，其他四趾瘢痕畸形，功能完全丧失；

23）因开放骨折感染形成慢性骨髓炎，反复发作者；

24）四肢大关节之一关节内骨折导致创伤性关节炎，遗留轻度功能障碍；

25）急性放射皮肤损伤Ⅳ度及慢性放射性皮肤损伤手术治疗后影响肢体功能；

26）放射性皮肤溃疡经久不愈者；

27）一眼矫正视力≤0.2，另眼矫正视力≥0.5；

28）双眼矫正视力等于0.4；

29）双眼视野≤80%（或半径≤50°）；

30）一侧或双侧睑外翻或睑闭合不全者；

31）上睑下垂盖及瞳孔1/3者；

32）睑球粘连影响眼球转动者；

33）外伤性青光眼行抗青光眼手术后眼压控制正常者；

34）双耳听力损失≥41dB或一耳≥91dB；

35）喉或气管损伤导致体力劳动时有呼吸困难；

36）喉源性损伤导致发声及言语困难；

37）牙槽骨损伤长度≥6cm，牙齿脱落8个及以上；

38）舌缺损<舌的1/3；

39）双侧鼻腔或鼻咽部闭锁；

40）双侧颞下颌关节强直，张口困难Ⅱ度；

41）上、下颌骨骨折，经牵引、固定治疗后有功能障碍者；

42）双侧颧骨并颧弓骨折，无开口困难，颜面部凹陷畸形不明显，不需手术复位；

43）肺段切除术；

44）支气管成形术；

45）双侧≥3 根肋骨骨折致胸廓畸形；

46）膈肌破裂修补术后，伴膈神经麻痹；

47）心脏、大血管修补术；

48）心脏异物滞留或异物摘除术；

49）肺功能轻度损伤；

50）食管重建术后，进食正常者；

51）胃部分切除；

52）小肠部分切除；

53）结肠部分切除；

54）肝部分切除；

55）腹壁缺损面积<腹壁的 1/4；

56）脾部分切除；

57）胰部分切除；

58）甲状腺功能轻度损害；

59）甲状旁腺功能轻度损害；

60）尿道修补术；

61）一侧睾丸、副睾丸切除；

62）一侧输精管缺损，不能修复；

63）脊髓神经周围神经损伤，或盆腔、会阴术术后遗留性功能障碍者；

64）一侧肾上腺缺损；

65）单侧输卵管切除；

66）单侧卵巢切除；

67）女性单侧乳房切除或严重瘢痕畸形；

68）其他职业性肺疾患，肺功能正常；

69）中毒性肾病，持续低分子蛋白尿；

70）慢性中度磷中毒；

71）氟及其他无机化合物中毒慢性中度中毒；

72）减压性骨坏死Ⅱ期；

73）轻度手臂振动病；

74）二度牙酸蚀。

5.9　九级

5.9.1　定级原则

器官部分缺损，形态异常，轻度功能障碍，无医疗依赖或者存在一般医疗依赖，无生活自理障碍。

5.9.2　九级条款系列

凡符合5.9.1或下列条款之一者均为工伤九级：

1）癫痫轻度；

2）中毒性周围神经病轻度感觉障碍；

3）脑挫裂伤无功能障碍；

4）开颅手术后无功能障碍；

5）颅内异物无功能障碍；

6）颈部外伤致颈总、颈内动脉狭窄，支架置人或血管搭桥手术后无功能障碍；

7）符合中度毁容标准之两项或轻度毁容者；

8）发际边缘瘢痕性秃发或其他部位秃发，需戴假发者；

9）全身瘢痕占体表面积≥5%；

10）面部有≥8cm^2或3处以上≥1cm^2的瘢痕；

11）2个以上横突骨折；

12）脊椎压缩骨折，椎体前缘高度减少小于1/2者；

13）椎间盘髓核切除术后；

14）1~2节脊柱内固定术；

15）一拇指末节部分1/2缺失；

16）一手食指2~3节缺失；

17）一拇指指间关节僵直于功能位；

18）除拇趾外，余3~4指末节缺失；

19）一足拇趾末节缺失；

20）除拇趾外其他二趾缺失或瘢痕畸形，功能不全；

21）跖骨或跗骨骨折影响足弓者；

22）外伤后膝关节半月板切除、髌骨切除、膝关节交叉韧带修补术后无功能障碍；

23）四肢长管状骨骨折内固定或外固定支架术后；

24）髌骨、跟骨、距骨、下颌骨、或骨盆骨折内固定术后；

25）第Ⅴ对脑神经眼支麻痹；

26）眶壁骨折致眼球内陷、两眼球突出度相差>2mm 或错位变形影响外观者；

27）一眼矫正视力≤0.3，另眼矫正视力>0.6；

28）双眼矫正视力等于 0.5；

29）泪器损伤，手术无法改进溢泪者；

30）双耳听力损失≥31dB 或一耳损失≥71dB；

31）喉源性损伤导致发声及言语不畅；

32）铬鼻病有医疗依赖；

33）牙槽骨损伤长度>4cm，牙脱落 4 个及以上；

34）上、下颌骨骨折，经牵引、固定治疗后无功能障碍者；

35）一侧下颌骨髁状突颈部骨折；

36）一侧颧骨并颧弓骨折；

37）肺内异物滞留或异物摘除术；

38）限局性脓胸行胸膜剥脱术；

39）胆囊切除；

40）一侧卵巢部分切除；

41）乳腺成形术后；

42）胸、腹腔脏器探查术或修补术后。

5.10　十级

5.10.1　定级原则

器官部分缺损，形态异常，无功能障碍，无医疗依赖或者存在一般医疗依赖，无生活自理障碍。

5.10.2　十级条款系列

凡符合 5.10.1 或下列条款之一者均为工伤十级：

1）符合中度毁容标准之一项者；

2）面部有瘢痕，植皮，异物色素沉着或脱失>$2cm^2$；

3）全身瘢痕面积<5%，但≥1%；

4）急性外伤导致椎间盘髓核突出，并伴神经刺激征者；

5）一手指除拇指外，任何一指远侧指间关节离断或功能丧失；

6）指端植皮术后（增生性瘢痕 $1cm^2$ 以上）；

7）手背植皮面积>$50cm^2$，并有明显瘢痕；

8）手掌、足掌植皮面积>30%者；

9）除拇趾外，任何一趾末节缺失；

10）足背植皮面积>$100cm^2$；

11）膝关节半月板损伤、膝关节交叉韧带损伤未做手术者；

12）身体各部位骨折愈合后无功能障碍或轻度功能障碍者；

13）四肢大关节肌腱及韧带撕裂伤术后遗留轻度功能障碍；

14）一手或两手慢性放射性皮肤损伤Ⅱ度及Ⅱ度以上者；

15）一眼矫正视力≤0.5，另一跟矫正视力≥0.8；

16）双眼矫正视力≤0.8；

17）一侧或双侧睑外翻或睑闭合不全行成形手术后矫正者；

18）上睑下垂盖及瞳孔 1/3 行成形手术后矫正者；

19）睑球粘连影响眼球转动行成形手术后矫正者；

20）职业性及外伤性白内障术后人工晶状体跟，矫正视力正常者；

21）职业性及外伤性白内障Ⅰ度～Ⅱ度（或轻度、中度），矫正视力正常者；

22）晶状体部分脱位；

23）眶内异物未取出者；

24）眼球内异物未取出者；

25）外伤性瞳孔放大；

26）角巩膜穿通伤治愈者；

27）双耳听力损失≥26dB，或一耳≥56dB；

28）双侧前庭功能丧失，闭眼不能并足站立；

29）铬鼻病（无症状者）；

30）嗅觉丧失；

31）牙齿除智齿以外，切牙脱落 1 个以上或其他牙脱落 2 个以上；

32）一侧颞下颌关节强直，张口困难Ⅰ度；

33）鼻窦或面颊部有异物未取出；

34）单侧鼻腔或鼻孔闭锁；

35）鼻中隔穿孔；

36）一侧不完全性面瘫；

37）血、气胸行单纯闭式引流术后，胸膜粘连增厚；

38）腹腔脏器挫裂伤保守治疗后；

39）乳腺修补术后；

40）放射性损伤导致免疫功能轻度减退；

41）慢性轻度磷中毒；

42）氟及其他无机化合物中毒慢性轻度中毒；

43）井下工人滑囊炎；

44）减压性骨坏死Ⅰ期；

45）一度牙酸蚀病；

46）职业性皮肤病久治不愈。

附录 A
（规范性附录）
各门类工伤、职业病致残分级判定基准

A.1　神经内科、神经外科、精神科门

A.1.1　智能损伤

A.1.1.1　智能损伤的症状

智能损伤具体症状表现为：

a）记忆减退，最明显的是学习新事物的能力受损；

b）以思维和信息处理过程减退为特征的智能损害，如抽象概括能力减退，难以解释成语、谚语，掌握词汇量减少，不能理解抽象意义的词汇，难以概括同类事物的共同特征，或判断力减退；

c）情感障碍，如抑郁、淡漠，或敌意增加等；

d）意志减退，如懒散、主动性降低；

e）其他高级皮层功能受损，如失语、失认、失用，或人格改变等；

f）无意识障碍。

符合症状标准至少已 6 个月方可诊断。

A.1.1.2　智能损伤的级别

智能损伤分 5 级：

a）极重度智能损伤

1）记忆损伤，记忆商（MQ）0~19；

2）智商（IQ）<20；

3）生活完全不能自理。

b）重度智能损伤

1）记忆损伤，MQ 20~34；

2）IQ 20~34；

3）生活大部不能自理。

c）中度智能损伤

1）记忆损伤，MQ 35~49；

2）IQ 35~49；

3）生活能部分自理。

d）轻度智能损伤

1）记忆损伤，MQ 50~69；

2）IQ 50~69；

3）生活勉强能自理，能做一般简单的非技术性工作。

e）边缘智能

1）记忆损伤，MQ 70~79；

2）IQ 70~79；

3）生活基本自理，能做一般简单的非技术性工作。

A.1.6 运动障碍

A.1.6.1 肢体瘫

肢体瘫痪程度以肌力作为分级标准，具体级别包括：

a）0 级：肌肉完全瘫痪，毫无收缩；

b）1 级：可看到或触及肌肉轻微收缩，但不能产生动作；

c）2 级：肌肉在不受重力影响下，可进行运动，即肢体能在床面上移动，但不能抬高；

d）3 级：在和地心引力相反的方向中尚能完成其动作，但不能对抗外加的阻力；

e）4 级：能对抗一定的阻力，但较正常人低；

f）5 级：正常肌力。

A.1.6.2 非肢体瘫痪的运动障碍

包括肌张力增高、深感觉障碍和（或）小脑性共济失调、不自主运动或震颤等。根据其对生活自理的影响程度划分为轻度、中度、重度：

a）重度：不能自行进食，大小便、洗漱、翻身和穿衣需由他人护理。

b）中度：上述动作困难，但在他人帮助下可以完成。

c）轻度：完成上述运动虽有一些困难，但基本可以自理。

A.2　骨科、整形外科、烧伤科门

A.2.1　颜面毁容

A.2.1.1　重度

面部瘢痕畸形，并有以下六项中任意四项者：

a）眉毛缺失；

b）双睑外翻或缺失；

c）外耳缺失；

d）鼻缺失；

e）上下唇外翻、缺失或小口畸形；

f）颈颏粘连。

A.2.1.2　中度

具有下述六项中三项者：

a）眉毛部分缺失；

b）眼睑外翻或部分缺失；

c）耳廓部分缺失；

d）鼻部分缺失；

e）唇外翻或小口畸形；

f）颈部瘢痕畸形。

A.2.1.3　轻度

含中度畸形六项中两项者。

A.2.2　瘢痕诊断界定

指创面愈合后的增生性瘢痕，不包括皮肤平整、无明显质地改变的萎缩性瘢痕或疤痕。

A.2.3　面部异物色素沉着或脱失

A.2.3.1　轻度

异物色素沉着或脱失超过颜面总面积的1/4。

A. 2. 3. 2　重度

异物色素沉着或脱失超过颜面总面积的 1/2。

A. 2. 4　高位截肢

指肱骨或股骨缺失 2/3 以上。

A. 2. 5　关节功能障碍

A. 2. 5. 1　关节功能完全丧失

非功能位关节僵直、固定或关节周围其他原因导致关节连枷状或严重不稳，以致无法完成其功能活动。

A. 2. 5. 2　关节功能重度障碍

关节僵直于功能位，或残留关节活动范围约占正常的 1/3，较难完成原有劳动并对日常生活有明显影响。

A. 2. 5. 3　关节功能中度障碍

残留关节活动范围约占正常的 2/3，能基本完成原有劳动，对日常生活有一定影响。

A. 2. 5. 4　关节功能轻度障碍

残留关节活动范围约占正常的 2/3 以上，对日常生活无明显影响。

A. 2. 6　四肢长管状骨

指肱骨、尺骨、桡骨、股骨、胫骨和腓骨。

A. 2. 7　脊椎骨折的类型

在评估脊椎损伤严重程度时，应根据暴力损伤机制、临床症状与体征，尤其是神经功能损伤情况以及影像等资料进行客观评估，出现以下情形之一时可判断为脊椎不稳定性骨折：

a）脊椎有明显骨折移位，椎体前缘高度压缩大于 50%，后凸或侧向成角大于 30°；

b）后缘骨折，且有骨块突人椎管内，椎管残留管腔小于 40%；

c）脊椎弓根、关节突、椎板骨折等影像学表现。

上述情形外的其他情形可判断为脊椎稳定性骨折。

A. 2. 8　放射性皮肤损伤

A. 2. 8. 1　急性放射性皮肤损伤Ⅳ度

初期反应为红斑、麻木、瘙痒、水肿、刺痛，经过数小时至10天假愈期后出现第二次红斑、水疱、坏死、溃疡，所受剂量可能≥20Gy。

A. 2. 8. 2　慢性放射性皮肤损伤Ⅱ度

临床表现为角化过度、皲裂或皮肤萎缩变薄，毛细血管扩张，指甲增厚变形。

A. 2. 8. 3　慢性放射性皮肤损伤Ⅲ度

临床表现为坏死、溃疡，角质突起，指端角化与融合，肌腱挛缩，关节变形及功能障碍（具备其中一项即可）。

A. 3　眼科、耳鼻喉科、口腔科门

A. 3. 1　视力的评定

A. 3. 1. 1　视力检查

按照 GB 11533 的规定检查视力。视力记录可采用5分记录（对数视力表）或小数记录两种方式（详见表 A. 1）。

表 A. 1　小数记录折算5分记录参考表

旧法记录	0(无光感)				1/∞(光感)				0.001(光感)			
5分记录	0				1				2			
旧法记录,cm (手指/cm)	6	8	10	12	15	20	25	30	35	40	45	
5分记录	2.1	2.2	2.3	2.4	2.5	2.6	2.7	2.8	2.85	2.9	2.95	
走近距离	50cm	60cm	80cm	1m	1.2m	1.5m	2m	2.5m	3m	3.5m	4m	4.5m
小数记录	0.01	0.012	0.015	0.2	0.025	0.03	0.04	0.05	0.06	0.07	0.08	0.09
5分记录	3.0	3.1	3.2	3.3	3.4	3.5	3.6	3.7	3.8	3.85	3.9	3.95
小数记录	0.1	0.12	0.15	0.2	0.25	0.3	0.4	0.5	0.6	0.7	0.8	0.9
5分记录	4.0	4.1	4.2	4.3	4.4	4.5	4.6	4.7	4.8	4.85	4.9	4.95
小数记录	1.0	1.2	1.5	2.0	2.5	3.0	4.0	5.0	6.0	8.0	10.0	
5分记录	5.0	5.1	5.2	5.3	5.4	5.5	5.6	5.7	5.8	5.9	6.0	

A.3.1.2　盲及低视力分级

盲及低视力分级见表 A.2。

表 A.2　盲及低视力分级

类 别	级 别	最佳矫正视力
盲	一级盲	<0.02~无光感，或视野半径<5°
	二级盲	<0.05~0.02，或视野半径<10°
低视力	一级低视力	<0.1~0.05
	二级低视力	<0.3~0.1

A.3.2　周边视野

A.3.2.1　视野检查的要求

视野检查的具体要求：

a）视标颜色：白色；

b）视标大小：3mm；

c）检查距离：330mm；

d）视野背景亮度：31.5 asb。

A.3.2.2　视野缩小的计算

视野有效值计算方法为：

$$\text{实测视野有效值} = \frac{8\text{ 条子午线实测视野值}}{500} \times 100\%$$

A.3.3　伪盲鉴定方法

A.3.3.1　单眼全盲检查法

全盲检查方法如下：

a）视野检查法：在不遮盖眼的情况下，检查健眼的视野，鼻侧视野>60°者，可疑为伪盲。

b）加镜检查法：将准备好的试镜架上（好眼之前）放一个屈光度为+6.00D 的球镜片，在所谓盲眼前放上一个屈光度为+0.25D 的球镜片，戴在患者眼前以后，如果仍能看清 5m 处的远距离视力表时，即为伪盲。或嘱患者两眼注视眼前一点，将一个三棱镜度为 6 的三棱镜放于所谓盲眼之前，不拘底向外或向内，注意该眼球必向内或向外转动，以避免发生复视。

A. 3. 3. 2　单眼视力减退检查法

视力减退检查方法如下：

a）加镜检查法：先记录两眼单独视力，然后将平面镜或不影响视力的低度球镜片放于所谓患眼之前，并将一个屈光度为+12. 00D 的凸球镜片同时放于好眼之前，再检查两眼同时看的视力，如果所得的视力较所谓患眼的单独视力更好时，则可证明患眼为伪装视力减退。

b）视觉诱发电位（VEP）检查法（略）。

A. 3. 4　视力减弱补偿率

视力减弱补偿率是眼科致残评级依据之一。从表 A. 3 中提示，如左眼检查视力 0. 15，右眼检查视力 0. 3，对照视力减弱补偿率，行是 9，列是 7，交汇点是 38，即视力减弱补偿率为 38，对应致残等级是七级，余可类推。

表 A. 3　视力减弱补偿率表

左眼		右眼												
		6/6	5/6	6/9	5/9	6/12	6/18	6/24	6/36		6/60	4/60	3/60	
		1~0.9	0. 8	0. 7	0. 6	0. 5	0. 4	0. 3	0. 2	0. 15	0. 1	1/15	1/20	<1/20
6/6	1~0.9	0	0	2	3	4	6	9	12	16	20	23	25	27
5/6	0. 8	0	0	3	4	5	7	10	14	18	22	24	26	28
6/9	0. 7	2	3	4	5	6	8	12	16	20	24	26	28	30
5/9	0. 6	3	4	5	6	7	10	14	19	22	26	29	32	35
6/12	0. 5	4	5	6	7	8	12	17	22	25	28	32	36	40
6/18	0. 4	6	7	8	10	12	16	20	25	28	31	35	40	45
6/24	0. 3	9	10	12	14	17	20	25	33	38	42	47	52	60
6/36	0. 2	12	14	16	19	22	25	33	47	55	60	67	75	80
	0. 15	16	18	20	22	25	28	38	55	63	70	78	83	83
6/60	0. 1	20	22	24	26	28	31	42	60	70	80	80	90	95
4/60	1/15	23	24	26	29	32	35	47	67	78	85	92	95	98
3/60	1/20	25	26	28	32	36	40	52	75	83	90	95	98	100
	<1/20	27	28	30	35	40	45	60	80	88	95	98	100	100

表 A.4　视力减弱补偿率与工伤等级对应表

致残等级	视力减弱补偿率/%
一级	-
二级	-
三级	100
四级	86~99
五级	76~85
六级	41~75
七级	25~40
八级	16~24
九级	8~15
十级	0~7
注:1. 视力减弱补偿率不能代替《工伤鉴定标准》,只有现条款不能得出确定结论时,才可对照视力减弱补偿表得出相应的视力减弱补偿率,并给出相对应的致残等级。 2. 视弱减弱补偿率等级分布不适用于一、二级的评定和眼球摘除者的致残等级。	

A.3.5　无晶状体眼的视觉损伤程度评价

因工伤或职业病导致眼晶状体摘除，除了导致视力障碍外，还分别影响到患者视野及立体视觉功能，因此，对无晶状体眼中心视力（矫正后）的有效值的计算要低于正常晶状体眼。计算办法可根据无晶状体眼的只数和无晶状体眼分别进行视力最佳矫正（包括戴眼镜或接触镜和植入人工晶状体）后，与正常晶状体眼，依视力递减受损程度百分比进行比较，来确定无晶状体眼视觉障碍的程度，见表 A.5。

表 A.5　无晶状体眼视觉损伤程度评价参考表

视 力	无晶状体眼视觉视力有效值百分比 / %		
	晶状体眼	单眼无晶状体	双眼无晶状体
1.2	100	50	75
1.0	100	50	75
0.8	95	47	71
0.6	90	45	67
0.5	85	42	64
0.4	75	37	56
0.3	65	32	49
0.25	60	30	45
0.2	50	25	37
0.15	40	20	30
0.12	30	-	22
0.1	20	-	-

A.3.6　听力损伤计算法

A.3.6.1　听阈值计算

30岁以上受检者在计算其听阈值时，应从实测值中扣除其年龄修正值（见表A.6）后，取GB/T 7582－2004附录B中数值。

表 A.6　纯音气导阈的年龄修正值

年龄/岁	频 率/Hz					
	男			女		
	500	1000	2000	500	1000	2000
30	1	1	1	1	1	1
40	2	2	3	2	2	3
50	4	4	7	4	4	6
60	6	7	12	6	7	11
70	10	11	19	10	11	16

A. 3. 6. 2　单耳听力损失计算法

取该耳语频 500Hz、1000Hz 及 2000Hz 纯音气导听阈值相加取其均值，若听阈超过 100dB，仍按 100dB 计算。如所得均值不是整数，则小数点后之尾数采用四舍五人法进为整数。

A. 3. 6. 3　双耳听力损失计算法

听力较好一耳的语频纯音气导听阈均值（PTA）乘以 4 加听力较差耳的均值，其和除以 5。如听力较差耳的致聋原因与工伤或职业无关，则不予计人，直接以较好一耳的语频听阈均值为准。在标定听阈均值时，小数点后之尾数采取四舍五人法进为整数。

A. 3. 7　张口度判定及测量方法

以患者自身的食指、中指、无名指并列垂直置人上、下中切牙切缘间测量。

a）正常张口度：张口时上述三指可垂直置人上、下切牙切缘间（相当于 4. 5cm 左右）。

b）张口困难Ⅰ度：大张口时，只能垂直置人食指和中指（相当于 3cm 左右）。

c）张口困难Ⅱ度：大张口时，只能垂直置人食指（相当于 1. 7cm 左右）。

d）张口困难Ⅲ度：大张口时，上、下切牙间距小于食指之横径。

e）完全不能张口。

A. 4　普外科、胸外科、泌尿生殖科门

A. 4. 1　肝功能损害

以血清白蛋白、血清胆红素、腹水、脑病和凝血酶原时间五项指标在肝功能损害中所占积分的多少作为其损害程度的判定（见表 A. 7）。

表 A.7　肝功能损害的判定

项目	分数		
	1 分	2 分	3 分
血清白蛋白	3.0g/dL~3.5/dL	2.5g/dL~3.0/dL	<2.5/dL
血清胆红素	1.5mg/dL~1.5mg/dL	2.0mg/dL~3.0mg/dL	>3.0mg/dL
腹水	无	少量腹水,易控制	腹水多,难于控制
脑病	无	轻度	重度
凝血酶原时间	延长>3s	延长>6s	延长>9s

肝功能损害级别包括：

a）肝功能重度损害：10 分~15 分。

b）肝功能中度损害：7 分~9 分。

c）肝功能轻度损害：5 分~6 分。

A.4.2　肺、肾、心功能损害

参见 A.5。

A.4.3　肾损伤性高血压判定

肾损伤所致高血压系指血压的两项指标（收缩压≥21.3kPa，舒张压≥12.7kPa）只需具备一项即可成立。

A.4.4　甲状腺功能低下分级

A.4.4.1　重度

重度表现为：

a）临床症状严重；

b）T3、T4 或 FT3、FT4 低于正常值，TSH>50μU/L。

A.4.4.2　中度

中度表现为：

a）临床症状较重；

b）T3、T4 或 FT3、FT4 正常，TSH 轻度增高但<50μU/L。

A.4.4.3　轻度

轻度表现为：

a）临床症状较轻；

b）T3、T4 或 FT3、FT4 正常，TSH 轻度增高但<50μU/L。

A.4.5　甲状旁腺功能低下分级

甲状旁腺功能低下分级：

a）重度：空腹血钙质量浓度<6mg/dL；

b）中度：空腹血钙质量浓度 6mg/dL~7mg/dL；

c）轻度：空腹血钙质量浓度 7mg/dL~8mg/dL。

注：以上分级均需结合临床症状分析。

A.4.6　肛门失禁

A.4.6.1　重度

重度表现为：

a）大便不能控制；

b）肛门括约肌收缩力很弱或丧失；

c）肛门括约肌收缩反射很弱或消失；

d）直肠内压测定：采用肛门注水法测定时直肠内压应小于 1961Pa（20cmH_2O）。

A.4.6.2　轻度

轻度表现为：

a）稀便不能控制；

b）肛门括约肌收缩力较弱；

c）肛门括约肌收缩反射较弱；

d）直肠内压测定：采用肛门注水法测定时直肠内压应为 1961Pa~2942Pa（20~30cmH_2O）。

A.4.7　排尿障碍

排尿障碍分级：

a）重度：系出现真性重度尿失禁或尿潴留残余尿体积≥50mL 者。

b）轻度：系出现真性轻度尿失禁或残余尿体积<50mL 者。

A. 4. 8　生殖功能损害

生殖功能损害分级：

a）重度：精液中精子缺如。

b）轻度：精液中精子数<500 万/mL 或异常精子>30%或死精子或运动能力很弱的精子>30%。

A. 4. 9　血睾酮正常值

血睾酮正常值为 14. 4nmo1/L~41. 5nmol/L（<60ng/dL）。

A. 4. 10　左侧肺叶计算

本标准按三叶划分，即顶区、舌叶和下叶。

A. 4. 11　大血管界定

本标准所称大血管是指主动脉、上腔静脉、下腔静脉、肺动脉和肺静脉。

A. 4. 12　呼吸困难

参见 A. 5. 1。

A. 5　职业病内科门

A. 5. 1　呼吸困难及呼吸功能损害

A. 5. 1. 1　呼吸困难分级

Ⅰ级：与同龄健康者在平地一同步行无气短，但登山或上楼时呈现气短。

Ⅱ级：平路步行 1000 m 无气短，但不能与同龄健康者保持同样速度，平路快步行走呈现气短，登山或上楼时气短明显。

Ⅲ级：平路步行 100 m 即有气短。

Ⅳ级：稍活动（如穿衣、谈话）即气短。

A. 5. 1. 2　肺功能损伤分级

肺功能损伤分级见表 A. 8。

表 A.8 肺功能损伤分级 %

损伤级别	FVC	FEV1	MVV	FEV1/FVC	RV/TLC	DLco
正常	>80	>80	>80	>70	<35	>80
轻度损伤	60~79	60~79	60~79	55~69	36~45	60~79
中度损伤	40~59	40~59	40~59	35~45	46~55	45~59
重度损伤	<40	<40	<40	<35	>55	<45
注：FVC、FEV1、MVV、DLco 为占预值百分数。						

A.5.1.3 低氧血症分级

低氧血症分级如下：

a）正常：PO_2 为 13.3 kPa~10.6 kPa（100 mmHg~80 mmHg）；

b）轻度：PO_2 为 10.5 kPa~8.0 kPa（79 mmHg~60 mmHg）；

c）中度：PO_2 为 7.9 kPa~5.3 kPa（59 mmHg~40 mmHg）；

d）重度：PO_2<5.3 kPa（<40 mmHg）。

A.5.2 活动性肺结核病诊断

A.5.2.1 诊断要点

尘肺合并活动性肺结核，应根据胸部 X 射线片、痰涂片、痰结核杆菌培养和相关临床表现做出判断。

A.5.2.2 涂阳肺结核诊断

符合以下三项之一者：

a）直接痰涂片镜检抗酸杆菌阳性 2 次；

b）直接痰涂片镜检抗酸杆菌 1 次阳性，且胸片显示有活动性肺结核病变；

c）直接痰涂片镜检抗酸杆菌 1 次阳性加结核分枝杆菌培养阳性 1 次。

A.5.2.3 涂阴肺结核的判定

直接痰涂片检查 3 次均阴性者，应从以下几方面进行分析和判断：

a）有典型肺结核临床症状和胸部 X 线表现；

b）支气管或肺部组织病理检查证实结核性改变。

此外，结核菌素（PPD 5 IU）皮肤试验反应≥15 mm 或有丘疹水疱；血清抗结核抗体阳性；痰结核分枝杆菌 PCR 加探针检测阳性以及肺外组织病理检查证实结核病变等可作为参考指标。

A. 5. 3　心功能不全

心功能不全分级：

a）一级心功能不全：能胜任一般日常劳动，但稍重体力劳动即有心悸、气急等症状。

b）二级心功能不全：普通日常活动即有心悸、气急等症状，休息时消失。

c）三级心功能不全：任何活动均可引起明显心悸、气急等症状，甚至卧床休息仍有症状。

A. 5. 4　中毒性肾病

A. 5. 4. 1　特征性表现

肾小管功能障碍为中毒性肾病的特征性表现。

A. 5. 4. 2　轻度中毒性肾病

轻度表现为：

a）近曲小管损伤：尿 β2 微球蛋白持续>1000μg/g 肌酐，可见葡萄糖尿和氨基酸尿，尿钠排出增加，临床症状不明显；

b）远曲小管损伤：肾脏浓缩功能降低，尿液稀释（尿渗透压持续<350 mOsm/kgH_2O），尿液碱化（尿液 pH 持续>6. 2）。

A. 5. 4. 3　重度中毒性肾病

除上述表现外，尚可波及肾小球，引起白蛋白尿（持续>150mg/24h），甚至肾功能不全。

A. 5. 5　肾功能不全

肾功能不全分级：

a）肾功能不全尿毒症期：内生肌酐清除率<25mL/min，血肌酐浓度为 450μmol/L～707μmol/L（5mg/dL～8mg/dL），血尿

素氮浓度>21.4mmol/L（60mg/dL），常伴有酸中毒及严重尿毒症临床症象。

b）肾功能不全失代偿期：内生肌酐清除率25mL/min~49mL/min，血肌酐浓度>177μmol/L（2mg/dL），但<450μmol/L（5mg/dL），无明显临床症状，可有轻度贫血、夜尿、多尿。

c）肾功能不全代偿期：内生肌酐清除率降低至正常的50%（50mL/min~70mL/min），血肌酐及血尿素氮水平正常，通常无明显临床症状。

A.5.6 中毒性血液病诊断分级

A.5.6.1 重型再生障碍性贫血

重型再生障碍性贫血指急性再生障碍性贫血及慢性再生障碍性贫血病情恶化期，具有以下表现：

a）临床：发病急，贫血呈进行性加剧，常伴严重感染，内脏出血；

b）血象：除血红蛋白下降较快外，须具备下列三项中的两项：

1）网织红细胞<1%，含量$<15\times10^9/L$；

2）白细胞明显减少，中性粒细胞绝对值$<0.5\times10^9/L$；

3）血小板$<20\times10^9/L$。

c）骨髓象：

1）多部位增生减低，三系造血细胞明显减少，非造血细胞增多。如增生活跃须有淋巴细胞增多；

2）骨髓小粒中非造血细胞及脂肪细胞增多。

A.5.6.2 慢性再生障碍性贫血

慢性再生障碍性贫血病情恶化期：

a）临床：发病慢，贫血，感染，出血均较轻；

b）血象：血红蛋白下降速度较慢，网织红细胞、白细胞、中性粒细胞及血小板值常较急性再生障碍性贫血为高；

c）髓象：

1）三系或二系减少，至少1个部位增生不良，如增生良好，红系中常有晚幼红（炭核）比例增多，巨核细胞明显减少；

2）骨髓小粒中非造血细胞及脂肪细胞增多。

A.5.6.3 骨髓增生异常综合征

须具备以下条件：

a）骨髓至少两系呈病态造血；

b）外周血一系、二系或全血细胞减少，偶可见白细胞增多，可见有核红细胞或巨大红细胞或其他病态造血现象；

c）除外其他引起病态造血的疾病。

A.5.6.4 贫血

重度贫血：血红蛋白含量（Hb）<60g/L，红细胞含量（RBC）$<2.5\times10^{12}/L$；

轻度贫血：成年男性Hb<120g/L，RBC$<4.5\times10^{12}/L$及红细胞比积（HCT）<0.42，成年女性Hb<11g/L，RBC$<4.0\times10^{12}/L$及HCT<0.37。

A.5.6.5 粒细胞缺乏症

外周血中性粒细胞含量低于$0.5\times10^{9}/L$。

A.5.6.6 中性粒细胞减少症

外周血中性粒细胞含量低于$2.0\times10^{9}/L$。

A.5.6.7 白细胞减少症

外周血白细胞含量低于$4.0\times10^{9}/L$。

A.5.6.8 血小板减少症

外周血液血小板计数$<8\times10^{10}/L$，称血小板减少症；当$<4\times10^{10}/L$以下时，则有出血危险。

A.5.7 再生障碍性贫血完全缓解

贫血和出血症状消失，血红蛋白含量：男不低于120g/L，女不低于100g/L；白细胞含量$4\times10^{9}/L$左右；血小板含量达$8\times10^{10}/L$；3个月内不输血，随访1年以上无复发者。

A.5.8 急性白血病完全缓解

症状完全缓解表现为：

a）骨髓象：原粒细胞Ⅰ型+Ⅱ型（原单+幼稚单核细胞或原淋+幼稚淋巴细胞）≤5%，红细胞及巨核细胞系正常；

M2b型：原粒Ⅰ型+Ⅱ型≤5%，中性中幼粒细胞比例在正常范围。

M3型：原粒+早幼粒≤5%。

M4型：原粒Ⅰ、Ⅱ型+原红及幼单细胞≤5%。

M6型：原粒Ⅰ、Ⅱ型≤5%，原红+幼红以及红细胞比例基本正常。

M7型：粒、红二系比例正常，原巨+幼稚巨核细胞基本消失。

b）血象：男Hb含量≥100g/L或女Hb含量≥90g/L；中性粒细胞含量≥1.5×10^9/L；血小板含量≥10×10^{10}/L；外周血分类无白血病细胞；

c）临床无白血病浸润所致的症状和体征，生活正常或接近正常。

A.5.9　慢性粒细胞白血病完全缓解

症状完全缓解表现为：

a）临床：无贫血、出血、感染及白血病细胞浸润表现；

b）血象：Hb含量>100g/L，白细胞总数（WBC）<10×10^9/L，分类无幼稚细胞，血小板含量10×10^{10}/L~40×10^{10}/L；

c）骨髓象：正常。

A.5.10　慢性淋巴细胞白血病完全缓解

外周血白细胞含量≤10×10^9/L，淋巴细胞比例正常（或<40%），骨髓淋巴细胞比例正常（或<30%）临床症状消失，受累淋巴结和肝脾回缩至正常。

A.5.11　慢性中毒性肝病诊断分级

A.5.11.1　慢性轻度中毒性肝病

出现乏力、食欲减退、恶心、上腹饱胀或肝区疼痛等症状，肝脏肿大，质软或柔韧，有压痛；常规肝功能试验或复筛肝功能试验异常。

A. 5. 11. 2　慢性中度中毒性肝病

有下述表现者：

a）A. 5. 11. 1 所述症状较严重，肝脏有逐步缓慢性肿大或质地有变硬趋向，伴有明显压痛。

b）乏力及胃肠道症状较明显，血清转氨酶活性、γ-谷氨酰转肽酶或γ-球蛋白等反复异常或持续升高。

c）具有慢性轻度中毒性肝病的临床表现，伴有脾脏肿大。

A. 5. 11. 3　慢性重度中毒性肝病

有下述表现之一者：

a）肝硬化；

b）伴有较明显的肾脏损害；

c）在慢性中度中毒性肝病的基础上，出现白蛋白持续降低及凝血机制紊乱。

A. 5. 12　慢性肾上腺皮质功能减退

A. 5. 12. 1　功能明显减退

有下述表现：

a）乏力，消瘦，皮肤、黏膜色素沉着，白癜，血压降低，食欲不振；

b）24 h 尿中 17-羟类固醇<4mg，17-酮类固醇<10mg；

c）血浆皮质醇含量：早上 8 时，<9mg/100 mL，下午 4 时，<3mg/100 mL；

d）尿中皮质醇<5mg/24 h。

A. 5. 12. 2　功能轻度减退

功能轻度减退表现为：

a）具有 A. 5. 12. 1b）、c）两项症状；

b）无典型临床症状。

A. 5. 13　免疫功能减低

A. 5. 13. 1　功能明显减低

具体表现为：

a）易于感染，全身抵抗力下降；

b）体液免疫（各类免疫球蛋白）及细胞免疫（淋巴细胞亚群测定及周围血白细胞总数和分类）功能减退。

A. 5. 13. 2　功能轻度减低

具体表现为：

a）具有 A. 5. 13. 1b）项症状；

b）无典型临床症状。

A. 6　非职业病内科疾病的评残

由职业因素所致内科以外的，且属于国家卫生计生委四部委联合颁布的职业病分类和目录中的病伤，在经治疗于停工留薪期满时其致残等级皆根据 4. 5 中相应的残情进行鉴定，其中因职业肿瘤手术所致的残情，参照主要受损器官的相应条目进行评定。

A. 7　系统治疗的界定

本标准中所指的“系统治疗”是指经住院治疗，或每月平均一次到医院门诊治疗并坚持服药或其他专科治疗等。

A. 8　等级相应原则

在实际应用中，如果仍有某些损伤类型未在本标准中提及者，可按其对劳动、生活能力影响程度列入相应等级。

附录 B
（资料性附录）
正确使用本标准的说明

B.1 神经内科、神经外科、精神科门

B.1.1 意识障碍是急性器质性脑功能障碍的临床表现。如持续性植物状态、去皮层状态、动作不能性缄默等常常长期存在，久治不愈。遇到这类意识障碍，因患者生活完全不能自理，一切需别人照料，应评为最重级。

反复发作性的意识障碍，作为癫痫的一组症状或癫痫发作的一种形式时，不单独评定其致残等级。

B.1.2 精神分裂症和躁郁症均为内源性精神病，发病主要取决于病人自身的生物学素质。在工伤或职业病过程中伴发的内源性精神病不应与工伤或职业病直接所致的精神病相混淆。精神分裂症和躁郁症不属于工伤或职业病性精神病。

B.1.3 智能损伤说明：

a）智能损伤的总体严重性以记忆或智能损伤程度予以考虑，按“就重原则”其中哪项重，就以哪项表示；

b）记忆商（MQ）、智商（IQ）的测查结果仅供参考，鉴定时需结合病理基础、日常就诊记录等多方综合评判。

B.1.4 神经心理学障碍指局灶性皮层功能障碍，内容包括失语、失用、失写、失读、失认等。临床上以失语为最常见，其他较少单独出现。

B.1.5 鉴于手、足部肌肉由多条神经支配，可出现完全瘫，亦可表现不完全瘫，在评定手、足瘫致残程度时，应区分完全性瘫与不完全性瘫，再根据肌力分级判定基准，对肢体瘫痪致残程度详细分级。

B.1.6 神经系统多部位损伤或合并其他器官的伤残时，其致残程度的鉴定依照本标准第 4 章的有关规定处理。

B. 1. 7　癫痫是一种以反复发作性抽搐或以感觉、行为、意识等发作性障碍为特征的临床症候群，属于慢性病之一。因为它的临床体征较少，若无明显颅脑器质性损害则难于定性。为了科学、合理地进行劳动能力鉴定，在进行致残程度评定时，应根据以下信息资料综合评判：

a）工伤和职业病所致癫痫的诊断前提应有严重颅脑外伤或中毒性脑病的病史；

b）一年来系统治疗病历资料；

c）脑电图资料；

d）其他有效资料，如血药浓度测定。

B. 1. 8　各种颅脑损伤出现功能障碍参照有关功能障碍评级。

B. 1. 9　为便于分类分级，将运动障碍按损伤部位不同分为脑、脊髓、周围神经损伤三类。鉴定中首先分清损伤部位，再给予评级。

B. 1. 10　考虑到颅骨缺损多可修补后按开颅术定级，且颅骨缺损的大小与功能障碍程度无必然联系，故不再以颅骨缺损大小作为评级标准。

B. 1. 11　脑挫裂伤应具有相应病史、临床治疗经过，经 CT 及（或）MRI 等辅助检查证实有脑实质损害征象。

B. 1. 12　开颅手术包括开颅探查、去骨瓣减压术、颅骨整复、各种颅内血肿清除、慢性硬膜下血肿引流、脑室外引流、脑室一腹腔分流等。

B. 1. 13　脑脊液漏手术修补成功无功能障碍按开颅手术定级；脑脊液漏伴颅底骨缺损反复修补失败或无法修补者定为四级。

B. 1. 14　中毒性周围神经病表现为四肢对称性感觉减退或消失，肌力减退，肌肉萎缩，四肢腱反射（特别是跟腱反射）

减退或消失。神经肌电图显示神经源性损害。如仅表现以感觉障碍为主的周围神经病，有深感觉障碍的定为七级，只有浅感觉障碍的定为九级，出现运动障碍者可参见神经科部分“运动障碍”定级。

外伤或职业中毒引起的周围神经损害，如出现肌萎缩者，可按肌力予以定级。

B. 1. 15　外伤或职业中毒引起的同向偏盲或象限性偏盲，其视野缺损程度可参见眼科标准予以定级。

B. 2　骨科、整形外科、烧伤科门

B. 2. 1　本标准只适用于因工负伤或职业病所致脊柱、四肢损伤的致残程度鉴定之用，其他先天畸形，或随年龄增长出现的退行性改变，如骨性关节炎等，不适用本标准。

B. 2. 2　有关节内骨折史的骨性关节炎或创伤后关节骨坏死，按该关节功能损害程度，列入相应评残等级处理。

B. 2. 3　创伤性滑膜炎，滑膜切除术后留有关节功能损害或人工关节术后残留有功能不全者，按关节功能损害程度，列入相应等级处理。

B. 2. 4　脊柱骨折合并有神经系统症状，骨折治疗后仍残留不同程度的脊髓和神经功能障碍者，参照 4. 5 相应条款进行处理。

B. 2. 5　外伤后（一周内）发生的椎间盘突出症，经人力资源与社会保障部门认定为工伤的，按本标准相应条款进行伤残等级评定，若手术后残留有神经系统症状者，参照 4. 5 相应条款进行处理。

B. 2. 6　职业性损害如氟中毒或减压病等所致骨与关节损害，按损害部位功能障碍情况列入相应评残等级处理。

B. 2. 7　神经根性疼痛的诊断需根据临床症状，同时结合必要的相关检查综合评判。

B. 2. 8　烧伤面积、深度不作为评残标准，需等治疗停工留薪期满后，依据造成的功能障碍程度、颜面瘢痕畸形程度和瘢痕面积（包括供皮区明显瘢痕）大小进行评级。

B.2.9　面部异物色素沉着是指由于工伤如爆炸伤所致颜面部各种异物（包括石子、铁粒等）的存留，或经取异物后仍有不同程度的色素沉着。但临床上很难对面部异物色素沉着量及面积做出准确的划分，考虑到实际工作中可能遇见多种复杂情况，故本标准将面部异物色素沉着分为轻度及重度两个级别，分别以超过颜面总面积的1/4及1/2作为判定轻、重的基准。

B.2.10　以外伤为主导诱因引发的急性腰椎间盘突出症，应按下列要求确定诊断：

a）急性外伤史并发坐骨神经刺激征；

b）有早期MRI（一个月内）影像学依据提示为急性损伤；

c）无法提供早期MRI资料的，仅提供早期CT依据者应继续3—6个月治疗与观察后申请鉴定，鉴定时根据遗留症状与体征，如相应受损神经支配肌肉萎缩、肌力减退、异常神经反射等损害程度作出等级评定。

B.2.11　膝关节损伤的诊断应从以下几方面考虑：明确的外伤史；相应的体征；结合影像学资料。如果还不能确诊者，可行关节镜检查确定。

B.2.12　手、足功能缺损评估参考图表考虑到手、足外伤复杂多样性，在现标准没有可对应条款情况下，可参照图B.1、图B.2，表B.1和表B.2定级。

GB/T 16180-2014

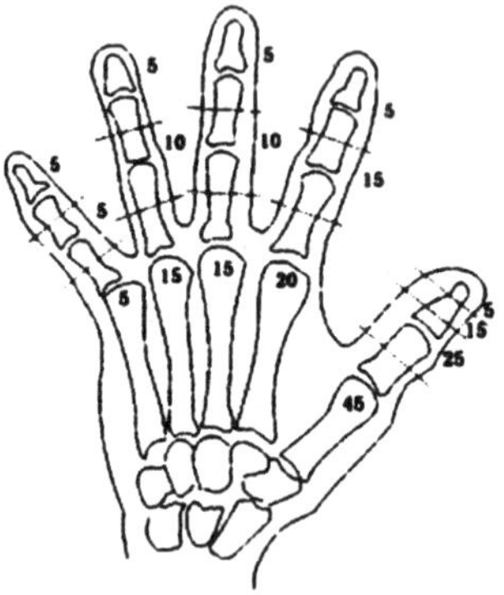

图 B.1　手功能缺损评估参考图

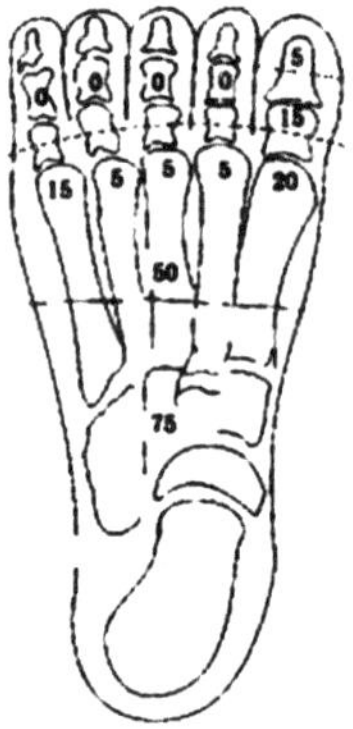

图 B.2　足功能缺损评估参考图

表 B.1　手、足功能缺损分值定级区间参考表（仅用于单肢体）

级别	分值
一级	-
二级	-
三级	-
四级	-
五级	81 分~100 分
六级	51 分~80 分
七级	31 分~50 分
八级	21 分~30 分
九级	11 分~20 分
十级	≤10 分

表 B.2 手、腕部功能障碍评估参考表

受累部位		功能障碍程度与值定级		
		僵直于非功能位	僵直于功能位或<1/2关节活动度	轻度功能障碍或>1/2关节活动度
拇指	第一掌腕/掌指/指间关节均受累	40	25	15
	掌指、指间关节同时受累	30	20	10
	掌指、指间单一关节受累	20	15	5
食指	掌指、指间关节均受累	20	15	5
	掌指或近侧指间关节受累	15	10	0
	远侧指间关节受累	5	5	0
中指	掌指、指间关节均受累	15	5	5
	掌指或近侧指间关节受累	10	5	0
	远侧指间关节受累	5	0	0
环指	掌指、指间关节均受累	10	5	5
	掌指或近侧指间关节受累	5	5	0
	远侧指间关节受累	5	0	0
小指	掌指、指间关节均受累	5	5	0
	掌指或近侧指间天节受累	5	5	0
	远侧指间关节受累	0	0	0
腕关节	手功能大部分丧失时的腕关节受累	10	5	0
	单纯腕关节受累	40	30	20

B.3 眼科、耳鼻喉科、口腔科门

B.3.1 非工伤和非职业性五官科疾病如夜盲、立体盲、耳硬化症等不适用本标准。

B.3.2 职工工伤与职业病所致视觉损伤不仅仅是眼的损伤或破坏，重要的是涉及视功能的障碍以及有关的解剖结构和功能的损伤如眼睑等。因此，视觉损伤的鉴定包括：

a）眼睑、眼球及眼眶等的解剖结构和功能损伤或破坏程度的鉴定；

b）视功能（视敏锐度、视野和立体视觉等）障碍程度的鉴定。

B.3.3　眼伤残鉴定标准主要的鉴定依据为眼球或视神经器质性损伤所致的视力、视野、立体视功能障碍及其他解剖结构和功能的损伤或破坏。其中视力残疾主要参照了盲及低视力分级标准和视力减弱补偿率视力损伤百分计算办法。“一级”划线的最低限为双眼无光感或仅有光感但光定位不准；“二级”等于“盲”标准的一级盲；“三级”等于或相当于二级盲；“四级”相当于一级低视力；“五级”相当于二级低视力，“六级~十级”则分别相当于视力障碍的0.2~0.8。

B.3.4　周边视野损伤程度鉴定以实际测得的8条子午线视野值的总和，计算平均值即有效视野值。当视野检查结果与眼部客观检查不符时，可用Humphrey视野或Octopus视野检查。

B.3.5　中心视野缺损目前尚无客观的计量办法，评残时可根据视力受损程度确定其相应级别。

B.3.6　无晶状体眼视觉损伤程度评价参见表A.5。在确定无晶状体眼中心视力的实际有效值之后，分别套人本标准的实际级别。

B.3.7　中央视力及视野（周边视力）的改变，均需有相应的眼组织器质性改变来解释，如不能解释则要根据视觉诱发电位及多焦视网膜电流图检查结果定级。

B.3.8　伪盲鉴定参见A.3.3。视觉诱发电位等的检查可作为临床鉴定伪盲的主要手段。如一眼有或无光感，另眼眼组织无器质性病变，并经视觉诱发电位及多焦视网膜电流图检查结果正常者，应考虑另眼为伪盲眼。也可采用其他行之有效的办法包括社会调查、家庭采访等。

B.3.9　睑球粘连严重、同时有角膜损伤者按中央视力定级。

B. 3. 10　职业性眼病（包括白内障、电光性眼炎、二硫化碳中毒、化学性眼灼伤）的诊断可分别参见 GBZ 35、GBZ 9、GBZ 4、GBZ 45、GBZ 54。

B. 3. 11　职业性及外伤性白内障视力障碍程度较本标准所规定之级别重者（即视力低于标准 9 级和 10 级之 0. 5~0. 8），则按视力减退情况分别套人不同级别。白内障术后评残办法参见 A. 3. 5。如果术前已经评残者，术后应根据矫正视力情况，并参照 A. 3. 5 无晶状体眼视觉损伤程度评价重新评级。

外伤性白内障未做手术者根据中央视力定级；白内障摘除人工晶状体植入术后谓人工晶状体眼，人工晶状体眼根据中央视力定级。白内障摘除未能植入人工晶状体者，谓无晶状体眼，根据其矫正视力并参见 B. 3. 6 的要求定级。

B. 3. 12　泪器损伤指泪道（包括泪小点、泪小管、泪囊、鼻泪管等）及泪腺的损伤。

B. 3. 13　有明确的外眼或内眼组织结构的破坏，而视功能检查好于本标准第十级（即双眼视力≤0. 8）者，可视为十级。

B. 3. 14　本标准没有对光觉障碍（暗适应）作出规定，如果临床上确有因工或职业病所致明显暗适应功能减退者，应根据实际情况，做出适当的判定。

B. 3. 15　一眼受伤后健眼发生交感性眼炎者无论伤后何时都可以申请定级。

B. 3. 16　本标准中的双眼无光感、双眼矫正视力或双眼视野，其“双眼”为临床习惯称谓，实际工作（包括评残）中是以各眼检查或矫正结果为准。

B. 3. 17　听功能障碍包括长期暴露于生产噪声所致的职业性噪声聋，压力波、冲击波造成的爆震聋，其诊断分别见 GBZ 49、GBZ/T 238。此外，颅脑外伤所致的颞骨骨折、内耳震荡、耳蜗神经挫伤等产生的耳聋及中、外耳伤后遗的鼓膜穿孔、鼓室瘢痕粘连，外耳道闭锁等也可引起听觉损害。

B. 3. 18　听阈测定的设备和方法必须符合国家标准：GB/T 7341、GB 4854、GB/T 7583。

B. 3. 19　纯音电测听重度、极重度听功能障碍时，应同时加测听觉脑干诱发电位（A. B. R）。

B. 3. 20　耳廓、外鼻完全或部分缺损，可参照整形科“头面部毁容”。

B. 3. 21　耳科平衡功能障碍指前庭功能丧失而平衡功能代偿不全者。因肌肉、关节或其他神经损害引起的平衡障碍，按有关学科残情定级。

B. 3. 22　如职工因与工伤或职业有关的因素诱发功能性视力障碍和耳聋，应用相应的特殊检查法明确诊断，在其器质性视力和听力减退确定以前暂不评残。伪聋，也应先予排除，然后评残。

B. 3. 23　喉原性呼吸困难系指声门下区以上呼吸道的阻塞性疾患引起者。由胸外科、内科病所致的呼吸困难参见 A. 5. 1。

B. 3. 24　发声及言语困难系指喉外伤后致结构改变，虽呼吸通道无障碍，但有明显发声困难及言语表达障碍；轻者则为发声及言语不畅。

发声障碍系指声带麻痹或声带的缺损、小结等器质性损害致不能胜任原来的嗓音职业工作者。

B. 3. 25　职业性铬鼻病、氟及其无机化合物中毒、减压病、尘肺病、职业性肿瘤、慢性砷中毒、磷中毒、手臂振动病、牙酸蚀病以及井下工人滑囊炎等的诊断分别参见 GBZ 12、GBZ 5、GBZ 24、GBZ 70、GBZ 94、GBZ 83、GBZ 81、GBZ 7、GBZ 61、GBZ 82。

B. 3. 26　颞下颌关节强直，临床上分两类：一为关节内强直，一为关节外强直（颌间挛缩）。本标准中颞下颌关节强直即包括此两类。

B.3.27　本标准将舌划分为三等份即按舌尖、舌体和舌根计算损伤程度。

B.3.28　头面部毁容参见 A.2.1。

B.4　普外科、胸外科、泌尿生殖科门

B.4.1　器官缺损伴功能障碍者，在评残时一般应比器官完整伴功能障碍者级别高。

B.4.2　生殖器官缺损不能修复，导致未育者终生不能生育的，应在原级别基础上上升一级。

B.4.3　多器官损害的评级标准依照本标准第 4 章制定的有关规定处理。

B.4.4　任何并发症的诊断都要有影像学和实验室检查的依据，主诉和体征供参考。

B.4.5　评定任何一个器官的致残标准，都要有原始病历记录，其中包括病历记录、手术记录、病理报告等。

B.4.6　甲状腺损伤若伴有喉上神经和喉返神经损伤致声音嘶哑、呼吸困难或呛咳者，判定级别标准参照耳鼻喉科部分。

B.4.7　阴茎缺损指阴茎全切除或部分切除并功能障碍者。

B.4.8　心脏及大血管的各种损伤其致残程度的分级，均按停工留薪（或治疗）期满后的功能不全程度分级。

B.4.9　胸部（胸壁、气管、支气管、肺）各器官损伤的致残分级除按表 C.4 中列入各项外，其他可按治疗期结束后的肺功能损害和呼吸困难程度分级。

B.4.10　肝、脾、胰等挫裂伤，有明显外伤史并有影像学诊断依据者，保守治疗后可定为十级。

B.4.11　普外科开腹探查术后或任何开腹手术后发生粘连性肠梗阻，且反复发作，有明确影像学诊断依据，应在原级别基础上上升一级。

B.5　职业病内科门

B.5.1　本标准适用于确诊患有国家卫生计生委四部委联合

颁布的职业病分类和目录中的各种职业病所致肺脏、心脏、肝脏、血液或肾脏损害经治疗停工留薪期满时需评定致残程度者。

B.5.2　心律失常（包括传导阻滞）与心功能不全往往有联系，但两者的严重程度可不平衡，心律失常者，不一定有心功能不全或劳动能力减退，评残时应按实际情况定级。

B.5.3　本标准所列各类血液病、内分泌及免疫功能低下及慢性中毒性肝病等，病情常有变化，对已进行过评残，经继续治疗后残情发生变化者应按国家社会保险法规的要求，对残情重新进行评级。

B.5.4　肝功能的测定包括：

常规肝功能试验：包括血清丙氨酸氨基转换酶（ALT 即 GPT）、血清胆汁酸等。

复筛肝功能试验：包括血清蛋白电泳，总蛋白及白蛋白、球蛋白、血清天门冬氨酸氨基转移酶（AST 即 GOT）、血清谷氨酰转肽酶（γ-GT），转铁蛋白或单胺氧化酶测定等，可根据临床具体情况选用。

静脉色氨酸耐量试验（ITTT），吲哚氰绿滞留试验（IGG）是敏感性和特异性都较好的肝功能试验，有条件可作为复筛指标。

B.5.5　职业性肺部疾患主要包括尘肺（参见 GBZ 70）、职业性哮喘（参见 GBZ 57）、过敏性肺炎（参见 GBZ 60）等，在评定残情分级时，除尘肺在分级表中明确注明外，其他肺部疾病可分别参照相应的国家诊断标准，以呼吸功能损害程度定级。

B.5.6　对职业病患者进行肺部损害鉴定的要求：

a）须持有职业病诊断证明书；

b）须有近期胸部 X 线平片；

c）须有肺功能测定结果及（或）血气测定结果。

B.5.7　肺功能测定时注意的事项：

a）肺功能仪应在校对后使用；

b）对测定对象，测定肺功能前应进行训练；

c）FVC、FEV1 至少测定 2 次，2 次结果相差不得超过 5%；

d）肺功能的正常预计值公式宜采用各实验室的公式作为预计正常值。

B. 5. 8　鉴于职业性哮喘在发作或缓解期所测得的肺功能不能正确评价哮喘病人的致残程度，可以其发作频度和影响工作的程度进行评价。

B. 5. 9　在判定呼吸困难有困难时或呼吸困难分级与肺功能测定结果有矛盾时，应以肺功能测定结果作为致残分级标准的依据。

B. 5. 10　石棉肺是尘肺的一种，本标准未单独列出，在评定致残分级时，可根据石棉肺参见 GBZ 70 的诊断，主要结合肺功能损伤情况进行评定。

B. 5. 11　放射性疾病包括外照射急性放射病，外照射慢性放射病，放射性皮肤病、放射性白内障、内照射放射病、放射性甲状腺疾病、放射性性腺疾病、放射性膀胱疾病、急性放射性肺炎及放射性肿瘤，临床诊断及处理可参照 GBZ 104、GBZ 105、GBZ 106、GBZ 95、GBZ 96、GBZ 101、GBZ 107、GBZ 109、GBZ 110、GBZ 94、GBZ 97。放射性白内障可参照眼科评残处理办法，其他有关放射性损伤评残可参照相应条目进行处理。

B. 5. 12　本标准中有关慢性肾上腺皮质功能减低、免疫功能减低及血小板减少症均指由于放射性损伤所致，不适用于其他非放射性损伤的评残。

附录 C
（规范性附录）
职工工伤　职业病致残等级分级表

按门类对工伤进行分级，具体见表 C. 1、表 C. 2、表 C. 3 和表 C. 4。

表 C. 1　神经内科、神经外科、精神科门

伤残类别	分级									
	一	二	三	四	五	六	七	八	九	十
智能损伤	极重度	重度		中度		轻度				
精神症状			1. 精神病性症状，经系统治疗1年后仍表现为危险或冲动行为者。 2. 精神病性症状，经系统治疗1年后仍缺乏生活自理能力者	精抻病性症状，经系统治疗1年后仍缺乏社交能力者		精神病性症状，经系统治疗1年后仍影响职业劳动能力者	人格改变或边缘智能，经系统治疗1年后仍存在明显社会功能受损者			

续表

伤残类别	分级									
	一	二	三	四	五	六	七	八	九	十
癫痫				重度		中度			轻度	
运动障碍脑损伤	四肢瘫肌力≤3级或三肢瘫肌力≤2级	1. 三肢瘫肌力3级。2. 偏瘫肌力≤2级	偏瘫肌力3级	单肢瘫肌力≤2级	1. 四肢瘫肌力4级。2. 单肢瘫肌力3级	三肢瘫肌力4级	偏瘫肌力4级	单肢体瘫肌力4级		
脊髓损伤		截瘫肌力≤2级	截瘫肌力3级			截瘫双下肢肌力4级伴轻度排尿障碍	截瘫肌力4级			
周围神经损伤		双手全肌瘫肌力≤2级	双足全肌瘫肌力≤2级	双手部分肌瘫肌力≤2级	1. 双手部分肌瘫肌力3级。2. 一手全肌瘫肌力≤2级。3. 双足全肌瘫肌力3级	1. 双手全肌瘫肌力4级。2. 一手全肌瘫肌力3级。3. 双足部分肌瘫肌力≤2级。4. 单足全肌瘫肌力≤2级	1. 单手部分肌瘫肌力3级。2. 双足部分肌瘫肌力3级。3. 单足全肌瘫肌力3级。4. 中毒性周围神经病致深感觉障碍	1. 单手全肌瘫肌力4级。2. 双手部分肌瘫肌力4级。3. 双足部分肌瘫肌力4级。4. 单足部分肌瘫肌力≤3级	中毒性周围神经病致浅感觉障碍	

续表

伤残类别	分级									
	一	二	三	四	五	六	七	八	九	十
非肢体瘫运动障碍	重度		中度			轻度				
特殊皮层功能障碍 1. 失语。 2. 失用、失写、失读、失认等		完全感觉性或混合性	2项及2项以上完全性		完全运动性 1. 单项完全性 2. 多项不完全性	不完令感觉性	不完全运动性单项不完全性			
颅脑损伤				脑脊液漏伴有颅底骨缺损不能修复或反复手术失败				脑叶部分切除术后	1. 脑挫裂伤无功能障碍。 2. 开颅术后无功能障碍。 3. 颅内异物无功能障碍。 4. 外伤致颈总、颈内动脉狭窄，支架置人或血管搭桥术后无功能障碍	

表 C.2 骨科、整形外科、烧伤科门

伤残类别	分级									
	一	二	三	四	五	六	七	八	九	十
头面部毁容	1. 面部重度毁容，同时伴有表C.2中二级伤残之一者。 2. 全身重度瘢痕形成，占体表面积≥90%，伴有脊柱及四肢大关节活动功能基本丧失	1. 全面部瘢痕或植皮伴有重度毁容。 2. 全身重度瘢痕形成，占体表面积≥80%，伴有四肢大关节中3个以上活动功能受限	1. 面部瘢痕或植皮≥2/3并有中度毁容。 2. 全身重度瘢痕形成，占体表面积≥70%，伴有四肢大关节中2个以上活动功能受限	1. 面部中度毁容。 2. 全身瘢痕面积≥60%，四肢大关节中1个关节活动功能受限。 3. 面部瘢痕或植皮≥1/2并有轻度毁容	1. 面部瘢痕或植皮≥1/3并有毁容标准中的一项。 2. 全身瘢痕占体表面积≥50%，并有关节活动功能受限	1. 面部重度异物色素沉着或脱失。 2. 面部瘢痕或植皮≥1/3。 3. 全身瘢痕面积≥40%。 4. 撕脱伤后头皮缺失1/5以上	1. 符合重度毁容标准中的两项者。 2. 烧伤后颅骨全层缺损≥30 cm²，或在硬脑膜上植皮面积≥10 cm²。 3. 面部瘢痕、异物或植皮伴色素改变占面部的10%以上。 4. 颈部瘢痕挛缩，影响颈部活动。 5. 全身瘢痕面积≥30%	1. 符合重度毁容标准中的一项者。 2. 面部烧伤植皮≥1/5。 3. 面部轻度异物沉着或色素脱失。 4. 双侧耳廓部分或一侧耳廓大部分缺损。 5. 全身瘢痕面积≥20%。 16. 一侧或双侧眼睑明显缺损	1. 符合中度毁容标准中的两项或轻度毁容者。 2. 发际边缘瘢痕性秃发或其他部位秃发，需戴假发者。 3. 全身瘢痕占体表面积≥5%。 4. 面部有≥8 cm²或3处以上≥1 cm²的瘢痕	1. 符合中度毁容标准中的一项者。 2. 面部有瘢痕，植皮，异物色素沉着或脱失>2 cm²。 3. 全身瘢痕面积<5%，但≥1%

续表

伤残类别	分级									
	一	二	三	四	五	六	七	八	九	十
脊柱损伤					脊柱骨折后遗 30°以上侧弯或后凸畸形,伴严重根件神经痛		骨盆骨折内固定术后,骨盆环不稳定,骶髂关节分离	1. 脊椎压缩性骨折,椎体前缘高度减少1/2 以上者或脊椎不稳定性骨折。 2. 3 个及以上节段脊柱内固术	1. 2 个以上横突骨折。 2. 脊椎压缩骨折,椎体前缘高度减少小于1/2者。 3. 椎间盘髓核切除术后。 4. 1 节~2 节脊柱内固定术	急性外上导致椎间盘髓核突出,并伴神经刺激征者

续表

伤残类别	分级									
	一	二	三	四	五	六	七	八	九	十
上肢	双肘关节以上缺失或功能完全丧失	双侧前臂缺失或双手功能完全丧失	1. 一手缺失，另一手拇指缺失。 2. 双手拇、食指缺失或功能完全丧失。 3. 一手功能完全丧失，另一手拇指功能完全丧失	1. 双拇指完全缺失或功能完全丧失。 2. 一侧手功能完全丧失，另一手部分功能丧失。 3. 一侧肘上缺失	1. 一侧前臂缺失。 2. 一手功能完全丧失。 3. 肩、肘关节之一功能完全丧失。 4. 一手拇指缺失，另一手除拇指外三指缺失。 5. 一手拇指功能完全丧失，另一手除拇指外三指功能完全丧失	1. 单纯一拇指完全缺失，连同另一手非拇指二指缺失。 2. 一拇指功能完全丧失，另一手除拇指外有二指功能完全丧失。 3. 一手三指（含拇指）缺失。 4. 除拇指外其余四指缺失或功能完全丧失	1. 一手除拇指外，其他2~3指（含食指）近侧指间关节离断。 2. 一手除拇指外，其他2~3指（含食指）近侧指间关节功能完全丧失。 3. 肩、肘关节之一损伤后遗留关节重度功能障碍。 4. 一腕关节功完全丧失	1. 一手除拇、食指外，有两指近侧指间关节离断。 2. 一手除拇、食指外，有两指近侧指间关节功能完全丧失。 3. 一拇指指间关节离断。 4. 一拇指指间关节畸形，功能完全丧失	1. 一拇指末节部分1/2缺失。 2. 一手食指2~3节缺失。 3. 一拇指指间关节僵直于功能位。 4. 除拇指外，余3~4指末节缺失	1. 一手指除拇指外，任何一指远侧指间关节离断或功能丧失。 2. 指端植皮术后（增生性瘢痕1 cm^2 以上）。 3. 手背植皮面积>50 cm^2，并有明显瘢痕

续表

伤残类别	分级									
	一	二	三	四	五	六	七	八	九	十
下肢		1. 双下肢瘢痕畸形，功能完全丧失。 2. 双膝以上缺失。 3. 双膝、双踝关节功能完全丧失	1. 双髋、双膝关节中，有一个关节缺失或功能完全丧失及另一关节重度功能障碍。 2. 双膝以下缺失或功能完全丧失。 3. 一侧髋、膝关节畸形，功能完全丧失	1. 一侧膝以下缺失，另一侧前足缺失。 2. 一侧膝以上缺失。 3. 一侧踝以下缺失，另一足畸形行走困难	1. 双前足缺失或双前足瘢痕畸形，功能完全丧失。 2. 双跟骨足底软组织缺损瘢痕形成，反复破溃。 3. 一髋（或一膝）功能完全丧失。 4. 一侧膝以下缺失	1. 一侧踝以下缺失；或踝关节畸形，功能完全丧失。 2. 下肢骨折成角畸形 > 15°，并有肢体短缩4cm以上。 3. 一前足缺失，另一足仅残留拇指。 4. 一前足缺失，另一足除拇趾外，2~5趾畸形，功能完全丧失。 5. 一足功能完全丧失，另一足部分功能丧失。	1. 一足1~5趾缺失。 2. 一前足缺失。 3. 下肢伤后短缩大于2 cm，但≤4cm者。 4. 膝关节韧带损伤术后关节不稳定，伸屈功能正常者	1. 一足拇趾缺失，另一足非拇趾一趾缺失。 2. 一足拇趾畸形. 功能完全丧失，另一足非拇趾一趾畸形。 3. 一足除拇趾外，其他三趾缺失。 4. 一足除拇趾外，其他四趾瘢痕畸形，功能完全丧失	1. 一足拇趾末节缺失。 2. 除拇趾外其他二趾缺失或瘢痕畸形. 功能不全。 3. 跖骨或跗骨骨折影响足弓者。 4. 外伤后膝关节半月板切除、髌骨切、膝关节交叉韧带修补术后	1. 除拇趾外，任何一趾末节缺失。 2. 足背植皮面积 > $10cm^2$。 3. 膝关节半月板损伤、膝关节交叉韧带损伤未做手术者

续表

伤残类别	分级									
	一	二	三	四	五	六	七	八	九	十
						6. 一髋或一膝关节功能重度障碍。 7. 单侧跟骨足底软组织缺损瘢痕形成，反复破溃				
上下肢	1. 双下肢膝上缺失及一上肢肘上缺失。 2. 双下肢及一上肢瘢痕畸形，功能完全丧失	1. 同侧上、下肢缺失或功能完全丧失。 2. 四肢大关节（肩、髋、膝、肘）中四个及以上关节功能完全丧失	1. 非同侧腕上、踝上缺失。 2. 非同侧上、下肢瘢痕畸形，功能完全丧失		四肢大关节之一人工关节术后遗留重度功能障碍		1. 四肢大关节之一人工关节术后，基本能生活自理。 2. 四肢大关节之一关节内骨折导致创伤性关节炎，遗留中重度功能障碍	1. 因开放骨折感染形成慢性骨髓炎，反复发作者。 2. 四肢大关节之一关节内骨折导致创伤性关节炎，遗留轻度功能障碍	1. 四肢长管状骨骨折内固定或外固定支架术后。 2. 髌骨、跟骨、距骨、下颌骨或骨盆骨折内固定术后	1. 手掌、足掌植皮面积 > 30%者。 2. 身体各部位骨折愈合后无功能障碍或轻度功能障碍。 3. 四肢大关节肌腱及韧带撕裂伤术后遗留轻度功能障碍

表 C.3 眼科、耳鼻喉科、口腔科门

伤残类别	分级									
	一	二	三	四	五	六	七	八	九	十
眼损伤与视功能障碍	双眼无光感或仅有光感但光定位不准者	一眼有或无光感，另眼矫正视力≤0.02，或视野≤8%（或半径≤5°）	1. 一眼有或无光感，另眼矫正视力≤0.05或视野≤16%（半径≤10°）。 2. 双眼矫正视力<0.05或视野≤16%（半径≤10°）。 3. 一侧眼球摘除或眼内容物剜出，另眼矫正视力<0.1或视野≤24%（或半径≤15°）	1. 一眼有或无光感，另眼矫正视力<0.2或视野≤32%（或半径≤20°）。 2. 一眼矫正视力<0.05，另眼矫正视力≤0.1。 3. 双眼矫正视力<0.1或视野≤32%（或半径≤20°）	1. 第Ⅲ对脑神经麻痹。 2. 双眼外伤性青光眼术后，需用药物控制眼压者。 3. 一眼有或元光感，另眼矫正视力≤0.3或视野≤40%（或半径≤25°）。 4. 一眼矫正视力<0.05，另眼矫正视力≤0.2。	1. 一侧眼球摘除；或一侧眼球明显萎缩，无光感 。 2. 一眼有或无光感，另一跟矫正视力≥0.4 。 3. 一眼矫正视力≤0.05，另一眼矫正视力≥0.3 。 4. 一眼矫正视力≤0.1，另一眼矫正视力≥0.2 。	1. 一眼有或无光感，另眼矫正视力≥0.8。 2. 一眼有或无光感，另一眼各种客观检查正常。 3. 一眼矫正力≤0.05，另眼矫正规力≥0.6。 4. 一眼矫正视力≤0.1，另眼矫正视力≥0.4。	1. 一眼矫正视力≤0.2，另眼矫正视力≥0.5。 2. 双眼矫正视力等于0.4。 3. 双眼视野≤80%（或半径≤50°）。 4. 一侧或双侧睑外翻或睑闭合不全者。 5. 上睑下垂盖及瞳孔1/3者。	1. 第Ⅴ对脑神经眼支麻痹。 2. 眶壁骨折致眼球内陷、两眼球突出度相差>2mm或错位变形影响外观者。 3. 一眼矫正视力≤0.3，另眼矫正视力>0.6。 4. 双眼矫正视力等于0.5。 5. 泪器损伤，手术无法改进溢泪者	1. 一眼矫正视力≤0.5，另一眼矫正视力≥0.8。 2. 双眼矫正视力≤0.8。 3. 一侧或双侧睑外翻或睑闭合不全行成形手术后矫正者。 4. 睑下垂盖及瞳孔1/3行成形手术后矫正者。 5. 睑球粘连影响眼球转动行成形手术后矫正者。

续表

伤残类别	分级									
	一	二	三	四	五	六	七	八	九	十
					5. 一眼矫正视力<0.1，另眼矫正视力等于0.1。 6. 双眼视野≤40%（或半径≤25°）	5. 双跟矫正视力≤0.2或视野≤48%（或半径≤30°）。 6. 第Ⅳ或第Ⅵ对脑神经麻痹，或眼外肌损伤致复视的	5. 双眼矫正视力≤0.3或视野≤61%（或半径≤40°）。 6. 单跟外伤性青光眼术后，需用药物控制眼压者	6. 睑球粘连影响眼球转动者。 7. 外伤性青光眼行抗青光眼手术后眼压控制正常者		6. 职业性及外伤性白内障术后人工晶状体眼，矫正视力正常者。 7. 职业性及外伤性白内障Ⅰ度~Ⅱ度（或轻度、中度），矫正视力正常者。 8. 晶状体部分脱位。 9. 眶内异物未取出者。 10. 眼球内异物未取出者。 11. 外伤性瞳孔放大。 12. 角巩膜穿通伤治愈者

续表

伤残类别	分级									
	一	二	三	四	五	六	七	八	九	十
听功能障碍				双耳听力损失≥91 dB	双耳听力损失≥81dB	双耳听力损失≥71dB	双耳听力损失≥56 dB	双耳听力损失≥41 dB或一耳≥91 dB	双耳听力损失≥31 dB或一耳损失≥71 dB	双耳听力损失≥26 dB,或一耳≥56 dB
前庭性平衡障碍						双侧前庭功能丧失,睁眼行走闲难,不能并足站立				双侧前庭功能丧失,闭眼不能并足站立
喉源性呼吸困难及发声障碍			1. 呼吸完全依赖气管套管或造口。 2. 静止状态下或仅轻微活动即有呼吸困难		一般活动及轻工作时有呼吸困难			1. 体力劳动时有呼吸困难。 2. 发声及言语困难	发声及言语不畅	

续表

伤残类别	分级									
	一	二	三	四	五	六	七	八	九	十
吞咽功能障碍		无吞咽功能,完全依赖胃管进食		牙关紧闭或因食管狭窄只能进流食	1. 吞咽困难,仅能进半流食。 2. 双侧喉返神经损伤,喉保护功能丧失致饮食呛咳、误吸		咽成形术后,咽下运动不正常			
口腔颌面损伤		1. 双侧上颌骨或双侧下颌骨完全缺损。 2. 一侧上颌骨及对侧下颌骨完全缺损,并伴有颜面软组织损伤 > $30cm^2$	1. 同侧上、下颌骨完全缺损。 2. 一侧上颌骨或下颌骨完全缺损,伴颜面部软组织损伤 > $30cm^2$。 3. 舌缺损>全舌的2/3	1. 一侧上颌骨缺损1/2,伴颜面部软组织损伤 > $20cm^2$。 2. 下颌骨缺损长6cm以上的区段,伴口腔、颜面软组织损伤$20cm^2$。	1. 一侧上颌骨缺损>1/4,但<1/2,伴软组织损伤>$10cm^2$,但<$20cm^2$。 2. 下颌骨缺损长4cm以上的区段,伴口腔、颜面软组织损伤>$10cm^2$	1. 单侧或双侧颌关节强直,张口困难Ⅲ度。 2. 一侧上颌骨缺损1/4,伴口腔颜面软组织损伤>$10cm^2$。 3. 面部软组织缺损>$20cm^2$,伴发涎瘘。	1. 牙槽骨损伤长度≥8cm,牙齿脱落10个及以上。 2. 单侧颧骨并颧弓骨折,伴有开口困难Ⅱ度以上及颜面部畸形经手术复位者	1. 牙槽骨损伤长度≥6cm,牙齿脱落8个及以上者。 2. 舌缺损<舌的1/3。 3. 双侧鼻腔或鼻咽部闭锁。 4. 双侧颞下颌关节强直,张口困难Ⅱ度。	1. 牙槽骨损伤长度>4cm,牙脱落4个及以上。 2. 上、下颌骨骨折,经牵引、固定治疗后无功能障碍者。 3. 一侧下颌骨髁状突颈部骨折。	1. 牙齿除智齿以外,切牙脱落1个以上或其他牙脱落2个以上。 2. 一侧颞下颌关节强直,张口困难Ⅰ度。 3. 鼻窦或面颊部有异物未取出。

续表

伤残类别	分级									
	一	二	三	四	五	六	七	八	九	十
				3. 双侧颞下颌关节骨性强直，完全不能张口。 4. 面颊部洞穿性缺损>$20cm^2$		4. 舌缺损>1/3，但<2/3。 5. 双侧颧骨并颧弓骨折，伴有开口困难Ⅱ度以上及颜面部畸形经手术复位者。 6. 双测下颌骨髁状突颈部骨折，伴有开口困难Ⅱ度以上及咬合关系改变，经手术治疗者		5. 上、下颌骨骨折，经牵引、固定治疗后有功能障碍者。 6. 双侧颧骨并颧弓骨折，无开口困难，颜面部凹陷畸形不明显，不需手术复位	4. 一侧颧骨并颧弓骨折	4. 单侧鼻腔或鼻孔闭锁。 5. 鼻中隔穿孔

续表

伤残类别	分级									
	一	二	三	四	五	六	七	八	九	十
嗅觉障碍和铬鼻病									铬鼻病有医疗依赖	1. 铬鼻病（无症状者）。 2. 嗅觉丧失
面神经损伤				双侧完全性面瘫	一侧完全面瘫，另一侧不完全面瘫	一侧完全性面瘫	双侧不完全面瘫			一侧不完全性面瘫

表 C.4 普外、胸外、泌尿生殖科门

伤残类别	分级									
	一	二	三	四	五	六	七	八	九	十
胸壁、气管、支气管、肺	1. 肺功能重度损伤和呼吸困难Ⅳ级，需终生依赖机械通气。 2. 双肺或心肺联合移植术	一侧全肺切除并胸廓成形术，呼吸困难Ⅲ级	1. 一侧全肺切除并胸廓成形术。 2. 一侧胸廓成形术，肋骨切除6根以上。 3. 一侧全肺切除并隆凸切除成形术。 4. 一侧全肺切除并重建大血管术	1. 一侧全肺切除术。 2. 双侧肺叶切除术。 3. 肺叶切除后并胸廓成形术后。 4. 肺叶切除并隆凸切除成形术后。 5. 一侧肺移植术	1. 双肺叶切除术。 2. 肺叶切除术并大血管重建术。 3. 隆凸切除成形术	1. 肺叶切除并肺段或楔形切除术。 2. 肺叶切除并支气管成形术后。 3. 支气管（或气管）胸膜瘘	1. 肺叶切除术。 2. 限局性脓胸行部分胸廓成形术。 3. 气管部分切除术	1. 肺段切除术。 2. 支气管成形术。 3. 双侧≥3根肋骨骨折致胸廓畸形。 4. 膈肌破裂修补术后，伴膈神经麻痹。 5. 肺功能轻度损伤	1. 肺内异物滞留或异物摘除术。 2. 限局性脓胸行胸膜剥脱术	血、气胸行单纯闭式引流术后，胸膜粘连增厚
心脏与大血管		心功能不全三级	Ⅲ度房室传导阻滞	1. 心瓣膜置换术后。 2. 心功能不全二级		1. 冠状动脉旁路移植术。 2. 大血管重建术	心功能不全一级	1. 心脏、大管血修补术。 2. 心脏异物滞留或异物摘除术		

续表

伤残类别	分级									
	一	二	三	四	五	六	七	八	九	十
食管		食管闭锁或损伤后无法行食管重建术，依赖胃造瘘或空肠造瘘进食		食管重建术后吻合口狭窄，仅能进流食者	1. 食管重建术后吻合口狭窄，仅能进流食者。 2. 食管气管或支气管瘘。 3. 食管胸膜瘘		1. 食管重建术后伴反流性食管炎。 2. 食管外伤或成形术后咽下运动不正常	食管重建术后，进食正常者		
胃				全胃切除	胃切除3/4	胃切除2/3	胃切除1/2	胃部分切除		
十二指肠				胰头、十二指肠切除						
小肠	小肠切除>90%	小肠切除3/4，合并短肠综合症		1. 小肠切除3/4。 2. 小肠切除2/3，包括回盲部切除	小肠切除2/3，包括回肠大部	小肠切除1/2，包括回盲部	小肠切除1/2	小肠部分切除		

续表

伤残类别	分级									
	一	二	三	四	五	六	七	八	九	十
结肠、直肠				1. 全结肠、直肠、肛门切除，回肠造瘘。 2. 外伤后肛门排便重度障碍或失禁	肛门、直肠、结肠部分切除，结肠造瘘	肛门外伤后排便轻度障碍或失禁	结肠大部分切除	结肠部分切除		
肝	肝切除后原位肝移植	1. 肝切除3/4，合并肝功能重度损害。 2. 肝外伤后发生门脉高压三联症或Budd－chiari综合征	肝切除2/3，并肝功能中度损害	1. 肝切除2/3。 2. 肝切除1/2，肝功能轻度损害	肝切除1/2	肝切除1/3	肝切除1/4	肝部分切除		

续表

伤残类别	分级									
	一	二	三	四	五	六	七	八	九	十
胆道	胆道损伤原位肝移植	胆道损伤致肝功能重度损害		胆道损伤致肝功能中度损害		胆道损伤致肝功能轻度损伤	胆道损伤,胆肠吻合术后		胆囊切除	
腹壁、腹腔						腹啈缺损面积≥腹壁的1/4		腹壁缺损面积<腹壁的1/4	胸、腹腔脏器探查术或修补术后	腹腔脏器挫裂伤保守治疗后
胰、脾	全胰切除	胰次全切除,胰腺移植术后	胰次全切除,胰岛素依赖		胰切除2/3	胰切除1/2	1. 脾切除。 2. 胰切除1/3	1. 脾部分切除。 2. 胰部分切除		
甲状腺					甲状腺功能重度损害	甲状腺功能中度损害		甲状腺功能轻度损害		
甲状旁腺				甲状旁腺功能重度损害		甲状旁腺功能中度损害		甲状旁腺功能轻度损害		

续表

伤残类别	分级									
	一	二	三	四	五	六	七	八	九	十
肾脏	双侧肾切除或孤肾切除术后，用透析维持或同种肾移植术后肾功能不全尿毒症期	孤肾部分切除后，肾功能不全失代偿期	一侧肾切除，对侧肾功能不全失代偿期	肾修补术后，肾功能不全失代偿期	一侧肾切除，对侧肾功能不全代偿期	肾损伤性高血压	一侧肾切除			
肾上腺				双侧肾上腺缺损				一侧肾上腺缺损		
尿道					尿道瘘不能修复者	尿道狭窄经系统治疗1年后仍需定期行扩张术		尿道修补术		

续表

伤残类别	分级									
	一	二	三	四	五	六	七	八	九	十
阴茎					阴茎全缺损	阴茎部分缺损		脊髓神经周围神经损伤，或盆腔、会阴手术后遗留性功能障碍		
输精管						双侧输精管缺损，不能修复		一侧输精管缺损，不能修复		
输尿管			1. 双侧输尿管狭窄，肾功能不全失代偿期。 2. 永久性输尿管腹壁造瘘	输尿管修补术后，肾功能不全失代偿期	一侧输尿管狭窄，肾功能不全代偿期					

续表

伤残类别	分级									
	一	二	三	四	五	六	七	八	九	十
膀胱			膀胱全切除	1. 永久性膀胱造瘘。 2. 重度排尿障碍。 3. 神经原性膀胱，残余尿 ≥ 50 mL		膀胱部分切除合并轻度排尿障碍	1. 膀胱部分切除。 2. 轻度排尿障碍			
睾丸					1. 两侧睾丸、附睾缺损。 2. 生殖功能重度损伤	1. 两侧睾丸创伤后萎缩，血睾酮低于正常值。 2. 生殖功能轻度损伤		一侧睾丸、附睾切除		
子宫						子宫切除				
卵巢					双侧卵巢切除			单侧卵巢切除	一侧卵巢部分切除	

续表

伤残类别	分级									
	一	二	三	四	五	六	七	八	九	十
输卵管						双侧输卵管切除		单侧输卵管切除		
阴道					1. 阴道闭锁。 2. 会阴部瘢痕挛缩伴有阴道或尿道或肛门狭窄		阴道狭窄			
乳腺						女性双侧乳房切除或严重瘢痕畸形	女性两侧乳房部分缺损	女性单侧乳房切除或严重瘢痕畸形	乳腺成形术	乳腺修补术后

表 C.5 职业病内科门

伤残类别	分级									
	一	二	三	四	五	六	七	八	九	十
肺部疾患	1. 尘肺叁期伴肺功能重度损伤及/或重度低氧血症[PO_2 < 5.3kPa（<40 mmHg)]。 2. 其他职业性肺部疾患，伴肺功能重度损伤及/或重度低氧气血症[PO_2 < 5. 3 kPa（< 40 mmHg)]。	1. 肺功能重度损伤及/或重度低氧血症。 2. 尘肺叁期伴肺功能中度损伤及/或中度低氧血症。 3. 尘肺贰期伴肺功能重度损伤及/或重度低氧血症[PO_2 < 5. 3 kPa（40 mmHg)]。 4. 尘肺叁期伴活动性肺结核。 5. 职业性肺癌或胸膜间皮瘤	1. 尘肺叁期。 2. 尘肺贰期伴肺功能中度损伤及（或）中度低氧血症。 3. 坐肺贰期合并活动性肺结核。 4. 放射性肺炎后两叶肺纤维化，伴肺功能中度损伤及（或）中度低氧血症	1. 尘肺贰期。 2. 尘肺壹期伴肺功能中度损伤或中度低氧血症。 3. 尘肺壹期伴活动性肺结核	肺功能中度损伤或中度低氧血症	1. 尘肺壹期伴肺功能轻度损伤及（或）轻度低氧血症。 2. 放射性肺炎后肺纤维化（< 两叶），伴肺功能轻度损伤及（或）轻度低氧血症。 3. 其他职业性肺部疾患，伴肺功能轻度损伤	1. 尘肺壹期，肺功能正常。 2. 放射性肺炎后纤维化（< 两叶），肺功能正常。 3. 轻度低氧血症	其他职业性肺疾患，肺功能正常		

续表

伤残类别	分级									
	一	二	三	四	五	六	七	八	九	十
	3. 放射性肺炎后，两叶以上肺纤维化伴重度低氧血症[PO_2 <5.3 kPa（<40mmHg）]。 4. 职业性肺癌伴肺功能重度损伤									
心脏		心功能不全三级	Ⅲ度房室传导阻滞	1. 病态窦房结综合征（需安装起搏器者）。 2. 心功能不全二级	1. 莫氏Ⅱ型Ⅱ度房室传导阻滞。 2. 病态窦房结综合征（不需安起搏器者）		心功能不全一级			

续表

伤残类别	分级									
	一	二	三	四	五	六	七	八	九	十
血液		1. 职业性急性白血病。 2. 急性重型再生障碍性贫血	1. 粒细胞缺乏症。 2. 再生障碍性贫血。 3. 职业性慢性白血病。 4. 中毒性血液病，骨髓增生异常综合征。 5. 中毒性血液病，严重出血或血小板含量 $\leq 2\times10^{10}/L$		1. 中毒性血液病，血小板减少（$\leq 4\times10^{10}/L$）并有出血倾向。 2. 中毒性血液病，白细胞含量持续 $<3\times10^9/L$（$<3000/mm^3$）或粒细胞含量 $<1.5\times10^9/L$（$1500/mm^3$）	白血病完全缓解	1. 再生障碍性贫血完全缓解。 2. 白细胞减少症，含量持续 $<4\times10^9/L$（$4000/mm^3$）。 3. 中性粒细胞减少症，含量持续 $<2\times10^9/L$（$2000/mm^3$）			
肝脏	1. 职业性肝血管肉瘤，重度肝功能损害。 2. 肝硬化伴食道静脉破裂出血，肝功能重度损害	1. 慢性重度中毒性肝病。 2. 肝血管肉瘤			慢性中度中毒性肝病		慢性轻度中毒性肝病			

续表

伤残类别	分级									
	一	二	三	四	五	六	七	八	九	十
免疫功能				免疫功能明显减退						免疫功能轻度减退
内分泌				肾上腺皮质功能明显减退		肾上腺皮质功能轻度减退				
肾脏	肾功能不全尿症期，内生肌酐清除率持续＜10mL/min，或血浆肌酐水平持续＞707μmol/L（8mg/dL）	肾功能不全尿毒症期，内生肌酐清除率持续＜25mL/min，或血浆肌酐水平持续＞450μmol/L（5mg/dL）			肾功能不全失代偿期，内生肌酐清除率持续＜50mL/rmin，或血浆肌酐水平持续＞177μmol/L（2mg/dL）	1. 中毒性肾病，特续性低分子蛋白尿伴白蛋白尿。 2. 中毒性肾病，肾小管浓缩功能减退	肾功能不全代偿期，内生肌酐清除率＜70mL/min	中毒性肾病，持续低分子蛋白尿		

续表

伤残类别	分级									
	一	二	三	四	五	六	七	八	九	十
其他		1. 职业性膀胱癌。 2. 放射性肿瘤	1. 砷性皮肤癌。 2. 放射性皮肤癌		1. 慢性重度磷中毒。 2. 重度手臂振动病。 3. 放射性损伤致睾丸萎缩	1. 放射件损伤致甲状腺功能低下。 2. 减压性骨坏死Ⅲ期。 3. 中度手臂振动病。 4. 氟及其无机化合物中毒慢性重度中毒	三度牙酸蚀病	1. 慢性中度磷中毒。 2. 氟及其无机化合物中毒慢性中度中毒。 3. 减压性骨坏死Ⅱ期。 4. 轻度手臂振动病。 5. 二度牙酸蚀。 6. 急性放射皮肤损伤Ⅳ度及慢性放射性皮肤损伤手术治疗后影响肢体功能。 7. 放射性皮肤溃疡经久不愈者		1. 慢性轻度磷中毒。 2. 氟及其无机化合物中毒慢性轻度中毒。 3. 井下工人滑囊炎。 4. 减压性骨坏死Ⅰ期。 5. 一度牙酸蚀病。 6. 职业性皮肤病久治不愈。 7. 一手或两手慢性放射性皮肤损伤Ⅱ度及Ⅱ度以上者

第五部分

工伤保险待遇

中华人民共和国军人保险法(摘录)

(2012 年 4 月 27 日第十一届全国人民代表大会常务委员会第二十六次会议通过)

第十一条　已经评定残疾等级的因战、因公致残的军人退出现役参加工作后旧伤复发的，依法享受相应的工伤待遇。

第十二条　军人伤亡保险所需资金由国家承担，个人不缴纳保险费。

中共中央 国务院 中央军委 关于印发《军队转业干部安置暂行办法》的通知(摘录)

(2001年1月19日　中发〔2001〕3号)

第五十二条　计划分配到党和国家机关、团体、事业单位的军队转业干部，享受接收安置单位与其军队职务等级相应或者同等条件人员的医疗、养老、失业、工伤、生育等社会保险待遇；计划分配到企业的军队转业干部，按照国家有关规定参加社会保险，缴纳社会保险费，享受社会保险待遇。

第五十七条　军队转业干部随调随迁配偶、子女，已经参加医疗、养老、失业、工伤、生育等社会保险的，其社会保险关系和社会保险基金，由社会保险经办机构按照国家有关规定一并转移或者继续支付。未参加社会保险的，按照国家和安置地有关规定，参加医疗、养老、失业、工伤、生育等社会保险。

国务院关于严格执行工人退休、退职暂行办法的通知（摘录）

（1981年11月7日　国发〔1981〕164号）

三、必须加强对于退休、退职工人受聘待遇的管理。

退休、退职工人受聘后，聘用单位除了发给“补差”（即退休费或退职生活费与本人原标准工资的差额）外，还可视其工作成绩适当发给奖金。

按照《暂行办法》第一条（一）、（二）两项规定退休的工人受聘后，其退休待遇一般由原发退休费用的单位继续发给。

本通知下达前已按《暂行办法》第一条（三）、（四）两项和第五条规定退休、退职的工人受聘工作后，其退休、退职待遇由聘用单位发给，省、市、自治区认为有必要时，也可以规定某些待遇由原发退休、退职费用的单位发给。

退休、退职工人受聘到以安置青年就业为主，经济条件又比较困难的集体所有制单位工作后，其退休、退职待遇由原发退休、退职费用的单位发给。

退休、退职工人在受聘期间，因工伤残、因工死亡时，其保险待遇由聘用单位负担。

受聘的退休、退职工人，聘用期满解除合同以后，原发退休、退职费用的单位应该恢复其原来的各项待遇。

跨省、市、自治区聘用的退休、退职工人，其退休、退职待遇一律按发给退休、退职费用的单位所在省、市、自治区人民政府的规定办理。

退休工人个人开业的审批办法和退休待遇，由省、市、自治区人民政府酌情规定。

使用有毒物品作业场所劳动保护条例

（2002年5月12日　国务院令第352号）

第一章　总　则

第一条　为了保证作业场所安全使用有毒物品，预防、控制和消除职业中毒危害，保护劳动者的生命安全、身体健康及其相关权益，根据职业病防治法和其他有关法律、行政法规的规定，制定本条例。

第二条　作业场所使用有毒物品可能产生职业中毒危害的劳动保护，适用本条例。

第三条　按照有毒物品产生的职业中毒危害程度，有毒物品分为一般有毒物品和高毒物品。国家对作业场所使用高毒物品实行特殊管理。

一般有毒物品目录、高毒物品目录由国务院卫生行政部门会同有关部门依据国家标准制定、调整并公布。

第四条　从事使用有毒物品作业的用人单位（以下简称用人单位）应当使用符合国家标准的有毒物品，不得在作业场所使用国家明令禁止使用的有毒物品或者使用不符合国家标准的有毒物品。

用人单位应当尽可能使用无毒物品；需要使用有毒物品的，应当优先选择使用低毒物品。

第五条　用人单位应当依照本条例和其他有关法律、行政法规的规定，采取有效的防护措施，预防职业中毒事故的发生，依法参加工伤保险，保障劳动者的生命安全和身体健康。

第六条　国家鼓励研制、开发、推广、应用有利于预防、控制、消除职业中毒危害和保护劳动者健康的新技术、新工艺、新材料；限制使用或者淘汰有关职业中毒危害严重的技术、工艺、材料；加强对有关职业病的机理和发生规律的基础研究，提高有关职业病防治科学技术水平。

第七条　禁止使用童工。

用人单位不得安排未成年人和孕期、哺乳期的女职工从事使用有毒物品的作业。

第八条　工会组织应当督促并协助用人单位开展职业卫生宣传教育和培训，对用人单位的职业卫生工作提出意见和建议，与用人单位就劳动者反映的职业病防治问题进行协调并督促解决。

工会组织对用人单位违反法律、法规，侵犯劳动者合法权益的行为，有权要求纠正；产生严重职业中毒危害时，有权要求用人单位采取防护措施，或者向政府有关部门建议采取强制性措施；发生职业中毒事故时，有权参与事故调查处理；发现危及劳动者生命、健康的情形时，有权建议用人单位组织劳动者撤离危险现场，用人单位应当立即作出处理。

第九条　县级以上人民政府卫生行政部门及其他有关行政部门应当依据各自的职责，监督用人单位严格遵守本条例和其他有关法律、法规的规定，加强作业场所使用有毒物品的劳动保护，防止职业中毒事故发生，确保劳动者依法享有的权利。

第十条　各级人民政府应当加强对使用有毒物品作业场所职业卫生安全及相关劳动保护工作的领导，督促、支持卫生行政部门及其他有关行政部门依法履行监督检查职责，及时协调、解决有关重大问题；在发生职业中毒事故时，应当采取有效措施，控制事故危害的蔓延并消除事故危害，并妥善处理有关善后工作。

第二章　作业场所的预防措施

第十一条　用人单位的设立，应当符合有关法律、行政法规规定的设立条件，并依法办理有关手续，取得营业执照。

用人单位的使用有毒物品作业场所，除应当符合职业病防治法规定的职业卫生要求外，还必须符合下列要求：

（一）作业场所与生活场所分开，作业场所不得住人；

（二）有害作业与无害作业分开，高毒作业场所与其他作业场所隔离；

（三）设置有效的通风装置；可能突然泄漏大量有毒物品或者易造成急性中毒的作业场所，设置自动报警装置和事故通风设施；

（四）高毒作业场所设置应急撤离通道和必要的泄险区。

用人单位及其作业场所符合前两款规定的，由卫生行政部门发给职业卫生安全许可证，方可从事使用有毒物品的作业。

第十二条 使用有毒物品作业场所应当设置黄色区域警示线、警示标识和中文警示说明。警示说明应当载明产生职业中毒危害的种类、后果、预防以及应急救治措施等内容。

高毒作业场所应当设置红色区域警示线、警示标识和中文警示说明，并设置通讯报警设备。

第十三条 新建、扩建、改建的建设项目和技术改造、技术引进项目（以下统称建设项目），可能产生职业中毒危害的，应当依照职业病防治法的规定进行职业中毒危害预评价，并经卫生行政部门审核同意；可能产生职业中毒危害的建设项目的职业中毒危害防护设施应当与主体工程同时设计，同时施工，同时投入生产和使用；建设项目竣工，应当进行职业中毒危害控制效果评价，并经卫生行政部门验收合格。

存在高毒作业的建设项目的职业中毒危害防护设施设计，应当经卫生行政部门进行卫生审查；经审查，符合国家职业卫生标准和卫生要求的，方可施工。

第十四条 用人单位应当按照国务院卫生行政部门的规定，向卫生行政部门及时、如实申报存在职业中毒危害项目。

从事使用高毒物品作业的用人单位，在申报使用高毒物品作业项目时，应当向卫生行政部门提交下列有关资料：

（一）职业中毒危害控制效果评价报告；

（二）职业卫生管理制度和操作规程等材料；

（三）职业中毒事故应急救援预案。

从事使用高毒物品作业的用人单位变更所使用的高毒物品品种的，应当依照前款规定向原受理申报的卫生行政部门重新申报。

第十五条　用人单位变更名称、法定代表人或者负责人的，应当向原受理申报的卫生行政部门备案。

第十六条　从事使用高毒物品作业的用人单位，应当配备应急救援人员和必要的应急救援器材、设备，制定事故应急救援预案，并根据实际情况变化对应急救援预案适时进行修订，定期组织演练。事故应急救援预案和演练记录应当报当地卫生行政部门、安全生产监督管理部门和公安部门备案。

第三章　劳动过程的防护

第十七条　用人单位应当依照职业病防治法的有关规定，采取有效的职业卫生防护管理措施，加强劳动过程中的防护与管理。

从事使用高毒物品作业的用人单位，应当配备专职的或者兼职的职业卫生医师和护士；不具备配备专职的或者兼职的职业卫生医师和护士条件的，应当与依法取得资质认证的职业卫生技术服务机构签订合同，由其提供职业卫生服务。

第十八条　用人单位应当与劳动者订立劳动合同，将工作过程中可能产生的职业中毒危害及其后果、职业中毒危害防护措施和待遇等如实告知劳动者，并在劳动合同中写明，不得隐瞒或者欺骗。

劳动者在已订立劳动合同期间因工作岗位或者工作内容变

更，从事劳动合同中未告知的存在职业中毒危害的作业时，用人单位应当依照前款规定，如实告知劳动者，并协商变更原劳动合同有关条款。

用人单位违反前两款规定的，劳动者有权拒绝从事存在职业中毒危害的作业，用人单位不得因此单方面解除或者终止与劳动者所订立的劳动合同。

第十九条 用人单位有关管理人员应当熟悉有关职业病防治的法律、法规以及确保劳动者安全使用有毒物品作业的知识。

用人单位应当对劳动者进行上岗前的职业卫生培训和在岗期间的定期职业卫生培训，普及有关职业卫生知识，督促劳动者遵守有关法律、法规和操作规程，指导劳动者正确使用职业中毒危害防护设备和个人使用的职业中毒危害防护用品。

劳动者经培训考核合格，方可上岗作业。

第二十条 用人单位应当确保职业中毒危害防护设备、应急救援设施、通讯报警装置处于正常适用状态，不得擅自拆除或者停止运行。

用人单位应当对前款所列设施进行经常性的维护、检修，定期检测其性能和效果，确保其处于良好运行状态。

职业中毒危害防护设备、应急救援设施和通讯报警装置处于不正常状态时，用人单位应当立即停止使用有毒物品作业；恢复正常状态后，方可重新作业。

第二十一条 用人单位应当为从事使用有毒物品作业的劳动者提供符合国家职业卫生标准的防护用品，并确保劳动者正确使用。

第二十二条 有毒物品必须附具说明书，如实载明产品特性、主要成分、存在的职业中毒危害因素、可能产生的危害后果、安全使用注意事项、职业中毒危害防护以及应急救治措施等内容；没有说明书或者说明书不符合要求的，不得向用人单位销售。

用人单位有权向生产、经营有毒物品的单位索取说明书。

第二十三条　有毒物品的包装应当符合国家标准，并以易于劳动者理解的方式加贴或者拴挂有毒物品安全标签。有毒物品的包装必须有醒目的警示标识和中文警示说明。

经营、使用有毒物品的单位，不得经营、使用没有安全标签、警示标识和中文警示说明的有毒物品。

第二十四条　用人单位维护、检修存在高毒物品的生产装置，必须事先制订维护、检修方案，明确职业中毒危害防护措施，确保维护、检修人员的生命安全和身体健康。

维护、检修存在高毒物品的生产装置，必须严格按照维护、检修方案和操作规程进行。维护、检修现场应当有专人监护，并设置警示标志。

第二十五条　需要进入存在高毒物品的设备、容器或者狭窄封闭场所作业时，用人单位应当事先采取下列措施：

（一）保持作业场所良好的通风状态，确保作业场所职业中毒危害因素浓度符合国家职业卫生标准；

（二）为劳动者配备符合国家职业卫生标准的防护用品；

（三）设置现场监护人员和现场救援设备。

未采取前款规定措施或者采取的措施不符合要求的，用人单位不得安排劳动者进入存在高毒物品的设备、容器或者狭窄封闭场所作业。

第二十六条　用人单位应当按照国务院卫生行政部门的规定，定期对使用有毒物品作业场所职业中毒危害因素进行检测、评价。检测、评价结果存入用人单位职业卫生档案，定期向所在地卫生行政部门报告并向劳动者公布。

从事使用高毒物品作业的用人单位应当至少每一个月对高毒作业场所进行一次职业中毒危害因素检测；至少每半年进行一次职业中毒危害控制效果评价。

高毒作业场所职业中毒危害因素不符合国家职业卫生标准和

卫生要求时，用人单位必须立即停止高毒作业，并采取相应的治理措施；经治理，职业中毒危害因素符合国家职业卫生标准和卫生要求的，方可重新作业。

第二十七条 从事使用高毒物品作业的用人单位应当设置淋浴间和更衣室，并设置清洗、存放或者处理从事使用高毒物品作业劳动者的工作服、工作鞋帽等物品的专用间。

劳动者结束作业时，其使用的工作服、工作鞋帽等物品必须存放在高毒作业区域内，不得穿戴到非高毒作业区域。

第二十八条 用人单位应当按照规定对从事使用高毒物品作业的劳动者进行岗位轮换。

用人单位应当为从事使用高毒物品作业的劳动者提供岗位津贴。

第二十九条 用人单位转产、停产、停业或者解散、破产的，应当采取有效措施，妥善处理留存或者残留有毒物品的设备、包装物和容器。

第三十条 用人单位应当对本单位执行本条例规定的情况进行经常性的监督检查；发现问题，应当及时依照本条例规定的要求进行处理。

第四章 职业健康监护

第三十一条 用人单位应当组织从事使用有毒物品作业的劳动者进行上岗前职业健康检查。

用人单位不得安排未经上岗前职业健康检查的劳动者从事使用有毒物品的作业，不得安排有职业禁忌的劳动者从事其所禁忌的作业。

第三十二条 用人单位应当对从事使用有毒物品作业的劳动者进行定期职业健康检查。

用人单位发现有职业禁忌或者有与所从事职业相关的健康损害的劳动者，应当将其及时调离原工作岗位，并妥善安置。

用人单位对需要复查和医学观察的劳动者，应当按照体检机构的要求安排其复查和医学观察。

第三十三条　用人单位应当对从事使用有毒物品作业的劳动者进行离岗时的职业健康检查；对离岗时未进行职业健康检查的劳动者，不得解除或者终止与其订立的劳动合同。

用人单位发生分立、合并、解散、破产等情形的，应当对从事使用有毒物品作业的劳动者进行健康检查，并按照国家有关规定妥善安置职业病病人。

第三十四条　用人单位对受到或者可能受到急性职业中毒危害的劳动者，应当及时组织进行健康检查和医学观察。

第三十五条　劳动者职业健康检查和医学观察的费用，由用人单位承担。

第三十六条　用人单位应当建立职业健康监护档案。

职业健康监护档案应当包括下列内容：

（一）劳动者的职业史和职业中毒危害接触史；

（二）相应作业场所职业中毒危害因素监测结果；

（三）职业健康检查结果及处理情况；

（四）职业病诊疗等劳动者健康资料。

第五章　劳动者的权利与义务

第三十七条　从事使用有毒物品作业的劳动者在存在威胁生命安全或者身体健康危险的情况下，有权通知用人单位并从使用有毒物品造成的危险现场撤离。

用人单位不得因劳动者依据前款规定行使权利，而取消或者减少劳动者在正常工作时享有的工资、福利待遇。

第三十八条　劳动者享有下列职业卫生保护权利：

（一）获得职业卫生教育、培训；

（二）获得职业健康检查、职业病诊疗、康复等职业病防治服务；

（三）了解工作场所产生或者可能产生的职业中毒危害因素、危害后果和应当采取的职业中毒危害防护措施；

（四）要求用人单位提供符合防治职业病要求的职业中毒危害防护设施和个人使用的职业中毒危害防护用品，改善工作条件；

（五）对违反职业病防治法律、法规，危及生命、健康的行为提出批评、检举和控告；

（六）拒绝违章指挥和强令进行没有职业中毒危害防护措施的作业；

（七）参与用人单位职业卫生工作的民主管理，对职业病防治工作提出意见和建议。

用人单位应当保障劳动者行使前款所列权利。禁止因劳动者依法行使正当权利而降低其工资、福利等待遇或者解除、终止与其订立的劳动合同。

第三十九条 劳动者有权在正式上岗前从用人单位获得下列资料：

（一）作业场所使用的有毒物品的特性、有害成分、预防措施、教育和培训资料；

（二）有毒物品的标签、标识及有关资料；

（三）有毒物品安全使用说明书；

（四）可能影响安全使用有毒物品的其他有关资料。

第四十条 劳动者有权查阅、复印其本人职业健康监护档案。

劳动者离开用人单位时，有权索取本人健康监护档案复印件；用人单位应当如实、无偿提供，并在所提供的复印件上签章。

第四十一条 用人单位按照国家规定参加工伤保险的，患职业病的劳动者有权按照国家有关工伤保险的规定，享受下列工伤保险待遇：

（一）医疗费：因患职业病进行诊疗所需费用，由工伤保险基金按照规定标准支付；

（二）住院伙食补助费：由用人单位按照当地因公出差伙食标准的一定比例支付；

（三）康复费：由工伤保险基金按照规定标准支付；

（四）残疾用具费：因残疾需要配置辅助器具的，所需费用由工伤保险基金按照普及型辅助器具标准支付；

（五）停工留薪期待遇：原工资、福利待遇不变，由用人单位支付；

（六）生活护理补助费：经评残并确认需要生活护理的，生活护理补助费由工伤保险基金按照规定标准支付；

（七）一次性伤残补助金：经鉴定为十级至一级伤残的，按照伤残等级享受相当于 6 个月至 24 个月的本人工资的一次性伤残补助金，由工伤保险基金支付；

（八）伤残津贴：经鉴定为四级至一级伤残的，按照规定享受相当于本人工资 75% 至 90% 的伤残津贴，由工伤保险基金支付；

（九）死亡补助金：因职业中毒死亡的，由工伤保险基金按照不低于 48 个月的统筹地区上年度职工月平均工资的标准一次支付；

（十）丧葬补助金：因职业中毒死亡的，由工伤保险基金按照 6 个月的统筹地区上年度职工月平均工资的标准一次支付；

（十一）供养亲属抚恤金：因职业中毒死亡的，对由死者生前提供主要生活来源的亲属由工伤保险基金支付抚恤金：对其配偶每月按照统筹地区上年度职工月平均工资的 40% 发给，对其生前供养的直系亲属每人每月按照统筹地区上年度职工月平均工资的 30% 发给；

（十二）国家规定的其他工伤保险待遇。

本条例施行后，国家对工伤保险待遇的项目和标准作出调整时，从其规定。

第四十二条 用人单位未参加工伤保险的，其劳动者从事有毒物品作业患职业病的，用人单位应当按照国家有关工伤保险规定的项目和标准，保证劳动者享受工伤待遇。

第四十三条 用人单位无营业执照以及被依法吊销营业执照，其劳动者从事使用有毒物品作业患职业病的，应当按照国家有关工伤保险规定的项目和标准，给予劳动者一次性赔偿。

第四十四条 用人单位分立、合并的，承继单位应当承担由原用人单位对患职业病的劳动者承担的补偿责任。

用人单位解散、破产的，应当依法从其清算财产中优先支付患职业病的劳动者的补偿费用。

第四十五条 劳动者除依法享有工伤保险外，依照有关民事法律的规定，尚有获得赔偿的权利的，有权向用人单位提出赔偿要求。

第四十六条 劳动者应当学习和掌握相关职业卫生知识，遵守有关劳动保护的法律、法规和操作规程，正确使用和维护职业中毒危害防护设施及其用品；发现职业中毒事故隐患时，应当及时报告。

作业场所出现使用有毒物品产生的危险时，劳动者应当采取必要措施，按照规定正确使用防护设施，将危险加以消除或者减少到最低限度。

第六章　监督管理

第四十七条 县级以上人民政府卫生行政部门应当依照本条例的规定和国家有关职业卫生要求，依据职责划分，对作业场所使用有毒物品作业及职业中毒危害检测、评价活动进行监督检查。

卫生行政部门实施监督检查，不得收取费用，不得接受用人单位的财物或者其他利益。

第四十八条 卫生行政部门应当建立、健全监督制度，核查反映用人单位有关劳动保护的材料，履行监督责任。

用人单位应当向卫生行政部门如实、具体提供反映有关劳动保护的材料；必要时，卫生行政部门可以查阅或者要求用人单位报送有关材料。

第四十九条 卫生行政部门应当监督用人单位严格执行有关职业卫生规范。

卫生行政部门应当依照本条例的规定对使用有毒物品作业场所的职业卫生防护设备、设施的防护性能进行定期检验和不定期的抽查；发现职业卫生防护设备、设施存在隐患时，应当责令用人单位立即消除隐患；消除隐患期间，应当责令其停止作业。

第五十条 卫生行政部门应当采取措施，鼓励对用人单位的违法行为进行举报、投诉、检举和控告。

卫生行政部门对举报、投诉、检举和控告应当及时核实，依法作出处理，并将处理结果予以公布。

卫生行政部门对举报人、投诉人、检举人和控告人负有保密的义务。

第五十一条 卫生行政部门执法人员依法执行职务时，应当出示执法证件。

卫生行政部门执法人员应当忠于职守，秉公执法；涉及用人单位秘密的，应当为其保密。

第五十二条 卫生行政部门依法实施罚款的行政处罚，应当依照有关法律、行政法规的规定，实施罚款决定与罚款收缴分离；收缴的罚款以及依法没收的经营所得，必须全部上缴国库。

第五十三条 卫生行政部门履行监督检查职责时，有权采取下列措施：

（一）进入用人单位和使用有毒物品作业场所现场，了解情况，调查取证，进行抽样检查、检测、检验，进行实地检查；

（二）查阅或者复制与违反本条例行为有关的资料，采集样品；

（三）责令违反本条例规定的单位和个人停止违法行为。

第五十四条 发生职业中毒事故或者有证据证明职业中毒危害状态可能导致事故发生时，卫生行政部门有权采取下列临时控制措施：

（一）责令暂停导致职业中毒事故的作业；

（二）封存造成职业中毒事故或者可能导致事故发生的物品；

（三）组织控制职业中毒事故现场。

在职业中毒事故或者危害状态得到有效控制后，卫生行政部门应当及时解除控制措施。

第五十五条 卫生行政部门执法人员依法执行职务时，被检查单位应当接受检查并予以支持、配合，不得拒绝和阻碍。

第五十六条 卫生行政部门应当加强队伍建设，提高执法人员的政治、业务素质，依照本条例的规定，建立、健全内部监督制度，对执法人员执行法律、法规和遵守纪律的情况进行监督检查。

第七章 罚 则

第五十七条 卫生行政部门的工作人员有下列行为之一，导致职业中毒事故发生的，依照刑法关于滥用职权罪、玩忽职守罪或者其他罪的规定，依法追究刑事责任；造成职业中毒危害但尚未导致职业中毒事故发生，不够刑事处罚的，根据不同情节，依法给予降级、撤职或者开除的行政处分：

（一）对不符合本条例规定条件的涉及使用有毒物品作业事项，予以批准的；

（二）发现用人单位擅自从事使用有毒物品作业，不予取缔的；

（三）对依法取得批准的用人单位不履行监督检查职责，发现其不再具备本条例规定的条件而不撤销原批准或者发现违反本条例的其他行为不予查处的；

（四）发现用人单位存在职业中毒危害，可能造成职业中毒事故，不及时依法采取控制措施的。

第五十八条 用人单位违反本条例的规定，有下列情形之一的，由卫生行政部门给予警告，责令限期改正，处10万元以上50万元以下的罚款；逾期不改正的，提请有关人民政府按照国务院规定的权限责令停建、予以关闭；造成严重职业中毒危害或者导致职业中毒事故发生的，对负有责任的主管人员和其他直接责任人员依照刑法关于重大劳动安全事故罪或者其他罪的规定，依法追究刑事责任：

（一）可能产生职业中毒危害的建设项目，未依照职业病防治法的规定进行职业中毒危害预评价，或者预评价未经卫生行政部门审核同意，擅自开工的；

（二）职业卫生防护设施未与主体工程同时设计，同时施工，同时投入生产和使用的；

（三）建设项目竣工，未进行职业中毒危害控制效果评价，或者未经卫生行政部门验收或者验收不合格，擅自投入使用的；

（四）存在高毒作业的建设项目的防护设施设计未经卫生行政部门审查同意，擅自施工的。

第五十九条 用人单位违反本条例的规定，有下列情形之一的，由卫生行政部门给予警告，责令限期改正，处5万元以上20万元以下的罚款；逾期不改正的，提请有关人民政府按照国务院规定的权限予以关闭；造成严重职业中毒危害或者导致职业中毒事故发生的，对负有责任的主管人员和其他直接责任人员依照刑法关于重大劳动安全事故罪或者其他罪的规定，依法追究刑事责任：

（一）使用有毒物品作业场所未按照规定设置警示标识和中文警示说明的；

（二）未对职业卫生防护设备、应急救援设施、通讯报警装置进行维护、检修和定期检测，导致上述设施处于不正常状态的；

（三）未依照本条例的规定进行职业中毒危害因素检测和职业中毒危害控制效果评价的；

（四）高毒作业场所未按照规定设置撤离通道和泄险区的；

（五）高毒作业场所未按照规定设置警示线的；

（六）未向从事使用有毒物品作业的劳动者提供符合国家职业卫生标准的防护用品，或者未保证劳动者正确使用的。

第六十条 用人单位违反本条例的规定，有下列情形之一的，由卫生行政部门给予警告，责令限期改正，处 5 万元以上 30 万元以下的罚款；逾期不改正的，提请有关人民政府按照国务院规定的权限予以关闭；造成严重职业中毒危害或者导致职业中毒事故发生的，对负有责任的主管人员和其他直接责任人员依照刑法关于重大责任事故罪、重大劳动安全事故罪或者其他罪的规定，依法追究刑事责任：

（一）使用有毒物品作业场所未设置有效通风装置的，或者可能突然泄漏大量有毒物品或者易造成急性中毒的作业场所未设置自动报警装置或者事故通风设施的；

（二）职业卫生防护设备、应急救援设施、通讯报警装置处于不正常状态而不停止作业，或者擅自拆除或者停止运行职业卫生防护设备、应急救援设施、通讯报警装置的。

第六十一条 从事使用高毒物品作业的用人单位违反本条例的规定，有下列行为之一的，由卫生行政部门给予警告，责令限期改正，处 5 万元以上 20 万元以下的罚款；逾期不改正的，提请有关人民政府按照国务院规定的权限予以关闭；造成严重职业中毒危害或者导致职业中毒事故发生的，对负有责任的主管人员和其他直接责任人员依照刑法关于重大责任事故罪或者其他罪的规定，依法追究刑事责任：

（一）作业场所职业中毒危害因素不符合国家职业卫生标准和卫生要求而不立即停止高毒作业并采取相应的治理措施的，或者职业中毒危害因素治理不符合国家职业卫生标准和卫生要求重新作业的；

（二）未依照本条例的规定维护、检修存在高毒物品的生产装置的；

（三）未采取本条例规定的措施，安排劳动者进入存在高毒物品的设备、容器或者狭窄封闭场所作业的。

第六十二条　在作业场所使用国家明令禁止使用的有毒物品或者使用不符合国家标准的有毒物品的，由卫生行政部门责令立即停止使用，处 5 万元以上 30 万元以下的罚款；情节严重的，责令停止使用有毒物品作业，或者提请有关人民政府按照国务院规定的权限予以关闭；造成严重职业中毒危害或者导致职业中毒事故发生的，对负有责任的主管人员和其他直接责任人员依照刑法关于危险物品肇事罪、重大责任事故罪或者其他罪的规定，依法追究刑事责任。

第六十三条　用人单位违反本条例的规定，有下列行为之一的，由卫生行政部门给予警告，责令限期改正；逾期不改正的，处 5 万元以上 30 万元以下的罚款；造成严重职业中毒危害或者导致职业中毒事故发生的，对负有责任的主管人员和其他直接责任人员依照刑法关于重大责任事故罪或者其他罪的规定，依法追究刑事责任：

（一）使用未经培训考核合格的劳动者从事高毒作业的；

（二）安排有职业禁忌的劳动者从事所禁忌的作业的；

（三）发现有职业禁忌或者有与所从事职业相关的健康损害的劳动者，未及时调离原工作岗位，并妥善安置的；

（四）安排未成年人或者孕期、哺乳期的女职工从事使用有毒物品作业的；

（五）使用童工的。

第六十四条 违反本条例的规定，未经许可，擅自从事使用有毒物品作业的，由工商行政管理部门、卫生行政部门依据各自职权予以取缔；造成职业中毒事故的，依照刑法关于危险物品肇事罪或者其他罪的规定，依法追究刑事责任；尚不够刑事处罚的，由卫生行政部门没收经营所得，并处经营所得3倍以上5倍以下的罚款；对劳动者造成人身伤害的，依法承担赔偿责任。

第六十五条 从事使用有毒物品作业的用人单位违反本条例的规定，在转产、停产、停业或者解散、破产时未采取有效措施，妥善处理留存或者残留高毒物品的设备、包装物和容器的，由卫生行政部门责令改正，处2万元以上10万元以下的罚款；触犯刑律的，对负有责任的主管人员和其他直接责任人员依照刑法关于重大环境污染事故罪、危险物品肇事罪或者其他罪的规定，依法追究刑事责任。

第六十六条 用人单位违反本条例的规定，有下列情形之一的，由卫生行政部门给予警告，责令限期改正，处5000元以上2万元以下的罚款；逾期不改正的，责令停止使用有毒物品作业，或者提请有关人民政府按照国务院规定的权限予以关闭；造成严重职业中毒危害或者导致职业中毒事故发生的，对负有责任的主管人员和其他直接责任人员依照刑法关于重大劳动安全事故罪、危险物品肇事罪或者其他罪的规定，依法追究刑事责任：

（一）使用有毒物品作业场所未与生活场所分开或者在作业场所住人的；

（二）未将有害作业与无害作业分开的；

（三）高毒作业场所未与其他作业场所有效隔离的；

（四）从事高毒作业未按照规定配备应急救援设施或者制定事故应急救援预案的。

第六十七条 用人单位违反本条例的规定，有下列情形之一的，由卫生行政部门给予警告，责令限期改正，处2万元以上5万元以下的罚款；逾期不改正的，提请有关人民政府按照国务院规定的权限予以关闭：

（一）未按照规定向卫生行政部门申报高毒作业项目的；

（二）变更使用高毒物品品种，未按照规定向原受理申报的卫生行政部门重新申报，或者申报不及时、有虚假的。

第六十八条　用人单位违反本条例的规定，有下列行为之一的，由卫生行政部门给予警告，责令限期改正，处2万元以上5万元以下的罚款；逾期不改正的，责令停止使用有毒物品作业，或者提请有关人民政府按照国务院规定的权限予以关闭：

（一）未组织从事使用有毒物品作业的劳动者进行上岗前职业健康检查，安排未经上岗前职业健康检查的劳动者从事使用有毒物品作业的；

（二）未组织从事使用有毒物品作业的劳动者进行定期职业健康检查的；

（三）未组织从事使用有毒物品作业的劳动者进行离岗职业健康检查的；

（四）对未进行离岗职业健康检查的劳动者，解除或者终止与其订立的劳动合同的；

（五）发生分立、合并、解散、破产情形，未对从事使用有毒物品作业的劳动者进行健康检查，并按照国家有关规定妥善安置职业病病人的；

（六）对受到或者可能受到急性职业中毒危害的劳动者，未及时组织进行健康检查和医学观察的；

（七）未建立职业健康监护档案的；

（八）劳动者离开用人单位时，用人单位未如实、无偿提供职业健康监护档案的；

（九）未依照职业病防治法和本条例的规定将工作过程中可能产生的职业中毒危害及其后果、有关职业卫生防护措施和待遇等如实告知劳动者并在劳动合同中写明的；

（十）劳动者在存在威胁生命、健康危险的情况下，从危险现场中撤离，而被取消或者减少应当享有的待遇的。

第六十九条 用人单位违反本条例的规定，有下列行为之一的，由卫生行政部门给予警告，责令限期改正，处5000元以上2万元以下的罚款；逾期不改正的，责令停止使用有毒物品作业，或者提请有关人民政府按照国务院规定的权限予以关闭：

（一）未按照规定配备或者聘请职业卫生医师和护士的；

（二）未为从事使用高毒物品作业的劳动者设置淋浴间、更衣室或者未设置清洗、存放和处理工作服、工作鞋帽等物品的专用间，或者不能正常使用的；

（三）未安排从事使用高毒物品作业一定年限的劳动者进行岗位轮换的。

第八章　附　则

第七十条 涉及作业场所使用有毒物品可能产生职业中毒危害的劳动保护的有关事项，本条例未作规定的，依照职业病防治法和其他有关法律、行政法规的规定执行。

有毒物品的生产、经营、储存、运输、使用和废弃处置的安全管理，依照危险化学品安全管理条例执行。

第七十一条 本条例自公布之日起施行。

禁止使用童工规定（摘录）

（2002 年 10 月 1 日　国务院令第 364 号）

第十条　童工患病或者受伤的，用人单位应当负责送到医疗机构治疗，并负担治疗期间的全部医疗和生活费用。

童工伤残或者死亡的，用人单位由工商行政管理部门吊销营业执照或者由民政部门撤销民办非企业单位登记；用人单位是国家机关、事业单位的，由有关单位依法对直接负责的主管人员和其他直接责任人员给予降级或者撤职的行政处分或者纪律处分；用人单位还应当一次性地对伤残的童工、死亡童工的直系亲属给予赔偿，赔偿金额按照国家工伤保险的有关规定计算。

中华人民共和国劳动合同法实施条例（摘录）

（2008年9月18日　国务院令第535号）

第二十三条　用人单位依法终止工伤职工的劳动合同的，除依照劳动合同法第四十七条的规定支付经济补偿外，还应当依照国家有关工伤保险的规定支付一次性工伤医疗补助金和伤残就业补助金。

军人抚恤优待条例(摘录)

(2004年8月1日国务院、中央军事委员会令第413号公布　根据2011年7月29日《国务院、中央军事委员会关于修改〈军人抚恤优待条例〉的决定》修订　根据2019年3月2日《国务院关于修改部分行政法规的决定》修正)

第三十四条　国家对一至六级残疾军人的医疗费用按照规定予以保障，由所在医疗保险统筹地区社会保险经办机构单独列账管理。具体办法由国务院退役军人事务部门会同国务院人力资源社会保障部门、财政部门规定。

七至十级残疾军人旧伤复发的医疗费用，已经参加工伤保险的，由工伤保险基金支付，未参加工伤保险，有工作的由工作单位解决，没有工作的由当地县级以上地方人民政府负责解决；七至十级残疾军人旧伤复发以外的医疗费用，未参加医疗保险且本人支付有困难的，由当地县级以上地方人民政府酌情给予补助。

残疾军人、复员军人、带病回乡退伍军人以及因公牺牲军人遗属、病故军人遗属享受医疗优惠待遇。具体办法由省、自治区、直辖市人民政府规定。

中央财政对抚恤优待对象人数较多的困难地区给予适当补助，用于帮助解决抚恤优待对象的医疗费用困难问题。

第三十五条　在国家机关、社会团体、企业事业单位工作的残疾军人，享受与所在单位工伤人员同等的生活福利和医疗待遇。所在单位不得因其残疾将其辞退、解聘或者解除劳动关系。

退役士兵安置条例(摘录)

(2011 年 10 月 29 日　国务院 中央军事委员会令第 608 号)

第三十九条　对安排工作的残疾退役士兵，所在单位不得因其残疾与其解除劳动关系或者人事关系。

安排工作的因战、因公致残退役士兵，享受与所在单位工伤人员同等的生活福利和医疗待遇。

最高人民法院关于审理人身损害赔偿案件适用法律若干问题的解释（摘录）

（2003 年 12 月 26 日　法释〔2003〕20 号）

第十一条　雇员在从事雇佣活动中遭受人身损害，雇主应当承担赔偿责任。雇佣关系以外的第三人造成雇员人身损害的，赔偿权利人可以请求第三人承担赔偿责任，也可以请求雇主承担赔偿责任。雇主承担赔偿责任后，可以向第三人追偿。

雇员在从事雇佣活动中因安全生产事故遭受人身损害，发包人、分包人知道或者应当知道接受发包或者分包业务的雇主没有相应资质或者安全生产条件的，应当与雇主承担连带赔偿责任。

属于《工伤保险条例》调整的劳动关系和工伤保险范围的，不适用本条规定。

第十二条　依法应当参加工伤保险统筹的用人单位的劳动者，因工伤事故遭受人身损害，劳动者或者其近亲属向人民法院起诉请求用人单位承担民事赔偿责任的，告知其按《工伤保险条例》的规定处理。

因用人单位以外的第三人侵权造成劳动者人身损害，赔偿权利人请求第三人承担民事赔偿责任的，人民法院应予支持。

因工死亡职工供养亲属范围规定

（2003年9月23日　劳动和社会保障部令第18号）

第一条　为明确因工死亡职工供养亲属范围，根据《工伤保险条例》第三十七条第一款第二项的授权，制定本规定。

第二条　本规定所称因工死亡职工供养亲属，是指该职工的配偶、子女、父母、祖父母、外祖父母、孙子女、外孙子女、兄弟姐妹。

本规定所称子女，包括婚生子女、非婚生子女、养子女和有抚养关系的继子女，其中，婚生子女、非婚生子女包括遗腹子女；

本规定所称父母，包括生父母、养父母和有抚养关系的继父母；

本规定所称兄弟姐妹，包括同父母的兄弟姐妹、同父异母或者同母异父的兄弟姐妹、养兄弟姐妹、有抚养关系的继兄弟姐妹。

第三条　上条规定的人员，依靠因工死亡职工生前提供主要生活来源，并有下列情形之一的，可按规定申请供养亲属抚恤金：

（一）完全丧失劳动能力的；

（二）工亡职工配偶男年满60周岁、女年满55周岁的；

（三）工亡职工父母男年满60周岁、女年满55周岁的；

（四）工亡职工子女未满18周岁的；

（五）工亡职工父母均已死亡，其祖父、外祖父年满60周岁，祖母、外祖母年满55周岁的；

（六）工亡职工子女已经死亡或完全丧失劳动能力，其孙子女、外孙子女未满18周岁的；

（七）工亡职工父母均已死亡或完全丧失劳动能力，其兄弟姐妹未满18周岁的。

第四条　领取抚恤金人员有下列情形之一的，停止享受抚恤金待遇：

（一）年满18周岁且未完全丧失劳动能力的；

（二）就业或参军的；

（三）工亡职工配偶再婚的；

（四）被他人或组织收养的；

（五）死亡的。

第五条　领取抚恤金的人员，在被判刑收监执行期间，停止享受抚恤金待遇。刑满释放仍符合领取抚恤金资格的，按规定的标准享受抚恤金。

第六条　因工死亡职工供养亲属享受抚恤金待遇的资格，由统筹地区社会保险经办机构核定。

因工死亡职工供养亲属的劳动能力鉴定，由因工死亡职工生前单位所在地设区的市级劳动能力鉴定委员会负责。

第七条　本办法自2004年1月1日起施行。

（编者注：本《规定》第一条“根据《工伤保险条例》第三十七条第一款第二项的授权，制定本规定。”根据2010年12月修订后的《工伤保险条例》规定，为第三十九条第一款第二项）

非法用工单位伤亡人员一次性赔偿办法

（2010 年 12 月 31 日　人力资源和社会保障部令第 9 号）

第一条　根据《工伤保险条例》第六十六条第一款的授权，制定本办法。

第二条　本办法所称非法用工单位伤亡人员，是指无营业执照或者未经依法登记、备案的单位以及被依法吊销营业执照或者撤销登记、备案的单位受到事故伤害或者患职业病的职工，或者用人单位使用童工造成的伤残、死亡童工。

前款所列单位必须按照本办法的规定向伤残职工或者死亡职工的近亲属、伤残童工或者死亡童工的近亲属给予一次性赔偿。

第三条　一次性赔偿包括受到事故伤害或者患职业病的职工或童工在治疗期间的费用和一次性赔偿金。一次性赔偿金数额应当在受到事故伤害或者患职业病的职工或童工死亡或者经劳动能力鉴定后确定。

劳动能力鉴定按照属地原则由单位所在地设区的市级劳动能力鉴定委员会办理。劳动能力鉴定费用由伤亡职工或童工所在单位支付。

第四条　职工或童工受到事故伤害或者患职业病，在劳动能力鉴定之前进行治疗期间的生活费按照统筹地区上年度职工月平均工资标准确定，医疗费、护理费、住院期间的伙食补助费以及所需的交通费等费用按照《工伤保险条例》规定的标准和范围确定，并全部由伤残职工或童工所在单位支付。

第五条　一次性赔偿金按照以下标准支付：

一级伤残的为赔偿基数的 16 倍，二级伤残的为赔偿基数的

14 倍，三级伤残的为赔偿基数的 12 倍，四级伤残的为赔偿基数的 10 倍，五级伤残的为赔偿基数的 8 倍，六级伤残的为赔偿基数的 6 倍，七级伤残的为赔偿基数的 4 倍，八级伤残的为赔偿基数的 3 倍，九级伤残的为赔偿基数的 2 倍，十级伤残的为赔偿基数的 1 倍。

前款所称赔偿基数，是指单位所在工伤保险统筹地区上年度职工年平均工资。

第六条　受到事故伤害或者患职业病造成死亡的，按照上一年度全国城镇居民人均可支配收入的 20 倍支付一次性赔偿金，并按照上一年度全国城镇居民人均可支配收入的 10 倍一次性支付丧葬补助等其他赔偿金。

第七条　单位拒不支付一次性赔偿的，伤残职工或者死亡职工的近亲属、伤残童工或者死亡童工的近亲属可以向人力资源和社会保障行政部门举报。经查证属实的，人力资源和社会保障行政部门应当责令该单位限期改正。

第八条　伤残职工或者死亡职工的近亲属、伤残童工或者死亡童工的近亲属就赔偿数额与单位发生争议的，按照劳动争议处理的有关规定处理。

第九条　本办法自 2011 年 1 月 1 日起施行。劳动和社会保障部 2003 年 9 月 23 日颁布的《非法用工单位伤亡人员一次性赔偿办法》同时废止。

工伤保险辅助器具配置管理办法

（2016年2月16日人力资源和社会保障部、民政部、国家卫生和计划生育委员会令第27号公布　根据2018年12月14日《人力资源社会保障部关于修改部分规章的决定》修订）

第一章　总　则

第一条　为了规范工伤保险辅助器具配置管理，维护工伤职工的合法权益，根据《工伤保险条例》，制定本办法。

第二条　工伤职工因日常生活或者就业需要，经劳动能力鉴定委员会确认，配置假肢、矫形器、假眼、假牙和轮椅等辅助器具的，适用本办法。

第三条　人力资源社会保障行政部门负责工伤保险辅助器具配置的监督管理工作。民政、卫生计生等行政部门在各自职责范围内负责工伤保险辅助器具配置的有关监督管理工作。

社会保险经办机构（以下称经办机构）负责对申请承担工伤保险辅助器具配置服务的辅助器具装配机构和医疗机构（以下称工伤保险辅助器具配置机构）进行协议管理，并按照规定核付配置费用。

第四条　设区的市级（含直辖市的市辖区、县）劳动能力鉴定委员会（以下称劳动能力鉴定委员会）负责工伤保险辅助器具配置的确认工作。

第五条　省、自治区、直辖市人力资源社会保障行政部门负责制定工伤保险辅助器具配置机构评估确定办法。

经办机构按照评估确定办法，与工伤保险辅助器具配置机构签订服务协议，并向社会公布签订服务协议的工伤保险辅助器具配置机构（以下称协议机构）名单。

第六条 人力资源社会保障部根据社会经济发展水平、工伤职工日常生活和就业需要等，组织制定国家工伤保险辅助器具配置目录，确定配置项目、适用范围、最低使用年限等内容，并适时调整。

省、自治区、直辖市人力资源社会保障行政部门可以结合本地区实际，在国家目录确定的配置项目基础上，制定省级工伤保险辅助器具配置目录，适当增加辅助器具配置项目，并确定本地区辅助器具配置最高支付限额等具体标准。

第二章 确认与配置程序

第七条 工伤职工认为需要配置辅助器具的，可以向劳动能力鉴定委员会提出辅助器具配置确认申请，并提交下列材料：

（一）居民身份证或者社会保障卡等有效身份证明原件；

（二）有效的诊断证明、按照医疗机构病历管理有关规定复印或者复制的检查、检验报告等完整病历材料。

工伤职工本人因身体等原因无法提出申请的，可由其近亲属或者用人单位代为申请。

第八条 劳动能力鉴定委员会收到辅助器具配置确认申请后，应当及时审核；材料不完整的，应当自收到申请之日起 5 个工作日内一次性书面告知申请人需要补正的全部材料；材料完整的，应当在收到申请之日起 60 日内作出确认结论。伤情复杂、涉及医疗卫生专业较多的，作出确认结论的期限可以延长 30 日。

第九条 劳动能力鉴定委员会专家库应当配备辅助器具配置专家，从事辅助器具配置确认工作。

劳动能力鉴定委员会应当根据配置确认申请材料，从专家库中随机抽取 3 名或者 5 名专家组成专家组，对工伤职工本人进行现场配置确认。专家组中至少包括 1 名辅助器具配置专家、2 名与工伤职工伤情相关的专家。

第十条 专家组根据工伤职工伤情，依据工伤保险辅助器具配置目录有关规定，提出是否予以配置的确认意见。专家意见不一致时，按照少数服从多数的原则确定专家组的意见。

劳动能力鉴定委员会根据专家组确认意见作出配置辅助器具确认结论。其中，确认予以配置的，应当载明确认配置的理由、依据和辅助器具名称等信息；确认不予配置的，应当说明不予配置的理由。

第十一条 劳动能力鉴定委员会应当自作出确认结论之日起20日内将确认结论送达工伤职工及其用人单位，并抄送经办机构。

第十二条 工伤职工收到予以配置的确认结论后，及时向经办机构进行登记，经办机构向工伤职工出具配置费用核付通知单，并告知下列事项：

（一）工伤职工应当到协议机构进行配置；

（二）确认配置的辅助器具最高支付限额和最低使用年限；

（三）工伤职工配置辅助器具超目录或者超出限额部分的费用，工伤保险基金不予支付。

第十三条 工伤职工可以持配置费用核付通知单，选择协议机构配置辅助器具。

协议机构应当根据与经办机构签订的服务协议，为工伤职工提供配置服务，并如实记录工伤职工信息、配置器具产品信息、最高支付限额、最低使用年限以及实际配置费用等配置服务事项。

前款规定的配置服务记录经工伤职工签字后，分别由工伤职工和协议机构留存。

第十四条 协议机构或者工伤职工与经办机构结算配置费用时，应当出具配置服务记录。经办机构核查后，应当按照工伤保险辅助器具配置目录有关规定及时支付费用。

第十五条　工伤职工配置辅助器具的费用包括安装、维修、训练等费用，按照规定由工伤保险基金支付。

经经办机构同意，工伤职工到统筹地区以外的协议机构配置辅助器具发生的交通、食宿费用，可以按照统筹地区人力资源社会保障行政部门的规定，由工伤保险基金支付。

第十六条　辅助器具达到规定的最低使用年限的，工伤职工可以按照统筹地区人力资源社会保障行政部门的规定申请更换。

工伤职工因伤情发生变化，需要更换主要部件或者配置新的辅助器具的，经向劳动能力鉴定委员会重新提出确认申请并经确认后，由工伤保险基金支付配置费用。

第三章　管理与监督

第十七条　辅助器具配置专家应当具备下列条件之一：

（一）具有医疗卫生中高级专业技术职务任职资格；

（二）具有假肢师或者矫形器师职业资格；

（三）从事辅助器具配置专业技术工作 5 年以上。

辅助器具配置专家应当具有良好的职业品德。

第十八条　工伤保险辅助器具配置机构的具体条件，由省、自治区、直辖市人力资源社会保障行政部门会同民政、卫生计生行政部门规定。

第十九条　经办机构与工伤保险辅助器具配置机构签订的服务协议，应当包括下列内容：

（一）经办机构与协议机构名称、法定代表人或者主要负责人等基本信息；

（二）服务协议期限；

（三）配置服务内容；

（四）配置费用结算；

（五）配置管理要求；

（六）违约责任及争议处理；

（七）法律、法规规定应当纳入服务协议的其他事项。

第二十条 配置的辅助器具应当符合相关国家标准或者行业标准。统一规格的产品或者材料等辅助器具在装配前应当由国家授权的产品质量检测机构出具质量检测报告，标注生产厂家、产品品牌、型号、材料、功能、出品日期、使用期和保修期等事项。

第二十一条 协议机构应当建立工伤职工配置服务档案，并至少保存至服务期限结束之日起两年。经办机构可以对配置服务档案进行抽查，并作为结算配置费用的依据之一。

第二十二条 经办机构应当建立辅助器具配置工作回访制度，对辅助器具装配的质量和服务进行跟踪检查，并将检查结果作为对协议机构的评价依据。

第二十三条 工伤保险辅助器具配置机构违反国家规定的辅助器具配置管理服务标准，侵害工伤职工合法权益的，由民政、卫生计生行政部门在各自监管职责范围内依法处理。

第二十四条 有下列情形之一的，经办机构不予支付配置费用：

（一）未经劳动能力鉴定委员会确认，自行配置辅助器具的；

（二）在非协议机构配置辅助器具的；

（三）配置辅助器具超目录或者超出限额部分的；

（四）违反规定更换辅助器具的。

第二十五条 工伤职工或者其近亲属认为经办机构未依法支付辅助器具配置费用，或者协议机构认为经办机构未履行有关协议的，可以依法申请行政复议或者提起行政诉讼。

第四章 法律责任

第二十六条 经办机构在协议机构管理和核付配置费用过程中收受当事人财物的，由人力资源社会保障行政部门责令改正，对直接负责的主管人员和其他直接责任人员依法给予处分；情节严重，构成犯罪的，依法追究刑事责任。

第二十七条　从事工伤保险辅助器具配置确认工作的组织或者个人有下列情形之一的，由人力资源社会保障行政部门责令改正，处2000元以上1万元以下的罚款；情节严重，构成犯罪的，依法追究刑事责任：

（一）提供虚假确认意见的；

（二）提供虚假诊断证明或者病历的；

（三）收受当事人财物的。

第二十八条　协议机构不按照服务协议提供服务的，经办机构可以解除服务协议，并按照服务协议追究相应责任。

经办机构不按时足额结算配置费用的，由人力资源社会保障行政部门责令改正；协议机构可以解除服务协议。

第二十九条　用人单位、工伤职工或者其近亲属骗取工伤保险待遇，辅助器具装配机构、医疗机构骗取工伤保险基金支出的，按照《工伤保险条例》第六十条的规定，由人力资源社会保障行政部门责令退还，处骗取金额2倍以上5倍以下的罚款；情节严重，构成犯罪的，依法追究刑事责任。

第五章　附　则

第三十条　用人单位未依法参加工伤保险，工伤职工需要配置辅助器具的，按照本办法的相关规定执行，并由用人单位支付配置费用。

第三十一条　本办法自2016年4月1日起施行。

劳动部办公厅关于对远洋运输公司遇难船员善后处理问题的复函

（1997 年 5 月 4 日　劳办函〔1997〕68 号）

安徽省劳动厅：

你厅《关于我省远洋运输公司遇难船员善后处理问题的请示》（劳险字〔1997〕第 169 号）收悉。经研究，现答复如下：

一、关于遇难船员工伤待遇问题。由于此起事故为内河航运交通事故，应按劳动部发布的《企业职工工伤保险试行办法》（劳部发〔1996〕266 号）（以下简称《试行办法》）的有关规定进行处理，不宜参照《关于外派船员伤亡善后处理问题的复函》（劳办发〔1994〕282 号）的规定处理。

二、《试行办法》第二十八条对交通事故引起的工伤及其待遇作了具体规定，应按照该条文有关交通伤害赔偿与工伤保险赔偿的规定，处理中国船东互保协会提供的伤亡保险补偿金和工伤保险待遇的支付问题，具体意见是：

1. 安徽省远洋运输公司从中国船东互保协会获得的伤亡保险补偿金应按其规定付给死难船员亲属。

2. 鉴于该协会《关于实施船员人身伤亡补偿的规定的通函》（中船保字第〔9446〕号）已声明“此补偿标准包括与该船员死亡有关的所有费用”，工伤保险待遇的丧葬补助金和一次性工亡补助金不再发给。供养亲属抚恤金应继续发给，企业如已参加工伤保险并缴纳工伤保险费的，该项费用由工伤保险经办机构支付，企业如未参加，该项费用由企业支付。

劳动和社会保障部等 8 部门关于贯彻落实《禁止使用童工规定》的通知(摘录)

（2003 年 4 月 18 日　劳社部发〔2003〕9 号）

三、全面准确把握并严格贯彻执行《禁止使用童工规定》。

（五）做好对伤残童工的一次性赔偿工作，切实保障伤残童工的合法权益。根据《禁止使用童工规定》第十条第二款的规定，使用童工伤残或者死亡的，用人单位应当按照本规定承担一次性赔偿责任。劳动能力鉴定委员会应当对伤残童工进行劳动能力鉴定。一次性赔偿的具体办法由劳动保障部根据国家工伤保险有关规定制定。

人力资源社会保障部关于工伤保险待遇调整和确定机制的指导意见

（2017 年 7 月 28 日　人社部发〔2017〕58 号）

各省、自治区、直辖市及新疆生产建设兵团人力资源社会保障厅（局）：

工伤保险待遇是工伤保险制度的重要内容。随着经济社会发展，职工平均工资与生活费用发生变化，适时调整工伤保险待遇水平，既是工伤保险制度的内在要求，也是促进社会公平、维护社会和谐的职责所在，是各级党委、政府保障和改善民生的具体体现。根据《工伤保险条例》，现就工伤保险待遇调整和确定机制，制定如下指导意见：

一、总体要求

全面贯彻党的十八大和十八届三中、四中、五中、六中全会精神，深入贯彻习近平总书记系列重要讲话精神和治国理政新理念新思想新战略，紧紧围绕统筹推进“五位一体”总体布局和协调推进“四个全面”战略布局，坚持以人民为中心的发展思想，依据社会保险法和《工伤保险条例》，建立工伤保险待遇调整和确定机制，科学合理确定待遇调整水平，提高工伤保险待遇给付的服务与管理水平，推进建立更加公平、更可持续的工伤保险制度，不断增强人民群众的获得感与幸福感。

工伤保险待遇调整和确定要与经济发展水平相适应，综合考虑职工工资增长、居民消费价格指数变化、工伤保险基金支付能力、相关社会保障待遇调整情况等因素，兼顾不同地区待遇差别，按照基金省级统筹要求，适度、稳步提升，实现待遇平衡。

原则上每两年至少调整一次。

二、主要内容

（一）伤残津贴的调整。伤残津贴是对因工致残而退出工作岗位的工伤职工工资收入损失的合理补偿。一级至四级伤残津贴调整以上年度省（区、市）一级至四级工伤职工月人均伤残津贴为基数，综合考虑职工平均工资增长和居民消费价格指数变化情况，侧重职工平均工资增长因素，兼顾工伤保险基金支付能力和相关社会保障待遇调整情况，综合进行调节。伤残津贴调整可以采取定额调整和适当倾斜的办法，对伤残程度高、伤残津贴低于平均水平的工伤职工予以适当倾斜。（具体计算公式见附件1）

五级、六级工伤职工的伤残津贴按照《工伤保险条例》的规定执行。

（二）供养亲属抚恤金的调整。供养亲属抚恤金是工亡职工供养亲属基本生活的合理保障。供养亲属抚恤金调整以上年度省（区、市）月人均供养亲属抚恤金为基数，综合考虑职工平均工资增长和居民消费价格指数变化情况，侧重居民消费价格指数变化，兼顾工伤保险基金支付能力和相关社会保障待遇调整情况，综合进行调节。供养亲属抚恤金调整采取定额调整的办法。（具体计算公式见附件2）

（三）生活护理费的调整。生活护理费根据《工伤保险条例》和《劳动能力鉴定 职工工伤与职业病致残等级》相关规定进行计发，按照上年度省（区、市）职工平均工资增长比例同步调整。职工平均工资下降时不调整。

（四）住院伙食补助费的确定。省（区、市）可参考当地城镇居民消费支出结构，科学确定工伤职工住院伙食补助费标准。住院伙食补助费原则上不超过上年度省（区、市）城镇居民日人均消费支出额的40%。

（五）其他待遇。一次性伤残补助金、一次性工亡补助金、丧葬补助金按照《工伤保险条例》规定的计发标准计发。工伤医疗费、辅助器具配置费、工伤康复和统筹地区以外就医期间交通、食宿费用等待遇，根据《工伤保险条例》和相关目录、标准据实支付。

一次性伤残就业补助金和一次性工伤医疗补助金，由省（区、市）综合考虑工伤职工伤残程度、伤病类别、年龄等因素制定标准，注重引导和促进工伤职工稳定就业。

三、工作要求

（一）高度重视，加强部署。建立工伤保险待遇调整和确定机制，关系广大工伤职工及工亡职工供养亲属的切身利益。各地要切实加强组织领导，提高认识，扎实推进，从 2018 年开始，要按照指导意见规定，结合当地实际，做好待遇调整和确定工作，与工伤保险基金省级统筹工作有机结合、紧密配合、同步推进，防止出现衔接问题和政策冲突。

（二）统筹兼顾，加强管理。要统筹考虑工伤保险待遇调整涉及的多种因素，详细论证，周密测算，选好参数和系数，确定科学、合理的调整额，建立科学、有效的调整机制。省（区、市）人力资源社会保障部门要根据《工伤保险条例》和本指导意见制定调整方案，报经省（区、市）人民政府批准后实施。要加强管理，根据《工伤保险条例》规定，统筹做好工伤保险其他待遇的调整、确定和计发，进一步加强待遇支付管理，依规发放和支付，防止跑冒滴漏、恶意骗保，维护基金安全。

（三）正确引导，确保稳定。工伤保险待遇调整直接涉及民生，关乎公平与效率。要加强工伤保险政策宣传，正确引导舆论，争取社会对待遇调整工作的理解与支持，为调整工作营造良好舆论氛围。做好调整方案的风险评估工作，制定应急处置预案，确保待遇调整工作平稳、有序、高效。待遇调整情况请及时报人力资源社会保障部。

附件：1. 一级至四级工伤职工伤残津贴调整公式

2. 供养亲属抚恤金调整公式

附件 1

一级至四级工伤职工伤残津贴调整公式

$Z_1 = S \times (G \times a + X \times b) \pm C$

$a+b=1$，$a>b$，$C \geqslant 0$。

其中：Z_1——一级至四级工伤职工伤残津贴人均调整额。

S—上年度省（区、市）一级至四级工伤职工月人均伤残津贴。

G—上年度省（区、市）职工平均工资增长率。

X—上年度省（区、市）居民消费价格指数。

a—职工平均工资增长率的权重系数。

b—居民消费价格指数的权重系数。

C—省（区、市）工伤保险基金支付能力和相关社会保障待遇调整等因素综合调节额。

当职工平均工资下降时，$G=0$；当居民消费价格指数为负时，$X=0$。

附件 2

供养亲属抚恤金调整公式

$Z_2 = F \times (G \times a + X \times b) \pm C$

$a+b=1$，$a<b$，$C \geqslant 0$。

其中：Z_2—供养亲属抚恤金人均调整额。

F—上年度省（区、市）月人均供养亲属抚恤金。

G—上年度省（区、市）职工平均工资增长率。

X—上年度省（区、市）居民消费价格指数。

a—职工平均工资增长率的权重系数。

b—居民消费价格指数的权重系数。

C—省（区、市）工伤保险基金支付能力和相关社会保障待遇调整等因素综合调节额。

当职工平均工资下降时，G=0；当居民消费价格指数为负时，X=0。

第六部分

工伤预防

人力资源和社会保障部办公厅关于开展工伤预防试点有关问题的通知

（2009年8月21日 人社厅发〔2009〕108号）

河南省、海南省人力资源社会保障厅，广东省劳动保障厅：

为全面贯彻《工伤保险条例》，进一步完善工伤保险制度，结合河南、广东和海南三省工伤预防工作实际和试点城市申报情况，经研究，拟选择河南省郑州、洛阳、安阳和三门峡市，广东省广州、深圳、珠海和东莞市，以及海南省省本级、海口市、昌江县和儋州市作为工伤预防试点城市，于2009年至2010年开展工伤预防试点工作。现就开展试点工作的有关问题通知如下：

一、充分认识工伤预防工作的重要性和必要性

工伤预防是建立健全工伤预防、工伤补偿和工伤康复三位一体工伤保险制度的重要内容，是贯彻落实科学发展观、构建和谐社会的必然要求。通过开展工伤预防，可以促进安全生产，避免和减少工伤事故和职业病的发生，有效保障职工的安全健康；可以减少经济损失，有效控制工伤保险基金支出；可以减少企业内部不安全的管理和技术因素，提升企业的竞争力，促进企业的稳定发展和社会稳定。随着我国工伤保险事业的快速发展，覆盖范围进一步扩大，参保人数和基金规模不断增加，管理服务水平不断提升，为开展工伤预防工作奠定了良好的基础。各试点城市要充分认识开展工伤预防工作的重要性和必要性，积极稳妥地开展试点工作，保证试点目标和任务的顺利完成。

二、工伤预防试点工作的目标和主要任务

（一）试点目标

探索建立工伤预防的工作模式，完善工伤预防的相关政策，为在全国范围内开展工伤预防工作积累经验，探索建立我国工伤预防制度体系。

（二）主要任务

1. 规范工伤预防费的使用范围和项目。试点城市应根据本省法规政策对工伤预防费使用范围和项目的有关规定，结合本市的实际情况，有重点地选择其中某一项或几项内容，探索并规范工伤预防费的使用范围和项目。

2. 探索工伤预防费的合理提取比例。试点城市应根据本省有关的法规政策和当地工伤保险基金的规模、结余情况，考虑当地开展工伤预防工作的实际需要，探索确定工伤预防费合理提取比例。

3. 规范工伤预防费管理使用程序。试点城市应结合工伤预防费的使用范围，制定和完善工伤预防费的管理使用规程，建立起从编制工伤预防使用预算、提取工伤预防费到工伤预防费具体支出等各个环节的使用管理办法，进一步规范工伤预防费的管理使用规程。

4. 探索建立工伤预防费的管理监督机制。试点城市应按照社会保险基金管理等有关规定，制定监督办法，加强对工伤预防费使用的监督，定期披露工伤预防费的使用情况，探索建立工伤预防费的风险防范机制，确保基金的安全使用。

5. 探索建立部门间协调工作机制。工伤预防工作涉及财政、安全监督管理、卫生和工会等有关部门，试点城市应加强与相关部门的协调和配合，在试点工作中发挥各部门的优势和特点，探索建立工伤预防的部门协调制度。

三、加强工伤预防试点工作的组织领导

各试点城市所在省份的省级人力资源社会保障部门要切实加

强对工伤预防试点工作的领导，协调指导试点工作。各试点城市要建立试点工作领导机构，负责试点工作的组织实施，要从实际出发，研究制定切实可行的试点工作方案和相关政策，因地制宜地开展工作。在试点工作中，要加强相关配套政策的改革和研究，特别是要探索建立工伤预防基础数据的统计分析制度、工伤预防工作的绩效评估办法和项目预算管理制度。工伤预防工作直接关系广大职工的安全健康，是一项重大的民生工作，政策性强，涉及面广。各试点城市要加强宣传，统一思想认识，积极协调财政、安全监督管理、卫生和工会等有关部门，共同推动工伤预防试点工作。试点工作中的问题及意见和建议及时反馈我部工伤保险司。

人力资源社会保障部关于进一步做好工伤预防试点工作的通知

（2013年4月22日　人社部发〔2013〕32号）

各省、自治区、直辖市及新疆生产建设兵团人力资源社会保障厅（局）：

为贯彻《工伤保险条例》，完善工伤保险制度，2009年我部在河南、广东、海南等3省的12个地市开展了工伤预防试点，取得初步成效。一些试点城市工伤事故发生率呈现下降趋势，职工的安全意识和维权意识、企业守法意识有所增强。为进一步推动工伤预防工作的开展，我部决定在2009年初步试点的基础上，再选择一部分具备条件的城市扩大试点。现将有关事项通知如下：

一、充分认识做好工伤预防试点工作的重要意义

工伤预防是“三位一体”工伤保险制度的重要组成部分。做好扩大工伤预防试点工作，有利于从源头上减少工伤事故的发生，从根本上保障职工生命安全和身体健康，体现以人为本的执政理念；有利于增强用人单位和职工的守法维权意识，促进各项工伤保险政策及安全生产措施的落实；有利于进一步完善细化工伤预防项目的操作流程和管理规范，维护工伤保险基金安全，提高基金使用效率。

二、扩大试点目标和工作原则

（一）试点目标。探索建立科学、规范的工伤预防工作模式，为在全国范围内开展工伤预防工作积累经验，完善我国工伤预防制度体系。

（二）工作原则。

1. 审慎稳妥，逐步推开。工伤预防工作政策性强，管理复杂，要按照审慎稳妥的原则先选择一些具备条件的城市（设区的市，以下简称试点城市）试点，待取得经验、条件成熟后再逐步推开。

2. 政府主导，专业运作。在确定项目、编制方案、选择项目实施的组织等工作中，社会保险行政部门要发挥政府主导作用；项目的具体实施要由相应的社会、经济组织负责，实现项目的专业化运作，提高项目实施的质量和水平。

3. 规范管理，确保安全。试点城市要严格按照《工伤保险条例》的规定和本通知要求，明确流程，规范管理，加强监督，确保基金使用安全。

三、试点城市的确定

（一）试点城市范围。每个省（区、市）确定不超过 2 个地（市、区）作为工伤预防试点城市，条件不具备的可暂不确定试点城市；前期纳入我部工伤预防试点的省份（河南、广东、海南），不再确定新的试点城市，原试点城市可继续试点；已经实现省级统筹的省（区、市）可以省（区、市）为统筹地区试点，也可以确定 2 个地（市、区）进行试点。

（二）试点城市应具备的条件。一是工伤保险基金已实现市级统筹；二是保证待遇支付和储备金留存的前提下有一定结余；三是经办机构有专门的工伤保险科室和人员；四是工伤保险工作基础好，管理规范，具备本地区工伤保险完整数据、统计分析手段和能力；五是从事相关宣传、培训业务的社会、经济组织相对成熟。

（三）试点城市的确定。试点城市由各省（区、市）社会保险行政部门根据统筹地区（地市级）社会保险行政部门的申请确定。

四、扩大试点内容

（一）预防费使用比例。试点城市在保证工伤保险待遇支付和储备金留存的前提下，用于工伤预防的费用控制在本统筹地区上年度工伤保险基金征缴收入的2%左右。

（二）预防费使用项目。工伤预防费主要用于开展工伤预防的宣传、培训以及法律、法规规定的其他工伤预防项目。

（三）项目实施流程。

1. 项目确定。试点城市社会保险行政部门会同社会保险经办机构，根据工伤发生情况和工伤保险工作需要，确定下一年度工伤预防的具体实施项目，编制项目实施方案。

2. 项目的组织实施。试点城市社会保险行政部门应参照政府采购法规定的程序，从具备相应资质的社会、经济组织中选择提供具体服务的组织；社会保险经办机构受社会保险行政部门委托与选定的组织签订合同，明确双方的权利和义务。

3. 实施项目的社会、经济组织应具备的基本条件。一是依法登记注册，从事相关宣传、培训业务 3 年以上并具有良好市场信誉；二是有足够数量的可承担实施工伤预防宣传、培训项目任务的专业人员；三是有相应的硬件设施和技术手段；四是具备相应的资质；五是依法应具备的其他条件。

4. 项目验收。项目完成，由社会保险行政部门组织验收。

（四）费用支付。

1. 实行预算管理。试点城市在编制工伤保险基金预算时，按照确定的工伤预防具体实施项目和上年度预算执行情况，将工伤预防费列入下一年度工伤保险基金预算。

2. 支付程序。合同签订后先支付一定比例或数额的预付款；项目完成，经验收合格后，再支付余款。

（五）加强监督。试点城市社会保险经办机构应按照合同规定，加强对提供服务的组织开展的宣传、培训等活动的监督，确保合同的规定落到实处；定期向社会公布工伤预防项目的实施情况和工伤预防费的使用情况，接受参保单位和社会各界的监督。

（六）探索建立绩效评估机制。试点城市应积极探索工伤预防费使用的绩效评估办法，提高预防费的使用效率。

五、工作要求

（一）实行项目管理。试点城市可通过电视、广播、报纸、网络、手机等媒体，通过印发宣传画、手册、标语等方式开展工伤预防宣传；通过举办培训班、专题讲座等方式开展工伤预防培训。宣传、培训工作的开展要实行项目预算管理，严禁直接提取预防费用。

（二）突出工作重点。试点城市应将工伤事故及职业病发生率高的重点行业、重点企业、重点岗位、重点人员优先作为宣传、培训对象，注重宣传、培训实效。

（三）规范工作程序。试点城市社会保险行政部门应按规定，组织落实项目的确定、方案编制、政府采购、实施、验收、评估等工作，进一步细化各环节工作流程，确保试点工作规范、有序开展。

（四）严格费用支付。对确定实施的工伤预防宣传、培训项目，由统筹地区社会保险经办机构根据合同规定，先支付30%的费用。项目完成，经社会保险行政部门组织验收合格后，再由社会保险经办机构支付余款。具体程序按社会保险基金财务制度和工伤保险经办业务管理规定支出。

六、加强组织领导

1. 省（区、市）社会保险行政部门要切实加强对工伤预防试点工作的领导，研究制定相关办法，统筹规划，协调指导试点工作，及时总结经验。

2. 试点城市社会保险行政部门要组织建立试点工作领导机构，负责试点工作的组织实施；要从实际出发，研究制定切实可行的试点工作方案和相关政策，因地制宜地开展工作；要切实发挥主管部门的作用，加强与财政、卫生行政、安全生产监督管理等部门的沟通协调，发挥各部门的特点和优势，共同推进工伤预防工作开展。

3. 建立部、省（区、市）、市社会保险行政部门联系报告制度。试点城市每年 2 月底前应将本年度工伤预防项目实施方案，以及上一年度工伤预防项目实施情况总结（包括项目确定、具体执行及基金支出等）分别报送省社会保险行政部门和部工伤保险司、社保中心。试点工作中遇到的重大问题，应及时报告部工伤保险司。

4. 省（区、市）社会保险行政部门应将确定的试点城市名单在 2013 年 8 月底前报部工伤保险司。部里将适时对各地试点情况进行检查。

人力资源社会保障部办公厅关于加强 2018—2020 年工伤保险普法宣传工作的通知

（2018 年 6 月 27 日　人社厅函〔2018〕165 号）

各省、自治区、直辖市及新疆生产建设兵团人力资源社会保障厅（局）：

为进一步谋划好新时期工伤保险普法宣传工作，不断提高工伤保险政策知晓度，保障广大职工工伤保险权益，在全社会营造良好的工伤保险宣传氛围，现就做好 2018—2020 年工伤保险普法宣传工作通知如下：

一、指导思想

全面学习贯彻党的十九大精神，以习近平新时代中国特色社会主义思想为指导，围绕十九大报告提出的“完善工伤保险制度”这条主线，牢牢把握新时代工伤保险工作的新形势新任务新要求，突出宣传重点，明确主要任务，不断增强工伤保险政策法规宣传的政治性、权威性和可读性，科学、准确、清晰地宣传工伤保险政策法规；充分落实“谁执法谁普法”“谁服务谁普法”的宣传主体责任，进一步增强广大用人单位和职工的知法、懂法、守法、用法意识，为切实保障广大职工工伤保险权益、提升工伤保险政策法规知晓度、推动工伤保险事业改革发展提供强有力的舆论支持。

二、宣传重点

（一）宣传习近平总书记关于人力资源社会保障工作尤其是

社会保障工作的重要讲话、重要批示指示精神，宣传党中央、国务院关于工伤保险工作的重大决策部署，宣传部党组关于工伤保险工作的重要安排。

（二）宣传工伤保险政策法规、工作动态和典型案例，宣传各地工伤保险工作经验、先进做法和有益尝试，宣传工伤预防、工伤康复和职业健康知识。

（三）宣传工伤保险精准扶贫和工伤保险窗口单位作风建设的好经验、好做法。

（四）宣传工伤保险工作先进事迹、先进人物，宣传工伤职工自强不息、顽强向上的感人事迹。

三、主要任务

（一）开展工伤保险主题集中宣传活动。每年结合重点工作明确宣传主题，联合有关单位在全国范围内开展工伤保险主题活动，鼓励各地强化政策法规宣传，形成上下联动的工伤保险宣传新态势。

（二）强化“中国工伤保险”微信公众号功能。拓展微信公众号组织架构，加载工伤保险法律法规和政策解读服务及信息检索功能，增强微信公众号内容的权威性、服务性和可读性，各地要积极向公众号投稿，转载相关信息。

（三）推行“互联网+工伤预防”。大力推进普法宣传与工伤预防工作有机结合，鼓励各地打造工伤预防 APP、线上安全技能宣传培训平台等“互联网+”平台，鼓励相关机构、院校开设工伤预防宣传培训在线课程，引导职工积极参与在线宣传培训学习，着力解决工伤和安全生产事故中违规违章操作突出的问题。

（四）开展“漫话《工伤保险条例》”微动漫展播活动。每周一、四在人力资源社会保障部官方微信播放 80 集“漫话《工伤保险条例》”微动漫，全面解读《工伤保险条例》，各地要在各类平台积极转播，以适当方式将微动漫送基层、送企业、送职工。

（五）设计推广工伤保险卡通动漫形象。在全国范围内组织开展工伤保险卡通动漫形象设计征集活动，制作推广卡通动漫形象衍生品，打造工伤保险宣传形象特色品牌，在全国范围内形成统一的工伤保险宣传标识。

（六）拍摄投放工伤保险公益广告。在全国范围内组织推选工伤保险公益形象大使，与有关地方、有关宣传单位合作拍摄投放工伤保险公益广告，进一步提升工伤保险的社会影响力。

（七）搭建工伤保险宣传“中央新闻厨房”。以中国劳动保障报“工伤保险专版”为基础，建立工伤保险多渠道新闻采集、多途径新闻发布的新闻传播平台，打造工伤保险网络宣传矩阵，推进部省市工伤保险宣传联动、舆情联处、资源共享，形成工伤保险上下协同的宣传格局。

（八）完善网站信息发布机制。依托人力资源社会保障部门户网站升级，全面改版工伤保险司子网站，推动信息发布常态化、规范化。各地要统筹规划，建立完善、规范的工伤保险信息发布平台。

（九）组织制作工伤保险宣传资料。围绕群众耳熟能详的语言、喜闻乐见的形式，制作面向企业和广大群众通俗易懂的口袋书、宣传册、彩色挂图等工伤保险宣传材料，供各地在推进普法宣传中使用。

（十）组织编写工伤保险培训教材。围绕社会保险法、《工伤保险条例》等法律法规，突出工作特色，编写权威规范、指导性强的系统干部培训教材，供各地在推进普法培训中使用，提升普法宣传水平。

四、工作要求

（一）围绕中心，服务大局。各地要全面落实部党组关于普法宣传工作的决策部署，服务人力资源社会保障事业发展大局。坚持工伤保险普法宣传工作围绕中心业务工作开展，把工伤保险政策法规讲清楚、说明白，做到中心工作推进到哪儿，普法宣传工作跟进到哪儿。

（二）高度重视，加强领导。各地要把工伤保险普法宣传工作摆到重要位置，每年专题研究分析普法宣传工作，每季度专门研究热点舆情工作，建立长效宣传机制。与有关单位加强合作，借助安全生产月、职业病防治法宣传周、“谁执法谁普法”活动等契机，开展政策法规宣传活动，加强全系统上下联动，形成普法宣传工作合力。

（三）研判形势，引导舆情。各地要建立舆情交流研判机制，构建工伤保险舆情风险应急机制，及时收集舆情、分析研判、分类处置，对重大舆情风险及时主动报告，及时引导舆情回归理性、回归法制，打好普法宣传工作的主动仗。

（四）强化队伍，及时报送。各地要进一步加强工伤保险宣传队伍建设，将普法宣传培训作为工伤保险政策培训的重要内容之一。打造省、市、县多层次宣传工作人员交流平台，建立一支了解工伤法规、熟谙传播规律、善于策划运作的宣传队伍。各地在普法宣传中的好经验、好做法、典型案例、先进事迹、先进人物请及时报送部工伤保险司。

人力资源社会保障部等4部门关于印发工伤预防费使用管理暂行办法的通知

（2017年8月17日　人社部规〔2017〕13号）

各省、自治区、直辖市及新疆生产建设兵团人力资源社会保障厅（局）、财政（财务）厅（局）、卫生计生委、安全监管局：

为更好地坚持以人为本，保障职工的生命安全和健康，根据《工伤保险条例》规定，人力资源社会保障部会同财政部、卫生计生委、安全监管总局制定了《工伤预防费使用管理暂行办法》（以下简称《办法》），现印发给你们，请结合实际认真贯彻落实。

各地人力资源社会保障、财政、卫生计生、安全监管等部门要根据《办法》要求，高度重视、认真组织、密切配合，结合本地区工作实际，围绕工伤预防工作目标，细化落实政策措施，制定具体实施方案，建立工作机制，做好政策宣传解读，加强预防费使用监管，积极稳妥推进工伤预防工作。

工伤预防费使用管理暂行办法

第一条　为更好地保障职工的生命安全和健康，促进用人单位做好工伤预防工作，降低工伤事故伤害和职业病的发生率，规范工伤预防费的使用和管理，根据社会保险法、《工伤保险条例》及相关规定，制定本办法。

第二条　本办法所称工伤预防费是指统筹地区工伤保险基金中依法用于开展工伤预防工作的费用。

第三条 工伤预防费使用管理工作由统筹地区人力资源社会保障行政部门会同财政、卫生计生、安全监管行政部门按照各自职责做好相关工作。

第四条 工伤预防费用于下列项目的支出：

（一）工伤事故和职业病预防宣传；

（二）工伤事故和职业病预防培训。

第五条 在保证工伤保险待遇支付能力和储备金留存的前提下，工伤预防费的使用原则上不得超过统筹地区上年度工伤保险基金征缴收入的3%。因工伤预防工作需要，经省级人力资源社会保障部门和财政部门同意，可以适当提高工伤预防费的使用比例。

第六条 工伤预防费使用实行预算管理。统筹地区社会保险经办机构按照上年度预算执行情况，根据工伤预防工作需要，将工伤预防费列入下一年度工伤保险基金支出预算。具体预算编制按照预算法和社会保险基金预算有关规定执行。

第七条 统筹地区人力资源社会保障部门应会同财政、卫生计生、安全监管部门以及本辖区内负有安全生产监督管理职责的部门，根据工伤事故伤害、职业病高发的行业、企业、工种、岗位等情况，统筹确定工伤预防的重点领域，并通过适当方式告知社会。

第八条 统筹地区行业协会和大中型企业等社会组织根据本地区确定的工伤预防重点领域，于每年工伤保险基金预算编制前提出下一年拟开展的工伤预防项目，编制项目实施方案和绩效目标，向统筹地区的人力资源社会保障行政部门申报。

第九条 统筹地区人力资源社会保障部门会同财政、卫生计生、安全监管等部门，根据项目申报情况，结合本地区工伤预防重点领域和工伤保险等工作重点，以及下一年工伤预防费预算编制情况，统筹考虑工伤预防项目的轻重缓急，于每年10月底前确定纳入下一年度的工伤预防项目并向社会公开。

列入计划的工伤预防项目实施周期最长不超过 2 年。

第十条　纳入年度计划的工伤预防实施项目，原则上由提出项目的行业协会和大中型企业等社会组织负责组织实施。

行业协会和大中型企业等社会组织根据项目实际情况，可直接实施或委托第三方机构实施。直接实施的，应当与社会保险经办机构签订服务协议。委托第三方机构实施的，应当参照政府采购法和招投标法规定的程序，选择具备相应条件的社会、经济组织以及医疗卫生机构提供工伤预防服务，并与其签订服务合同，明确双方的权利义务。服务协议、服务合同应报统筹地区人力资源社会保障部门备案。

面向社会和中小微企业的工伤预防项目，可由人力资源社会保障、卫生计生、安全监管部门参照政府采购法等相关规定，从具备相应条件的社会、经济组织以及医疗卫生机构中选择提供工伤预防服务的机构，推动组织项目实施。

参照政府采购法实施的工伤预防项目，其费用低于采购限额标准的，可协议确定服务机构。具体办法由人力资源社会保障部门会同有关部门确定。

第十一条　提供工伤预防服务的机构应遵守社会保险法、《工伤保险条例》以及相关法律法规的规定，并具备以下基本条件：

（一）具备相应条件，且从事相关宣传、培训业务 2 年以上并具有良好市场信誉；

（二）具备相应的实施工伤预防项目的专业人员；

（三）有相应的硬件设施和技术手段；

（四）依法应具备的其他条件。

第十二条　对确定实施的工伤预防项目，统筹地区社会保险经办机构可以根据服务协议或者服务合同的约定，向具体实施工伤预防项目的组织支付 30%—70%预付款。

项目实施过程中，提出项目的单位应及时跟踪项目实施进展情况，保证项目有效进行。

对于行业协会和大中型企业等社会组织直接实施的项目，由人力资源社会保障部门组织第三方中介机构或聘请相关专家对项目实施情况和绩效目标实现情况进行评估验收，形成评估验收报告；对于委托第三方机构实施的，由提出项目的单位或部门通过适当方式组织评估验收，评估验收报告报人力资源社会保障部门备案。评估验收报告作为开展下一年度项目重要依据。

评估验收合格后，由社会保险经办机构支付余款。具体程序按社会保险基金财务制度、工伤保险业务经办管理等规定执行。

第十三条 社会保险经办机构要定期向社会公布工伤预防项目实施情况和工伤预防费用使用情况，接受参保单位和社会各界的监督。

第十四条 工伤预防费按本办法规定使用，违反本办法规定使用的，对相关责任人参照社会保险法、《工伤保险条例》等法律法规的规定处理。

第十五条 工伤预防服务机构提供的服务不符合法律和合同规定、服务质量不高的，三年内不得从事工伤预防项目。

工伤预防服务机构存在欺诈、骗取工伤保险基金行为的，按照有关法律法规等规定进行处理。

第十六条 统筹地区人力资源社会保障、卫生计生、安全监管等部门应分别对工作场所工伤发生情况、职业病报告情况和安全事故情况进行分析，定期相互通报基本情况。

第十七条 各省、自治区、直辖市人力资源社会保障行政部门可以结合本地区实际，会同财政、卫生计生和安全监管等行政部门制定具体实施办法。

第十八条 企业规模的划分标准按照工业和信息化部、国家统计局、国家发展改革委、财政部《关于印发中小企业划型标准规定的通知》（工信部联企业〔2011〕300号）执行。

第十九条 本办法自2017年9月1日起施行。

第七部分
工伤保险服务

社会保险基金先行支付暂行办法

（2011年6月29日人力资源和社会保障部令第15号公布 根据2018年12月14日《人力资源社会保障部关于修改部分规章的决定》修订）

第一条 为了维护公民的社会保险合法权益，规范社会保险基金先行支付管理，根据《中华人民共和国社会保险法》（以下简称社会保险法）和《工伤保险条例》，制定本办法。

第二条 参加基本医疗保险的职工或者居民（以下简称个人）由于第三人的侵权行为造成伤病的，其医疗费用应当由第三人按照确定的责任大小依法承担。超过第三人责任部分的医疗费用，由基本医疗保险基金按照国家规定支付。

前款规定中应当由第三人支付的医疗费用，第三人不支付或者无法确定第三人的，在医疗费用结算时，个人可以向参保地社会保险经办机构书面申请基本医疗保险基金先行支付，并告知造成其伤病的原因和第三人不支付医疗费用或者无法确定第三人的情况。

第三条 社会保险经办机构接到个人根据第二条规定提出的申请后，经审核确定其参加基本医疗保险的，应当按照统筹地区基本医疗保险基金支付的规定先行支付相应部分的医疗费用。

第四条 个人由于第三人的侵权行为造成伤病被认定为工伤，第三人不支付工伤医疗费用或者无法确定第三人的，个人或者其近亲属可以向社会保险经办机构书面申请工伤保险基金先行支付，并告知第三人不支付或者无法确定第三人的情况。

第五条 社会保险经办机构接到个人根据第四条规定提出的

申请后，应当审查个人获得基本医疗保险基金先行支付和其所在单位缴纳工伤保险费等情况，并按照下列情形分别处理：

（一）对于个人所在用人单位已经依法缴纳工伤保险费，且在认定工伤之前基本医疗保险基金有先行支付的，社会保险经办机构应当按照工伤保险有关规定，用工伤保险基金先行支付超出基本医疗保险基金先行支付部分的医疗费用，并向基本医疗保险基金退还先行支付的费用；

（二）对于个人所在用人单位已经依法缴纳工伤保险费，在认定工伤之前基本医疗保险基金无先行支付的，社会保险经办机构应当用工伤保险基金先行支付工伤医疗费用；

（三）对于个人所在用人单位未依法缴纳工伤保险费，且在认定工伤之前基本医疗保险基金有先行支付的，社会保险经办机构应当在 3 个工作日内向用人单位发出书面催告通知，要求用人单位在 5 个工作日内依法支付超出基本医疗保险基金先行支付部分的医疗费用，并向基本医疗保险基金偿还先行支付的医疗费用。用人单位在规定时间内不支付其余部分医疗费用的，社会保险经办机构应当用工伤保险基金先行支付；

（四）对于个人所在用人单位未依法缴纳工伤保险费，在认定工伤之前基本医疗保险基金无先行支付的，社会保险经办机构应当在 3 个工作日向用人单位发出书面催告通知，要求用人单位在 5 个工作日内依法支付全部工伤医疗费用；用人单位在规定时间内不支付的，社会保险经办机构应当用工伤保险基金先行支付。

第六条 职工所在用人单位未依法缴纳工伤保险费，发生工伤事故的，用人单位应当采取措施及时救治，并按照规定的工伤保险待遇项目和标准支付费用。

职工被认定为工伤后，有下列情形之一的，职工或者其近亲属可以持工伤认定决定书和有关材料向社会保险经办机构书面申请先行支付工伤保险待遇：

（一）用人单位被依法吊销营业执照或者撤销登记、备案的；

（二）用人单位拒绝支付全部或者部分费用的；

（三）依法经仲裁、诉讼后仍不能获得工伤保险待遇，法院出具中止执行文书的；

（四）职工认为用人单位不支付的其他情形。

第七条　社会保险经办机构收到职工或者其近亲属根据第六条规定提出的申请后，应当在3个工作日内向用人单位发出书面催告通知，要求其在5个工作日内予以核实并依法支付工伤保险待遇，告知其如在规定期限内不按时足额支付的，工伤保险基金在按照规定先行支付后，取得要求其偿还的权利。

第八条　用人单位未按照第七条规定按时足额支付的，社会保险经办机构应当按照社会保险法和《工伤保险条例》的规定，先行支付工伤保险待遇项目中应当由工伤保险基金支付的项目。

第九条　个人或者其近亲属提出先行支付医疗费用、工伤医疗费用或者工伤保险待遇申请，社会保险经办机构经审核不符合先行支付条件的，应当在收到申请后5个工作日内作出不予先行支付的决定，并书面通知申请人。

第十条　个人申请先行支付医疗费用、工伤医疗费用或者工伤保险待遇的，应当提交所有医疗诊断、鉴定等费用的原始票据等证据。社会保险经办机构应当保留所有原始票据等证据，要求申请人在先行支付凭据上签字确认，凭原始票据等证据先行支付医疗费用、工伤医疗费用或者工伤保险待遇。

个人因向第三人或者用人单位请求赔偿需要医疗费用、工伤医疗费用或者工伤保险待遇的原始票据等证据的，可以向社会保险经办机构索取复印件，并将第三人或者用人单位赔偿情况及时告知社会保险经办机构。

第十一条　个人已经从第三人或者用人单位处获得医疗费用、工伤医疗费用或者工伤保险待遇的，应当主动将先行支付金额中应当由第三人承担的部分或者工伤保险基金先行支付的工伤保险待遇退还给基本医疗保险基金或者工伤保险基金，社会保险经办机构不再向第三人或者用人单位追偿。

个人拒不退还的，社会保险经办机构可以从以后支付的相关待遇中扣减其应当退还的数额，或者向人民法院提起诉讼。

第十二条 社会保险经办机构按照本办法第三条规定先行支付医疗费用或者按照第五条第一项、第二项规定先行支付工伤医疗费用后，有关部门确定了第三人责任的，应当要求第三人按照确定的责任大小依法偿还先行支付数额中的相应部分。第三人逾期不偿还的，社会保险经办机构应当依法向人民法院提起诉讼。

第十三条 社会保险经办机构按照本办法第五条第三项、第四项和第六条、第七条、第八条的规定先行支付工伤保险待遇后，应当责令用人单位在10日内偿还。

用人单位逾期不偿还的，社会保险经办机构可以按照社会保险法第六十三条的规定，向银行和其他金融机构查询其存款账户，申请县级以上社会保险行政部门作出划拨应偿还款项的决定，并书面通知用人单位开户银行或者其他金融机构划拨其应当偿还的数额。

用人单位账户余额少于应当偿还数额的，社会保险经办机构可以要求其提供担保，签订延期还款协议。

用人单位未按时足额偿还且未提供担保的，社会保险经办机构可以申请人民法院扣押、查封、拍卖其价值相当于应当偿还数额的财产，以拍卖所得偿还所欠数额。

第十四条 社会保险经办机构向用人单位追偿工伤保险待遇发生的合理费用以及用人单位逾期偿还部分的利息损失等，应当由用人单位承担。

第十五条 用人单位不支付依法应当由其支付的工伤保险待遇项目的，职工可以依法申请仲裁、提起诉讼。

第十六条 个人隐瞒已经从第三人或者用人单位处获得医疗

费用、工伤医疗费用或者工伤保险待遇，向社会保险经办机构申请并获得社会保险基金先行支付的，按照社会保险法第八十八条的规定处理。

第十七条　用人单位对社会保险经办机构作出先行支付的追偿决定不服或者对社会保险行政部门作出的划拨决定不服的，可以依法申请行政复议或者提起行政诉讼。

个人或者其近亲属对社会保险经办机构作出不予先行支付的决定不服或者对先行支付的数额不服的，可以依法申请行政复议或者提起行政诉讼。

第十八条　本办法自2011年7月1日起施行。

人力资源和社会保障部
关于印发工伤保险经办规程的通知

（2012年2月6日　人社部发〔2012〕11号）

各省、自治区、直辖市及新疆生产建设兵团人力资源社会保障厅：

为全面贯彻落实社会保险法、新修订的《工伤保险条例》以及相关的法规和配套政策，进一步规范、统一工伤保险经办管理工作，我们对《工伤保险经办业务管理规程（试行）》（劳社厅发〔2004〕6号）进行了重新修订，形成了《工伤保险经办规程》（以下简称《规程》）。现印发你们，请遵照执行。

各地在实施《规程》过程中，可结合本地实际需要，按照精确化管理和信息化手段的要求，因地制宜补充、完善有关内容。请各地注意跟踪、了解《规程》实施情况，及时发现问题并研究提出解决意见和办法，有关情况及时向人力资源和社会保障部社会保险事业管理中心反馈。

工伤保险经办规程

第三章　工伤保险费征缴

第一节　基数核定

第二节　费率核定

第三节　缴费核定

第四节　缴费结算

第五节　欠费管理

第四章　工伤医疗、康复与辅助器具配置管理

第一节　协议管理

第二节　工伤医疗管理

第三节　工伤康复管理

第四节　辅助器具配置管理

第五章　工伤待遇审核

第一节　工伤登记

第二节　医疗（康复）待遇审核

第三节　辅助器具配置费用审核

第四节　伤残待遇审核

第五节　工亡待遇审核

第六节　涉及第三人的工伤待遇审核

第七节　先行支付审核

第六章　工伤待遇和专项费用支付

第一节　工伤待遇支付

第二节　劳动能力鉴定费、工伤预防费支付

第三节　工伤待遇调整

第七章　财务管理

第一节　收入管理

第二节　支出管理

第三节　会计核算

第四节　预　算

第五节　决　算

第一章　总　则

第一条　为加强工伤保险业务经办管理，规范和统一经办操作程序，依据《中华人民共和国社会保险法》和《工伤保险条例》等有关法律法规，制定本规程。

第二条　全国各统筹地区社会保险经办机构（以下简称“经办机构”）经办工伤保险业务适用本规程。

代征工伤保险费的税务机关征收部门（以下简称“税务机关”）应参照执行本规程的有关规定。

第三条　工伤保险经办业务划分为社会保险登记，工伤保险费征缴，工伤医疗、康复与辅助器具配置管理，工伤待遇审核，工伤待遇和专项费用支付，财务管理，信息管理，稽核监督，权益记录与服务等内容。

第四条　经办机构内设登记、征缴、业务、财务、信息、稽核、档案等管理部门（以下简称登记部门、征缴部门、业务部门、财务部门等）。

各级经办机构应明确岗位职责，建立管理、服务、监督、考核等工作制度，保证业务经办的规范、便捷、高效、优质。各地区应逐步实行社会保险费统一征缴和支付，已实现的地区可依据本规程简化相关程序。

第二章　社会保险登记

社会保险登记包括参保登记、变更登记、注销登记、社会保险登记证管理等内容。

第一节　参保登记

第五条　登记部门应与工商行政管理、民政和机构编制管理机关等用人单位登记管理部门建立信息沟通机制，及时获取用人单位成立、终止的信息。

获取的信息包括：工商注册号、单位名称、法定代表人、注册类型、成立日期、变更事项、地址、联系电话等内容。

第六条　登记部门应及时接收公安机关通报的参保人员出生、死亡，公民身份号码、姓名变更以及户口登记、迁移、注销等情况，掌握个人信息变动情况。

第七条　用人单位依法参加工伤保险时，登记部门为其办理工伤保险参保登记。用人单位需填报《社会保险登记表》（表2-1）并提供以下证件和资料：

（一）营业执照、事业单位法人证书、社会团体法人登记证书、民办非企业单位登记证书或批准成立证件；

（二）组织机构统一代码证书；

（三）省、自治区、直辖市经办机构规定的其他证件和资料。

对在统筹地区外参加其他社会保险项目而申请在本地区参加工伤保险的，还应提供其社会保险登记证及统筹地区外的参保缴费证明。

跨地区的特殊行业应采取相对集中的方式在统筹层次较高的

地区异地参加工伤保险。

第八条 用人单位依法为其职工办理社会保险登记时，需填报《参加社会保险人员登记变动申报名册》（表2-2）并提供以下证件和资料：

（一）居民身份证原件及复印件；

（二）劳动合同等用工手续；

（三）省、自治区、直辖市经办机构规定的其他证件和资料。

第九条 登记部门应自受理用人单位申报之日起15日内审核完毕。审核通过后，根据用人单位营业执照或其他批准成立证件中登记的主要经营范围，对照《国民经济行业分类》（GB/T4754-2011）和《工伤保险行业风险分类表》（《关于工伤保险费率问题的通知》劳社部发〔2003〕29号），确定其行业风险类别。

经办机构向首次参加社会保险的用人单位核发社会保险登记证，为首次参加社会保险的职工个人建立社会保险关系，核发社会保障卡。

未通过参保审核的，登记部门应书面向用人单位说明原因。

第十条 用人单位要为本月申报缴费期结束后新招录的职工及时申报并补缴工伤保险费，登记部门根据其填报的《参加社会保险人员登记变动申报名册》及相关资料，为其办理职工参保预登记。并在下月申报缴费期办理职工参保登记手续。

第二节 变更登记

第十一条 用人单位在以下事项变更时，填报《社会保险变更登记表》（表2-3），并提供本规程第七条规定的证件和资料，登记部门为其办理工伤保险变更登记手续。

（一）单位名称；

（二）单位地址；

（三）法定代表人或负责人；

（四）单位类型；

（五）组织机构统一代码；

（六）主管部门或隶属关系；

（七）开户银行及账号；

（八）经营范围；

（九）省、自治区、直辖市经办机构规定的其他事项。

第十二条　用人单位用工情况发生变更时，需填报《参加社会保险人员登记变动申报名册》并提供以下证件和资料：

（一）新招录：劳动合同等用工手续；

其中属于招录外单位在册不在岗职工（含企事业单位停薪留职人员、未达到法定退休年龄人员、下岗待岗人员及经营性停产放长假人员）在本单位从事临时劳动，存在多重劳动关系参加工伤保险的，需提供劳动协议或事实劳动关系的证明；

（二）解除或终止劳动关系：劳动合同到期、开除、辞退、辞职、应征入伍等相关资料或证明；

（三）退休：退休审批表；

（四）死亡：居民死亡医学证明书或其他死亡证明材料；

（五）其他情形：省、自治区、直辖市经办机构规定的其他相关资料。

第十三条　登记部门对用人单位社会保险登记事项发生变化的，收回原社会保险登记证，并重新核发。对职工姓名、公民身份号码发生变更的，更新社会保障卡。

未通过变更审核的，登记部门应书面向用人单位说明原因。

第三节　注销登记

第十四条　用人单位发生以下情形时，填报《社会保险注销登记表》（表 2-4），登记部门为其办理社会保险注销登记手续：

（一）营业执照被注销或吊销；

（二）被批准解散、撤消、合并、破产、终止；

（三）国家法律、法规规定的其他情形。

根据《社会保险登记管理办法》，用人单位营业执照被注销或吊销且连续两年未办理登记证验证，经办机构可强制进行注销登记。

第十五条 用人单位办理注销登记时，根据注销类型分别提供以下证件和资料：

（一）注销通知或人民法院判决单位破产等法律文书；

（二）用人单位主管部门或有关部门批准解散、撤消、终止或合并的有关文件；

（三）社会保险登记证；

（四）省、自治区、直辖市经办机构规定的其他证件和资料。

第十六条 登记部门审核上述证件和资料，并会同征缴部门确认用人单位结清欠费、滞纳金等，对符合注销条件的，办理注销社会保险登记手续。对已注销社会保险登记的用人单位职工信息另行管理。

第四节 社会保险登记证管理

第十七条 登记部门应定期对用人单位进行社会保险登记证验证，审核其社会保险登记项目变化、规范参保等情况，并要求其在规定的时间内提供以下证件和资料：

（一）社会保险登记证；

（二）营业执照、批准成立证件或其他核准执业证件；

（三）组织机构统一代码证书；

（四）省、自治区、直辖市经办机构规定的其他证件和资料。

第十八条 登记部门审核用人单位提供的证件和资料，核实用人单位为其职工办理应参加保险项目的登记、申报工资和缴费、社会保险变更登记或注销登记，以及经办机构规定的其他情况，生成《社会保险验证审核表》（表2-5），并会同征缴部门和稽核部门确定审核结果。

对确认存在违规情况的，暂不予办理验证签章；对相关证件和资料齐全的，在社会保险登记证验证记录页，签署验证日期，加盖经办机构验证专用章。

第十九条　社会保险登记证有效期满或符合本规程第十一条规定的用人单位，登记部门受理申请后，重新核发社会保险登记证，记载重新核发登记证原因及日期。

符合本规程第十六条规定的用人单位，经办机构应收回社会保险登记证，加盖作废章。

第二十条　遗失、损毁社会保险登记证的，用人单位需要提供遗失、损毁证明资料，并提出书面申请，登记部门审核用人单位提供的相关证件和资料，补发社会保险登记证。

第二十一条　未按规定办理社会保险年检验证与换证的用人单位，应转交稽核部门督促办理。

第三章　工伤保险费征缴

工伤保险费征缴包括基数核定、费率核定、缴费核定、缴费结算、欠费管理等内容。

第一节　基数核定

第二十二条　征缴部门按统筹地区规定时间受理用人单位填报的《工伤保险缴费基数申报核定表》（表3-1），并要求其提供以下资料：

（一）劳动工资统计月（年）报表；

（二）职工工资发放明细表；

（三）《缴费工资申报名册》（表3-2）；

（四）省、自治区、直辖市经办机构规定的其他资料。

第二十三条 征缴部门在规定时间审核用人单位提供的基数核定申报资料，确认职工人数、工资总额后，核定当期缴费基数，生成《缴费基数确认名册》（表 3-3），由用人单位确认。

审核用人单位缴费基数确认情况时，根据用人单位填报的《缴费基数确认情况汇总表》（表 3-4），审核由职工签字确认的《缴费工资申报名册》、《缴费基数确认名册》或由用人单位签章确认的《缴费基数承诺书》（表 3-5）。

第二十四条 核定缴费基数或审核基数确认情况时，若发现用人单位存在少报、漏报、瞒报情况的，征缴部门应要求用人单位限期补足，对拒不提供相关资料或不补足缴费的，转交稽核部门进行核查并责令补足。

第二节　费率核定

第二十五条 登记部门根据用人单位登记时确定的行业风险类别和国务院社会保险行政部门确定的行业差别费率标准（现行标准为《关于工伤保险费率问题的通知》），核定其工伤保险初次缴费的基准费率。

第二十六条 征缴部门根据当地的工伤保险费率浮动办法及《工伤保险费率浮动规程》（《关于印发工伤保险费率浮动规程的通知》人社险中心函〔2011〕101 号），在核定基准费率的基础上，根据用人单位一定期限内工伤保险支缴率、工伤发生率、一至四级伤残人数或因工死亡人数等费率浮动考核指标，填写《工伤保险费率浮动明细表》（表 3-6）确定用人单位缴费费率，并于 5 个工作日内填写《工伤保险费率浮动告知书》（表 3-7）告知用人单位。用人单位对费率浮动结果有异议的，填写《重新核定工伤保险费率申请表》（表 3-8）。

第二十七条 经办机构每年 4 月 30 日前填写《工伤保险费率浮动情况汇总表》（表 3-9），报上级经办机构。根据工伤保险基金收支情况及基金预算执行情况，建立费率浮动效果跟踪分析制度，及时调整浮动费率。

第三节　缴费核定

第二十八条　征缴部门根据用人单位当期缴费人数、缴费基数、缴费费率核定缴费金额，以及补缴金额、滞纳金，核定当期工伤保险费应缴总额。

用人单位核对无误后，根据《工伤保险缴费申报（核定）表》（表3-10A）或《社会保险费申报（核定）表》（表3-10B），按规定时限办理缴费结算。

第二十九条　用人单位存在少报、漏报、瞒报等情况，征缴（登记）部门审核用人单位申报的《参加工伤保险人员补缴申报名册》（表3-11）及相关资料，根据缴费人数、缴费基数、补缴期限核定应补缴金额。

第三十条　征缴部门核定加收的用人单位滞纳金，根据用人单位应缴起始时间，以及应补缴金额予以核定，将滞纳金金额计入用人单位应缴总额。

用人单位应缴起始时间按照统筹地区相关规定执行。

第三十一条　难以直接按照工资总额计算缴纳工伤保险费的建筑施工企业、小型服务企业、小型矿山等企业的缴费核定，按照参保地所在省（自治区、直辖市）社会保险行政部门制定的建筑施工企业、小型服务企业、小型矿山等企业工伤保险费缴费办法、标准，分别核定应缴金额。

第四节　缴费结算

第三十二条　由经办机构征收的统筹地区，经办机构与国有商业银行签订收款服务协议，由商业银行受理用人单位采用委托扣款、小额借记、电汇、本票、刷卡等方式缴费。财务部门对账无误后，开具专用收款凭证，生成《工伤保险费实缴清单》（表

3-12)，并通知征缴部门。

由税务机关代征的统筹地区，经办机构按月将《工伤保险缴费核定汇总表》（表 3-13）及《工伤保险缴费核定明细表》（表 3-14）传送给税务机关，作为征收依据。税务机关收款后，每月在规定时间内向经办机构传送到账信息、《工伤保险费实缴清单》，转交相关收款凭证。

第三十三条 征缴部门根据《工伤保险费实缴清单》，向申报后未及时缴纳工伤保险费的用人单位发出《社会保险费催缴通知书》（表 3-15）。用人单位逾期未足额缴纳的，征缴部门建立欠费台账如实登记后转欠费管理。

第五节 欠费管理

第三十四条 征缴部门根据工伤保险欠费台账，生成《社会保险费还欠通知单》（表 3-16），通知用人单位偿还欠费。

第三十五条 根据《社会保险费征缴管理办法》，用人单位拒不缴纳欠费的，征缴部门会同稽核部门按照本规程第一三五条的规定处理。

第三十六条 对因筹资困难，无法足额偿还欠费的用人单位，转交稽核部门进行缴费能力稽核。经核查情况属实的，征缴部门与其签订社会保险还欠协议（以下简称“还欠协议”）。如欠费单位发生被兼并、分立、破产等情况时，按下列方法签订还欠协议：

（一）欠费单位被兼并的，与兼并方签订还欠协议；

（二）欠费单位分立的，与各分立方签订还欠协议；

（三）欠费单位进入破产程序的，与清算组签订清偿协议；

（四）单位被拍卖出售或租赁的，与主管部门签订还欠协议。

第三十七条 用人单位根据《工伤保险费还欠通知单》或还欠协议办理还欠的，由财务部门或税务机关按照本规程第三十二条收款。征缴部门根据还欠到账信息记载欠费台账。

破产单位无法完全清偿的欠费，征缴部门受理单位破产清算组提出的申请，转交财务部门按规定提请核销处理。

破产单位清算时应预留由用人单位支付的工伤保险待遇的相关费用。

第四章　工伤医疗、康复与辅助器具配置管理

工伤医疗、康复与辅助器具配置管理包括协议管理、工伤医疗管理、工伤康复管理、辅助器具配置管理等内容。

第一节　协议管理

第三十八条　经办机构与符合条件的医疗（康复）机构与辅助器具配置机构签订服务协议。

在公开、公正、平等协商的基础上，经办机构与获得执业许可证的医疗机构或康复机构签订医疗服务协议或康复服务协议；与符合条件的辅助器具配置机构签订辅助器具安装配置服务协议。

工伤医疗（康复）与辅助器具配置服务协议应包括服务人群、服务范围、服务内容、服务质量、费用结算办法、费用审核与控制、违约责任、监督考核、争议处理、协议有效期限等内容。

工伤医疗（康复）与辅助器具配置服务协议在履行过程中如遇情况变化，需要变更、补充或终止的，双方应及时协商议定。

第三十九条　业务部门应与签订服务协议的医疗（康复）机构和辅助器具配置机构（以下简称“工伤保险协议机构”）建立沟通机制，掌握工伤医疗（康复）及辅助器具配置情况，并进行工伤保险经办政策的宣传、解释与培训。

业务部门应将已签订服务协议的工伤保险协议机构名单及时

向社会公布。

第四十条 业务部门按照协议对工伤保险协议机构进行监督监控，定期考核通报，并建立诚信服务评价制度。

如严重违反协议，协议双方均可单方解除协议。提出解除协议的一方应按照协议规定时间通知另一方，并协助做好已收治工伤职工的医疗（康复）服务并按规定结算工伤医疗（康复）费。

第二节 工伤医疗管理

第四十一条 职工发生工伤后，应在工伤保险协议机构进行治疗，情况紧急时可以先到就近的医疗机构急救。

职工在统筹地区以外发生工伤的，应优先选择事故发生地工伤保险协议机构治疗，用人单位要及时向业务部门报告工伤职工的伤情及救治医疗机构情况，并待伤情稳定后转回统筹地区工伤保险协议机构继续治疗。

第四十二条 居住在统筹地区以外的工伤职工，经统筹地区劳动能力鉴定委员会鉴定或者经统筹地区社会保险行政部门委托居住地劳动能力鉴定委员会鉴定需要继续治疗的，工伤职工本人应在居住地选择一所县级以上工伤保险协议机构或同级医疗机构进行治疗，填报《工伤职工异地居住就医申请表》（表 4-1），并经过业务部门批准。

第四十三条 工伤职工因工伤进行门（急）诊或住院诊疗时，工伤保险协议机构应严格遵守工伤保险诊疗项目目录、工伤保险药品目录、工伤保险住院服务标准（以下简称“三目录”）。

第四十四条 工伤职工因旧伤复发需要治疗的，填写《工伤职工旧伤复发治疗申请表》（表 4-2），由就诊的工伤保险协议机构提出工伤复发的诊断意见，经业务部门核准后到工伤保险协议机构就医。

对旧伤复发有争议的，由劳动能力鉴定委员会确定。

第四十五条　工伤职工因伤情需要到统筹地区以外就医的，由经办机构指定的工伤保险协议机构提出意见，填写《工伤职工转诊转院申请表》（表4–3），报业务部门批准。

第三节　工伤康复管理

第四十六条　工伤职工经治疗病情相对稳定后，因存在肢体、器官功能性障碍或缺陷，可以通过医疗技术、物理治疗、作业治疗、心理治疗、康复护理与职业训练等综合手段，使其达到功能部分恢复或完全恢复并获得就业能力，经办机构应鼓励其进行康复治疗，使其可以尽早重返工作岗位。

第四十七条　工伤职工需要进行身体机能、心理康复或职业训练的，应由工伤保险协议机构提出康复治疗方案，包括康复治疗项目、时间、预期效果和治疗费用等内容，用人单位、工伤职工或近亲属提出申请，填写《工伤职工康复申请表》（表4–4），报业务部门批准。

第四十八条　工伤康复治疗的时间需要延长时，由工伤保险协议机构提出意见，用人单位、工伤职工或近亲属同意，并报业务部门批准。

第四十九条　工伤职工康复治疗结束后，应由工伤保险协议机构作出最终评价，制定社会康复方案，提供残疾适应指导、家庭康复指导等。业务部门应对工伤职工康复治疗情况进行跟踪管理。

业务部门应建立工伤康复评估专家数据库，随机抽取专家对申请工伤康复职工的康复价值、康复时限、康复效果进行评估。

第四节　辅助器具配置管理

第五十条　按照《工伤保险辅助器具配置管理办法》，工伤职工需要配置（更换）辅助器具的，由用人单位、工伤职工或近亲属填写《工伤职工配置（更换）辅助器具申请表》（表4–

5)，并持劳动能力鉴定委员会出具的配置辅助器具确认书，由业务部门核准后到工伤职工选定的工伤保险协议机构配置。

第五十一条 统筹地区无法提供所需种类的辅助器具的，报业务部门批准，工伤职工可以到其它地区的工伤保险协议机构配置辅助器具，业务部门按照本统筹地区规定的目录及配置标准核定费用。

第五十二条 辅助器具配置协议机构应建立产品质量承诺和跟踪服务制度。业务部门根据协议对辅助器具配置机构进行监督管理，对工伤职工配置辅助器具的情况进行核查，并将核查结果作为评价辅助器具配置机构的依据。

第五章 工伤待遇审核

工伤待遇审核包括工伤登记、医疗（康复）待遇审核、辅助器具配置费用审核、伤残待遇审核、工亡待遇审核、涉及第三人的工伤待遇审核、先行支付审核等内容。

第一节 工伤登记

第五十三条 职工发生事故伤害，用人单位可通过电话、传真、网络等方式及时向业务部门进行工伤事故备案，并根据事故发生经过和医疗救治情况，填写《工伤事故备案表》(表5-1)。

第五十四条 职工发生事故伤害或按照职业病防治法规定被诊断、鉴定为职业病，经社会保险行政部门认定工伤后，用人单位应及时到业务部门办理工伤职工登记，填写《工伤职工登记表》(表5-2)，并提供以下证件和资料：

（一）居民身份证原件及复印件；

（二）认定工伤决定书；

（三）工伤职工停工留薪期确认通知；

（四）省、自治区、直辖市经办机构规定的其他证件和资料。

停工留薪期内因工伤导致死亡的，还需提供居民死亡医学证明书或其他死亡证明材料。

第五十五条　工伤职工经劳动能力鉴定委员会鉴定伤残等级或护理等级后，用人单位应办理劳动能力鉴定登记，提供以下证件和资料：

（一）劳动能力鉴定结论书；

（二）省、自治区、直辖市经办机构规定的其他证件和资料。

第五十六条　业务部门核查工伤职工的参保缴费情况，审核用人单位提供的证件与资料，核对工伤认定事实与事故备案是否相符，对符合相关条件的职工确认领取工伤待遇资格，进行工伤登记。

第五十七条　职工被借调期间发生工伤事故的，或职工与用人单位解除或终止劳动关系后被确诊为职业病的，由原用人单位为其办理工伤登记。

第五十八条　业务部门审核用人单位提出工伤认定申请时间，超出规定时限的，不支付此期间发生的工伤待遇等有关费用。

第五十九条　进城务工的农村居民申请一次性领取工伤保险长期待遇的，需本人和用人单位书面申请，业务部门应向其说明丧失按月领取长期待遇资格，并与待遇申请人签订一次性领取长期待遇协议，终止工伤保险关系。

第六十条　工伤职工因转移、解除或终止劳动关系，因工伤保险关系发生变动而变更工伤登记，相关用人单位填写《工伤保险关系变动表》（表5-3）并提供相关证明资料。

第二节　医疗（康复）待遇审核

第六十一条　用人单位申报医疗（康复）费，填写《工伤医疗（康复）待遇申请表》（表5-4）并提供以下资料：

（一）医疗机构出具的伤害部位和程度的诊断证明；

（二）工伤职工的医疗（康复）票据、病历、清单、处方及检查报告；

居住在统筹地区以外的工伤职工在居住地就医的，还需提供《工伤职工异地居住就医申请表》。

工伤职工因旧伤复发就医的，还需提供《工伤职工旧伤复发申请表》。

批准到统筹地区以外就医的工伤职工，还需提供《工伤职工转诊转院申请表》。

（三）省、自治区、直辖市经办机构规定的其他证件和资料。

第六十二条 业务部门审核医疗（康复）费的内容包括：

（一）各项检查治疗是否与工伤部位、职业病病情相符；

（二）是否符合工伤保险“三目录”的规定；

（三）是否符合工伤康复诊疗规范和工伤康复服务项目的规定；

（四）省、自治区、直辖市经办机构规定的其他需要审核的内容。

第六十三条 经办机构应推行与工伤保险协议机构的直接联网结算。

已登记的工伤职工持社会保障卡到工伤保险协议机构就诊，工伤保险协议机构按照服务协议传送就诊医疗（康复）费用明细，业务部门根据规定应对药品明细、治疗（康复）项目、检查项目、病程记录及医疗（康复）票据等进行网上审核。

第六十四条 工伤职工住院治疗的，业务部门根据统筹地区人民政府规定的伙食补助费标准及工伤职工的住院天数，核定住院伙食补助费。

业务部门批准到统筹地区以外就医的，根据统筹地区人民政府规定的交通、食宿费标准，核定交通、食宿费用。

第六十五条　业务部门根据核定的工伤（康复）待遇，汇总生成《工伤医疗（康复）待遇审核表》（表5-5），转经办机构财务部门。

第三节　辅助器具配置费用审核

第六十六条　工伤职工配置（更换）辅助器具，用人单位申报工伤职工的辅助器具配置费用时，提供以下资料：

（一）工伤职工配置（更换）辅助器具申请表；

（二）配置辅助器具确认书；

（三）辅助器具配置票据；

（四）省、自治区、直辖市经办机构规定的其他证件和资料。

第六十七条　业务部门根据辅助器具配置项目、标准，核定工伤职工的辅助器具安装、配置（更换）费用，生成《辅助器具配置费用核定表》（表5-6），转财务部门。

第四节　伤残待遇审核

第六十八条　业务部门根据劳动能力鉴定结论、工伤职工本人工资或统筹地区上年度职工月平均工资，核定一次性伤残补助金、伤残津贴和生活护理费。

工伤职工与用人单位解除或终止劳动关系时，业务部门根据解除或终止劳动关系的时间和伤残等级，按照省、自治区、直辖市人民政府制定的标准核定一次性工伤医疗补助金。

伤残等级为一至四级的工伤职工退休后，基本养老保险待遇低于伤残津贴的，业务部门根据其基本养老待遇核定与伤残津贴的差额。

业务部门根据核定的伤残待遇生成《伤残待遇核定表》（表5-7），转财务部门。

第五节 工亡待遇审核

第六十九条 职工因工死亡或停工留薪期内因工伤导致死亡的，业务部门根据工亡时间上年度全国城镇居民人均可支配收入和统筹地区上年度职工月平均工资，核定一次性工亡补助金和丧葬补助金。

伤残等级为一至四级的工伤职工，停工留薪期满死亡的，业务部门根据统筹地区上年度职工月平均工资，核定丧葬补助金。

业务部门根据核定的工亡待遇生成《一次性工亡、丧葬补助金核定表》（表5-8），转财务部门。

第七十条 申请领取供养亲属抚恤金的，应提供以下资料：

（一）居民身份证原件及复印件；

（二）与工亡职工关系证明；

（三）依靠工亡职工生前提供主要生活来源的证明；

（四）完全丧失劳动能力的提供劳动能力鉴定结论书；

（五）孤儿、孤寡老人提供民政部门相关证明；

（六）在校学生提供学校就读证明；

（七）省、自治区、直辖市经办机构规定的其他证件和资料。

供养亲属范围和条件根据国务院社会保险行政部门有关规定确定。

第七十一条 职工因工外出期间发生事故或在抢险救灾中造成下落不明被认定为工亡的，业务部门应在第4个月审核用人单位的证明和近亲属的申请资料，核定供养亲属抚恤金。

职工被人民法院宣告死亡的，业务部门核定其一次性工亡补助金和丧葬补助金。生活有困难的，经近亲属申请，可按照一次性工亡补助金的50%先进行核定，宣告死亡后核定其剩余的一次性工亡补助金和丧葬补助金。

第七十二条 业务部门审核供养亲属申请资料，根据本人工资，核定每个供养亲属享受的抚恤金金额。

核定的各供养亲属抚恤金之和不应高于因工死亡职工生前的本人工资。

业务部门根据核定的供养亲属抚恤金生成《供养亲属抚恤金核定表》（表5-9），转财务部门。

第六节　涉及第三人的工伤待遇审核

第七十三条　涉及第三人责任的，业务部门审核工伤待遇时，还应审核以下民事伤害赔偿法律文书：

（一）属于交通事故或者城市轨道交通、客运轮渡、火车事故的，需提供相关的事故责任认定书、事故民事赔偿调解书；

（二）属于遭受暴力伤害的，需提供公安机关出具的遭受暴力伤害证明和赔偿证明资料；

（三）经人民法院判决或调解的，需提供民事判决书或民事调解书等证明资料；

（四）省、自治区、直辖市经办机构规定的其他证件和资料。

第七十四条　业务部门根据民事伤害赔偿法律文书确定的医疗费与工伤待遇中的医疗费比较，不足部分予以补足，其工伤医疗待遇不得重复享受。

业务部门根据统筹地区社会保险行政部门制定的相关政策核定其他工伤待遇。

第七节　先行支付审核

第七十五条　按照《社会保险基金先行支付暂行办法》（人社部令15号），未依法缴纳工伤保险费的用人单位申请先行支付，需提供以下资料：

（一）社会保险登记证、工伤保险实缴清单或还欠协议；

（二）认定工伤决定书；

（三）先行支付书面申请资料；

（四）省、自治区、直辖市经办机构规定的其他资料。

用人单位拒不支付工伤待遇，工伤职工或近亲属申请先行支付的，需提供以下资料：

（一）工伤职工与用人单位的劳动关系证明；

（二）社会保险行政部门出具的用人单位拒不支付证明材料；

（三）认定工伤决定书；

（四）工伤职工或近亲属先行支付书面申请资料；

（五）省、自治区、直辖市经办机构规定的其他资料。

第七十六条 按照《社会保险基金先行支付暂行办法》，涉及第三人责任申请先行支付的，第三人不支付工伤医疗费用或者无法确定第三人的，业务部门审核以下资料：

（一）认定工伤决定书；

（二）工伤职工或近亲属先行支付书面申请资料；

（三）人民法院出具的民事判决书等材料；

（四）对肇事逃逸、暴力伤害等无法确定第三人的，需提供公安机关出具的证明材料；

（五）由社会保险行政部门提供的第三人不予支付的证明材料；

（六）由职工基本医疗保险先行支付的情况材料；

（七）省、自治区、直辖市经办机构规定的其他资料。

第七十七条 业务部门核定先行支付的工伤保险待遇，对本规程第七十五条规定的情况先行支付由工伤保险基金支付的各项工伤保险待遇；对本规程第七十六条规定的情况先行支付工伤医疗费。

业务部门应建立先行支付工伤保险待遇台账，通知稽核部门追偿。

第七十八条 职工申请工伤保险先行支付必须经过工伤认

定，按照本规程第五十四条由用人单位、工伤职工或近亲属申请进行工伤登记。

第六章　工伤待遇和专项费用支付

工伤待遇和专项费用支付包括工伤待遇支付、专项费用支付、工伤待遇调整等内容。

第一节　工伤待遇支付

第七十九条　业务部门应将工伤待遇核定结果通知申请工伤待遇的用人单位或工伤职工、供养亲属，履行告知义务。

第八十条　业务部门每月根据工伤待遇、待遇调整、待遇重核等相关信息，建立当月工伤职工待遇支付台账，生成《工伤保险基金支出核定汇总表》（表6-1），转财务部门。

伤残津贴、生活护理费从做出劳动能力鉴定的结论次月起计发；供养亲属抚恤金从死亡的次月起计发，下落不明的从事故发生的第4个月起计发。

用人单位或工伤职工垫付的工伤医疗费可通过签订代发协议的商业银行进行支付；在工伤保险协议机构发生的费用可通过与工伤协议机构网上审核后进行直接结算并支付。

第八十一条　工伤职工在享受工伤待遇期间被判刑收监的，其工伤待遇仍按照原渠道支付。

第八十二条　业务部门应建立工伤待遇支付数据库，为工伤保险经办管理的宏观决策提供支持。

有条件的地区，对部分病种的工伤医疗（康复）费可实行按病种付费、治疗周期限额控制等付费方式，对工伤职工在统筹地区外发生的工伤医疗（康复）费用可实行异地结算。

第八十三条　向医疗保险基金拨付应由工伤保险先行支付的费用、向工伤职工先行支付工伤保险待遇、涉及第三人的先行支付的医疗费的可参照以上程序执行。

第二节　劳动能力鉴定费、工伤预防费支付

第八十四条　工伤职工进行劳动能力鉴定后，经办机构与劳动能力鉴定委员会应直接结算劳动能力鉴定费。

用人单位或工伤职工垫付劳动能力鉴定费的，可支付给用人单位或工伤职工。

第八十五条　工伤预防费用于工伤事故和职业病预防的宣传、培训、职业健康体检补助等项目。

业务部门根据社会保险行政部门制定的年度工伤预防工作计划，按照工伤预防费使用范围、项目，在费用指标范围内编制支出预算并根据支出计划按季度（月度）提出工伤预防费支出申请，转财务部门。

经办机构按照当地劳动能力鉴定和工伤预防工作有关管理办法的规定，与政府采购中标的或有资质的受委托社会组织（机构）签订协议，明确双方的权利和义务，确保相关项目实施的效果和质量。

第八十六条　业务部门根据当地人民政府或社会保险行政部门、财政机关批准的工伤预防费项目预算，按季度（月度）核定支出项目金额，生成《工伤预防费支出明细表》（表6-2），转财务部门支付。

第三节　工伤待遇调整

第八十七条　根据工伤待遇调整政策，业务部门对工伤职工或供养亲属的工伤待遇进行统一调整，并建立待遇调整台账。

第八十八条　业务部门可通过民政、卫生、公安等政府部门的证明，对工伤职工或供养亲属享受待遇资格定期验证，确定其继续享受待遇资格。

第八十九条　工伤职工或供养亲属不再具备享受工伤待遇的条件，工伤职工拒不接受劳动能力鉴定或拒绝治疗的，业务部门

停止支付工伤待遇。

对待遇享受资格停止后又具备享受资格的，业务部门审核用人单位、工伤职工或供养亲属提供的相关资料，符合条件的恢复支付其工伤待遇。

第九十条　用人单位、工伤职工或近亲属、工伤保险协议机构对工伤待遇核定金额有异议提出复核的，业务部门应进行复核，确需调整的，予以调整。

第七章　财务管理

财务管理包括基金收入管理、支出管理、会计核算、预算、决算等内容。

第一节　收入管理

第九十一条　由经办机构征收的工伤保险费，暂存于工伤保险费收入账户，每月月末全部转入财政专户。

由税务机关代征的工伤保险费直接纳入财政专户。

第九十二条　财务部门应定期与财政、税务机关进行对账。对账有差异的，须逐笔查清原因，调整相符。

第九十三条　财务部门根据省、自治区、直辖市人民政府制定的工伤保险储备金提取比例及管理办法预留工伤保险储备金（以下简称“储备金”），用于经办机构支付统筹地区重大工伤事故的工伤待遇。

第九十四条　财务部门在确保工伤待遇支付及储备金留存的前提下，根据工伤预防费的提取比例及使用和管理办法提取工伤预防费，用于开展工伤预防工作，专款专用。

第二节　支出管理

第九十五条　财务部门于每月月末根据基金支出计划制定下月用款计划，填制《工伤保险基金使用申请表》（表 7-1）报同级财政机关审核，并确认资金到账情况。

财务部门对传来的支付凭证复核无误后及时办理支付。

第九十六条 对补助下级支出、上解上级支出、其他支出等款项，财务部门根据规定或支付凭证从“支出户”划拨或支付。

第九十七条 财务部门根据银行单据，将支出与退票情况及时反馈登记部门，登记部门对因银行开户信息错误造成退票的，重核银行开户信息，财务部门重新办理支付。

第九十八条 发生重大工伤事故，统筹地区工伤保险基金结余不足以支付工伤待遇时，财务部门填制《工伤保险储备金专项用款申请表》（表7-2），报送财政机关审批，并按规定办理支付。

第九十九条 财务部门根据工伤预防费支出申请，填制《工伤预防费专项用款申请表》（表7-3），报送社会保险行政部门、财政机关审批同意后，根据支出户开户行递送的银行单据确认到账。

财务部门根据《工伤预防费支出明细表》，将工伤预防费拨付到签订协议的委托单位。

第一〇〇条 对先行支付款项，按如下程序处理：

（一）用人单位或第三人在规定期限内偿还的，财务部门按相关规定处理；

（二）用人单位或第三人逾期未偿还或未足额偿还的，移交稽核部门进行核查并进行追偿；

（三）经人民法院判决破产或确无偿还能力的，经财政机关同意，财务部门按规定提请核销处理。

追偿办法及核销程序按照国家有关规定执行。

第三节 会计核算

第一〇一条 财务部门根据基金收入情况，做如下处理：

（一）由经办机构征收的，应根据开户行单据、专用收款收据、《工伤保险费实缴清单》，填制记账凭证；

由税务机关代征的，以财政专户开户行或税务机关传来的税收通用缴款书或税收完税凭证作为原始凭证，并根据税务机关传送的《工伤保险费实缴清单》，填制记账凭证；

（二）对“收入户存款”“支出户存款”生成的利息，以开户行递送的利息单据作为原始凭证，填制记账凭证；

（三）对上级下拨、下级上解收入，以财政专户缴拨凭证作为原始凭证，填制记账凭证；

（四）对滞纳金等其他收入，根据银行回单或财政机关转来的财政专户缴拨凭证等，填制记账凭证。

第一〇二条 财务部门根据基金支出情况，作如下处理：

（一）对工伤待遇支出，根据《工伤保险基金支出核定汇总表》，由开户行递送的单据及《工伤保险基金支出退票明细表》（表7-4），填制记账凭证；

（二）对先行支付的支出，按照《社会保险基金先行支付暂行办法》处理；

（三）对工伤预防费用的支出，按照《工伤保险预防费使用管理暂行办法》处理；

（四）对补助下级、上解上级和其他支出等，以开户行单据作为原始凭证，填制记账凭证。

第一〇三条 财务部门根据收付款凭证，按照业务发生顺序逐笔登记现金日记账、银行存款日记账，再按科目分类汇总记账凭证，制作科目汇总表，登记总分类账。

第一〇四条 每月月末，收到银行账户对账单后，财务部门与银行存款日记账核对，编制银行存款余额调节表，并将现金日记账、银行存款日记账、明细分类账与总分类账核对。

第一〇五条 财务部门根据总分类账、明细分类账等，编制月、季、年度会计报表。

第一〇六条 财务部门应按会计制度要求，不断优化部门内岗位设置及工作流程，在保证不相容岗位分离且无缝衔接的基础上，健全初审复核、轮岗互查、相互制约的风险控制机制。

经办机构可与开户行搭建数据交换专线，利用银行账户监控系统和风险预警系统，确保基金划拨及时、准确，切实保证基金安全。

第四节　预　算

第一〇七条　由经办机构征收的，财务部门负责编制统筹地区工伤保险基金预算草案（以下简称“基金预算草案”），基金预算草案包含收入预算草案与支出预算草案。

由税务机关代征的，收入预算草案由财务部门会同税务机关编制。

第一〇八条　按照“以支定收、收支平衡”的原则，综合考虑统筹地区近年基金预算执行情况，编制下一年度基金预算草案。

收入预算草案要与本地区经济社会发展水平相适应，与社会平均工资增长相协调；支出预算草案应严格按照规定的支出范围、项目和标准进行测算，考虑政策、享受待遇人员等影响支出变动因素。

第一〇九条　统筹地区工伤保险基金预算（以下简称“基金预算”），由本级社会保险行政部门和财政机关汇总、审核后，联合报本级人民政府审批，报上级社会保险行政部门和财政机关。

统筹地区的经办机构将本级人民政府批准后的基金预算草案报上级经办机构。

第一一〇条　财务部门应及时分析基金预算执行情况，查明收支变化原因。预算年度终了，应对本年度基金预算执行情况进行分析评估，编制基金预算执行情况报告。

第一一一条　基金预算不得随意调整。由于执行中特殊情况需要增加支出或减少收入，与预算偏差较大的，财务部门要及时编制基金预算调整方案，由本级社会保险行政部门和财政机关汇总、审核后，联合报本级人民政府审批。

第五节　决　算

第一一二条　统筹地区财务部门根据决算编制工作要求，于年度终了前核对各项收支，清理往来款项，同开户行、财政专户对账，并进行年终结账。

第一一三条　统筹地区财务部门根据本年度各账户余额，编制年终决算资产负债表和有关明细表，编写报表附注及收支情况说明书，对重要指标进行财务分析，形成年度会计决算报告，由本级社会保险行政部门和财政机关汇总、审核后，联合报本级人民政府审批，报上级社会保险行政部门和财政机关。

统筹地区的经办机构将本级人民政府批准后的基金决算草案报上级经办机构。

第一一四条　经办机构定期向社会公布工伤保险基金的收入、支出、结余和收益情况。

第八章　信息管理

信息管理包括统计、精算和信息系统建设等内容。

第一节　统　计

第一一五条　工伤保险统计包括建立统计台账、编制统计报表、撰写分析报告等内容。

第一一六条　信息部门定期根据统计指标和统计分组，对数据进行整理加工，建立统计台账，依据社会保险统计报表制度要求，编制统计报表。

统计指标应根据政策变化及时调整完善。

第一一七条　经办机构根据统计台账和统计报表，对工伤保险运行情况开展分析，根据分析结果撰写分析报告。

第一一八条 经办机构应定期向社会公布工伤保险参保情况等信息。

第二节 精 算

第一一九条 工伤保险精算包括工伤保险年度精算分析、工伤保险专项精算分析和其他日常测算分析等。

在工伤保险费率和待遇水平等进行调整时，应开展专项精算分析，支持政策决策，评估风险与效率。

第一二〇条 精算部门制定精算工作方案，采集精算数据，建立精算基础数据库和运行数据库，建立相关模型并设定合理的参数假设，开展精算分析工作。

第一二一条 精算分析涉及参数应以统筹地区相关数据为基础进行假设，在统筹地区数据不充分的情况下，可参照全国或情况相近地区的相关参数确定，但要对数据的可参照性及差异性进行对比分析。

每年要根据工伤保险运行状况的变化，对上年度参数假设进行科学评估，对未来的参数假设作出相应调整。

第一二二条 精算部门应对精算预测结果进行分析，以保证预测质量，分析的主要内容包括验证预测成果的可信程度、分析主要预测指标和评估预测的不确定性。

精算部门根据分析结果按相关技术标准撰写精算报告，阐述分析方法、提出专业结论和政策建议。

第三节 信息系统

第一二三条 经办机构应按照国家规划，建立社会保险经办信息系统。

第一二四条 信息部门根据本规程制定的业务流程，编制社会保险经办信息系统中工伤保险部分的业务需求。

第一二五条　经办机构通过信息沟通机制获取的各类信息，可作为社会保险登记、工伤保险费征缴、工伤待遇审核与社会保险稽核的信息比对依据。

第一二六条　信息部门按照《关于开展工伤保险联网指标上报工作的通知》（人社部函〔2008〕176号）数据采集、审核、转换以及数据质量检查，并将交换库数据和数据质量检查表上报上级信息部门。

第一二七条　经办机构应与社会保险行政部门建立资源共享的信息网络，共享工伤职工参保、缴费、工伤认定、劳动能力鉴定、工伤待遇等情况的信息。

第九章　稽核监督

稽核监督包括对外稽核与内部监督，其中对外稽核包含稽核内容、稽核程序与处理。

第一节　稽核内容

第一二八条　参保登记稽核包括：

（一）核查用人单位是否依法办理工伤保险参保登记；

（二）查验用人单位社会保险登记证，审查用人单位工伤保险登记、变更是否符合规定。

第一二九条　缴费稽核内容包括：

（一）对用人单位的缴费检查，核实该单位的营业执照（副本）或登记证、职工工资发放明细表、劳动工资统计台账、财务相关账册（银行存款日记账、银行对账单、明细分类账）和相应的原始凭证、社会保险缴费申报（核定）表等有关资料；

（二）对建筑施工企业，按照本规程第三十一条确定缴费标准的，还应检查其建筑工程合同，核实其项目工程总造价。

对餐饮业、服务业、娱乐业等小型服务业以及有雇工的个体工商户，按照本规程第三十一条确定缴费标准的，还应核实其营业面积或营业额；

对小型矿山企业，按照本规程第三十一条确定缴费标准的，还应核实总产量、吨矿工资含量。

第一三〇条 对于欠缴工伤保险费的用人单位，在缴费稽核中应进行缴费能力稽核，其内容包括：

（一）查验用人单位的货币资金发生额和余额，重点查阅现金和银行存款情况；

（二）查验用人单位的各类对外投资情况；

（三）查验用人单位的各类债权情况；

（四）查验用人单位的实物资产。

第一三一条 待遇支付稽核的内容包括：

（一）对工伤职工待遇享受资格，核查其居民身份证、户口簿、户籍所在地公安机关或街道、乡镇政府提供的生存证明；

（二）对供养亲属待遇享受资格，按照本规程第七十条规定核查；

（三）对工伤保险协议机构执行协议情况进行核查：

1. 核查工伤职工就医身份的真实性；

2. 核查工伤保险协议机构提供各种资料的真实性，诊疗是否与伤情相符，费用是否符合工伤“三目录”规定；

3. 核查工伤保险协议机构为工伤职工配置辅助器具的情况。

（四）实行联网结算的统筹地区，可对工伤保险协议机构执行协议情况进行实时监控。

第二节 稽核程序与处理

第一三二条 稽核部门按照年度稽核工作计划，采取以下方式确定稽核对象：

（一）从数据库中随机抽取或根据信息异常情况确定；

（二）根据举报、有关部门转办、上级交办和异地协查信函等确定；

（三）根据民政、卫生、公安等部门提供的职工生存状况变动情况确定。

第一三三条　稽核部门对工伤保险登记缴费的稽核处理包括：

（一）对未办理社会保险登记的用人单位，报请社会保险行政部门督促其参保登记；

（二）对欠缴的用人单位，经缴费能力稽核后，初步认定无能力偿还的，按照本规程第一〇〇条第（三）款的规定处理，并通知征缴部门；

（三）对稽核对象少报、漏报、瞒报缴费基数和缴费人数的，应责令其补足，并通知征缴部门；

（四）稽核对象拒绝稽核或伪造、变造、故意毁灭有关账册、材料，拒不缴纳社会保险费的，应报请社会保险行政部门依法处罚。

第一三四条　稽核部门对工伤待遇支付的稽核处理包括：

（一）对工伤职工或供养亲属丧失待遇享受资格后仍继续领取的，应通知财务部门停止支付，并会同财务部门追回冒领的工伤待遇；

（二）对工伤职工或供养亲属骗取工伤待遇的，应通知财务部门停止支付，并会同财务部门追回骗取的工伤待遇，报请社会保险行政部门依法处罚；

（三）对工伤保险协议机构违反服务协议，以欺诈、伪造证明资料、医疗文书或其他手段骗取基金的，应会同财务部门根据情节轻重作如下处理：

1. 暂停直接责任人为参保人员服务的资格；
2. 暂停或解除工伤保险协议机构服务协议；
3. 报请社会保险行政部门处理。

第一三五条　对逾期仍未缴纳或补足工伤保险费的，稽核部门可采用如下程序处理：

（一）向银行和其他金融机构查询其存款账户；

（二）经社会保险行政部门批准，书面通知其开户行或其他金融机构划拨工伤保险费；

（三）用人单位账户余额不足缴纳工伤保险费的，可要求该用人单位提供担保，签订延期缴费协议；

（四）用人单位仍未足额缴纳工伤保险费且未提供担保的，可申请人民法院扣押、查封、拍卖其财产以抵缴工伤保险费。

对先行支付工伤待遇的追偿可参照以上程序处理。

第一三六条 对追偿或退还的工伤待遇，稽核部门填写《追偿（退还）工伤待遇审核表》（表9-1，表9-2），转财务部门处理。

第三节 内部监督

第一三七条 内部监督是指稽核部门对经办操作的合规性、准确性进行检查，防范经办风险。

第一三八条 内部监督的主要内容包括：

（一）参保登记监督包含用人单位类型、风险类别、浮动费率等信息登记的准确性；

（二）缴费监督包含缴费基数调整、还欠经办操作合规性；

（三）工伤待遇支付监督包含工伤登记及变动等资料的真实性和完整性，工伤待遇审核支付管理的合规性；

（四）财务监督包含检查工伤保险基金收入、支出凭证，会计账簿，核对账证是否相符；

（五）省、自治区、直辖市经办机构规定需内部监督的其他内容。

第一三九条 内部监督的主要方法包括检查核对法、抽查法、面询法、网上监督法。

稽核部门对内部监督中发现的问题提出整改意见，并跟踪监督落实情况。

第十章 权益记录与服务

权益记录与服务包括记录与查询、业务档案等内容。

第一节 记录与查询

第一四〇条 根据《社会保险个人权益记录管理办法》，经办机构应建立数据库，按照及时、完整、准确、安全、保密的管理原则，记载用人单位、参保职工登记信息和缴费情况，记载工伤职工和供养亲属享受工伤待遇情况，记载其它反映社会保险个人权益的信息。

第一四一条 经办机构应建立个人权益查询管理信息系统，通过专门窗口、自助终端、电话、网站等方式为工伤保险参保职工提供缴费记录和待遇记录查询服务。

参保职工需要书面查询个人权益记录的，经办机构应按规定提供。

参保职工对社会保险个人权益记录存在异议时，可以向经办机构提出核查申请，经办机构应按规定进行复核。

第一四二条 经办机构应每年至少一次将参保职工的个人权益记录通过邮寄方式寄送本人，也可以通过电子邮件、手机短信等多种方式向参保职工发送个人权益记录。

经办机构对参保职工的个人权益记录承担保密责任，不得违法泄露。

第二节 业务档案

第一四三条 工伤保险业务档案（以下简称“业务档案”），是指经办机构在办理工伤保险业务过程中，直接形成的具有保存和利用价值的专业性文字材料、电子文档、图表、声像等不同载体的历史记录。

第一四四条 经办机构各部门按照《社会保险业务档案管

理规定（试行）》（人社部令3号）的规定及时对业务文件材料进行收集、整理、立卷、归档，确保业务档案齐全、完整、有效，并定期移交档案部门。

第一四五条 档案部门应按照业务档案保管、保密、利用、移交、鉴定、销毁等管理要求，保证业务档案妥善保管、有序存放，严防毁损、遗失和泄密。

档案部门对经过鉴定可以销毁的档案，编制销毁清册，按程序报社会保险行政部门备案后销毁。

第一四六条 业务档案的保管期限分为永久和定期两类，各类业务档案的具体保管期限按照《社会保险业务档案管理规定（试行）》规定的《社会保险业务材料归档范围与保管期限》执行。

第一四七条 经办机构应对业务档案进行影像化处理，实行档案数字化管理。

第十一章 附 则

第一四八条 对用人单位填写的表单，需经经办机构审核人、负责人签字或盖章。

对工伤保险申报缴费和待遇支付的核定结果需经审核人、负责人签字或盖章。

经办机构各部门之间传送的表单，需经办人、审核人、复核人、主管领导签字或盖章。

第一四九条 经办机构应规范票据管理，按照规定进行票据的填写、整理、保管等工作。

第一五〇条 在中国境内合法就业的外籍人员参加工伤保险，参照本规程经办。

第一五一条 各省、自治区、直辖市经办机构可根据本规程制定经办细则。

第一五二条 本规程由人力资源社会保障部负责解释。

第一五三条　本规程自发布之日起施行。

附：工伤保险经办业务用表

（附本书略）

人力资源社会保障部办公厅关于推进工伤认定和劳动能力鉴定便民化服务工作的通知

（2018 年 9 月 24 日　人社厅发〔2018〕104 号）

各省、自治区、直辖市及新疆生产建设兵团人力资源社会保障厅（局）：

工伤认定和劳动能力鉴定是工伤保险制度的重要组成部分，是职工享受工伤保险待遇的前提。当前，工伤认定和劳动能力鉴定工作总体情况是好的，但也存在管理制度不完善、信息化建设滞后、便民服务不到位等问题。为贯彻党中央、国务院推进审批服务便民化和深化“放管服”改革要求，落实部党组关于加强人社系统行风建设部署，推进工伤认定和劳动能力鉴定便民化服务工作，现就有关事项通知如下。

一、指导思想

以习近平新时代中国特色社会主义思想和党的十九大以及十九届二中、三中全会精神为指导，深入贯彻以人民为中心的发展思想，围绕“正行风、树新风，打造群众满意的人社服务”总体要求，突出问题导向，坚持远近结合，深化标本兼治，切实提升工伤认定和劳动能力鉴定工作的规范化、便利化、信息化，切实提升工伤职工和用人单位的满意度、获得感。

二、主要任务

（一）全面下放省级人社部门工伤认定和劳动能力初次鉴定事项。目前仍在办理工伤认定和劳动能力初次鉴定事项的省

（自治区、直辖市）人社部门，要按照《工伤保险条例》的规定，从2019年开始，全面下放工伤认定和劳动能力初次鉴定事项。

（二）全面推进工伤认定和劳动能力鉴定受理事项进驻大厅。目前工伤认定和劳动能力鉴定受理事项还未进驻大厅的，要按照服务事项集中办理、“一窗通办”的要求，从2019年开始全面进驻大厅，实现工伤认定和劳动能力鉴定受理事项“只进一扇门”和“一窗受理”。

（三）切实清理取消重复提交的证明和材料。各地要按照工伤认定、劳动能力鉴定、待遇支付业务协同办理的要求，全面梳理工伤认定和劳动能力鉴定服务事项所需证明和材料，切实减证便民，取消不必要或重复提交的证明和材料。原则上，通过内部信息共享能够获取的，或者上一个环节已经提交的，不应要求用人单位和工伤职工重复提交。

（四）切实提高工伤认定和劳动能力鉴定效率。各地要本着优化流程、精简环节、缩短时限的要求，进一步提高工伤认定和劳动能力鉴定工作效率。对于事实清楚、权利义务明确的工伤认定案件要通过简易程序，快认快结。对因较大安全生产事故造成人员伤亡或者社会关注度高的工伤认定案件，要主动介入，优先受理，开辟工伤认定绿色通道，及时做出工伤认定结论。对伤情清楚、证据充分、没有异议的劳动能力鉴定案件，要进一步缩短时限，尽快做出鉴定结论。

（五）积极探索异地工伤认定和劳动能力鉴定委托合作。各地要适应区域间劳动力流动愈加频繁、用人单位注册参保地与工作生产地分离日益增多的情况，对异地发生工伤的，加强与当地人社部门合作，通过探索委托当地人社部门进行工伤认定调查，探索聘请当地医学专家进行劳动能力鉴定等方式，方便用人单位和工伤职工就近进行工伤认定和劳动能力鉴定。

（六）积极推进“互联网+认定鉴定”。各地要以全面推进工伤保险信息化建设为契机，同步推进“互联网+认定鉴定”，推进网上大厅与实体大厅业务办理结合，统一在线业务办理标准，加快实现工伤认定和劳动能力鉴定工作业务全流程实时记录、即时交换、相互核验、精确管理，实现工伤认定和劳动能力鉴定业务在线协同办理、信息共享，实现“数据多跑路、群众少跑腿”。

三、工作要求

（一）加强领导，提高认识。工伤认定和劳动能力鉴定工作具有很强的政策性、专业性和技术性。各地要提高政治站位，深刻认识推进工伤认定和劳动能力鉴定便民化工作的重要性，建立长效机制，久久为功。省级人社部门要加强对市、县工作的指导，切实提升工伤认定和劳动能力鉴定工作的质量和效率，让广大工伤职工充分感受到方便快捷和公平正义，更多体会到来自党和政府的关心关爱。

（二）加强组织，强化监管。各地要制定周密工作方案，落实工作责任，加强沟通协调，确保各项任务责任落实到位。特别是受理事项进驻大厅、下放省级人社部门工伤认定和劳动能力初次鉴定事项以及取消重复提交的证明和材料，更要周密安排，明确权限、明确时限、明确责任、明确要求，加强工作衔接，确保平稳过渡。要加强对工伤认定和劳动能力鉴定事中、事后的监管，通过专项督查、案卷评查、“双随机一公开”等方式，推进线上线下一体化监管，严肃查处提供虚假材料、骗取待遇等违法行为。

（三）加强培训，强化保障。各地要加强对工伤认定和劳动能力鉴定工作人员政治思想、业务知识和作风建设等方面的培训，提高他们政治素养、为民意识和履职能力，切实防止庸政懒政和不作为、乱作为问题的发生。要加强与财政等部门的沟通协调，保障工伤认定调查和劳动能力鉴定所需工作经费，确保工伤认定和劳动能力鉴定等事项顺利开展。要加强与人民法院等部门的沟通，统一认识，凝聚共识，更好维护党和政府的公信力。

（四）加强宣传，引导舆情。各地要充分利用各种宣传渠道向全社会宣传工伤保险法规政策，使广大工伤职工知悉获得权益保障的途径和程序，更好维护自身的合法权益。对重大舆情要迅速反应、及时报告，积极主动正面引导，营造良好舆论氛围。

人力资源社会保障部关于取消部分规范性文件设定的证明材料的决定（摘录）

（2019年3月4日　人社部发〔2019〕20号）

附件

取消的规范性文件设定的证明材料目录

序号	证明	用途	依据	取消后办理方式
30	居民身份证原件及复印件	办理工伤登记	《关于印发工伤保险经办规程的通知》（人社部发〔2012〕11号）	通过部门内部核查。
31	认定工伤决定书	办理工伤登记	《关于印发工伤保险经办规程的通知》（人社部发〔2012〕11号）	通过部门内部核查。
32	工伤职工停工留薪期确认通知	办理工伤登记	《关于印发工伤保险经办规程的通知》（人社部发〔2012〕11号）	通过部门内部核查。
33	停工留薪期内因工伤导致死亡的，提供居民死亡医学证明书或其他死亡证明材料	办理工伤登记	《关于印发工伤保险经办规程的通知》（人社部发〔2012〕11号）	通过部门内部核查。
34	用人单位意见	工伤康复治疗期延长申请	《关于印发工伤保险经办规程的通知》（人社部发〔2012〕11号）	不再提交。

续表

序号	证明	用途	依据	取消后办理方式
35	《工伤认定决定书》原件和复印件,或者其他确认工伤的文件	辅助器具更换申请	《关于印发工伤保险经办规程的通知》(人社部发〔2012〕11号)	通过部门内部核查。
36	《人力资源和社会保障部关于印发工伤保险经办规程的通知》(人社部发〔2012〕11号)第六十六条第(四)项:省、自治区、直辖市经办机构规定的其他证件和资料	辅助器具配置(更换)费用申报	《关于印发工伤保险经办规程的通知》(人社部发〔2012〕11号)	不再提交。
37	认定工伤决定书(包括用人单位拒不支付工伤待遇申请先行支付、涉及第三人责任申请先行支付)	先行支付申领	《关于印发工伤保险经办规程的通知》(人社部发〔2012〕11号)	通过部门内部核查。
38	未依法缴纳工伤保险费的用人单位,需提供:社会保险登记证、工伤保险实缴清单	先行支付申领	《关于印发工伤保险经办规程的通知》(人社部发〔2012〕11号)	通过部门内部核查。
39	用人单位拒不支付工伤待遇,工伤职工或近亲属需提供:社会保险行政部门出具的用人单位拒不支付证明材料	先行支付申领	《关于印发工伤保险经办规程的通知》(人社部发〔2012〕11号)	不再提交。

续表

序号	证明	用途	依据	取消后办理方式
40	《人力资源和社会保障部关于印发工伤保险经办规程的通知》(人社部发〔2012〕11号)第七十五条第二款第(五)项:省、自治区、直辖市经办机构规定的其他资料	先行支付申领	《关于印发工伤保险经办规程的通知》(人社部发〔2012〕11号)	不再提交。
41	涉及第三人责任申请先行支付的:对肇事逃逸、暴力伤害等无法确定第三人的,需提供公安机关出具的证明材料	先行支付申领	《关于印发工伤保险经办规程的通知》(人社部发〔2012〕11号)	不再提交。
42	涉及第三人责任申请先行支付的:由社会保险行政部门提供的第三人不予支付的证明材料	先行支付申领	《关于印发工伤保险经办规程的通知》(人社部发〔2012〕11号)	不再提交。
43	涉及第三人责任申请先行支付的:由职工基本医疗保险先行支付的情况材料	先行支付申领	《关于印发工伤保险经办规程的通知》(人社部发〔2012〕11号)	不再提交。

续表

序号	证明	用途	依据	取消后办理方式
44	《人力资源和社会保障部关于印发工伤保险经办规程的通知》（人社部发〔2012〕11号）第七十六条第（七）项：省、自治区、直辖市经办机构规定的其他资料	先行支付申领	《关于印发工伤保险经办规程的通知》（人社部发〔2012〕11号）	不再提交。
45	劳动能力鉴定结论书	劳动能力鉴定登记	《关于印发工伤保险经办规程的通知》（人社部发〔2012〕11号）	通过部门内部核查。
46	《人力资源和社会保障部关于印发工伤保险经办规程的通知》（人社部发〔2012〕11号）第五十五条第（二）项：省、自治区、直辖市经办机构规定的其他证件和资料	劳动能力鉴定登记	《关于印发工伤保险经办规程的通知》（人社部发〔2012〕11号）	不再提交。
47	劳动能力鉴定结论	一次性工伤医疗补助金申请	《关于印发工伤保险经办规程的通知》（人社部发〔2012〕11号）	通过部门内部核查。
48	劳动能力鉴定结论	伤残待遇申领（伤残津贴、一次性伤残补助金、生活护理费）	《关于印发工伤保险经办规程的通知》（人社部发〔2012〕11号）	通过部门内部核查。

第八部分

工伤保险争议处理

中华人民共和国劳动争议调解仲裁法

（2007年12月29日第十届全国人民代表大会常务委员会第三十一次会议通过）

目　录

第一章　总　则

第一条　为了公正及时解决劳动争议，保护当事人合法权益，促进劳动关系和谐稳定，制定本法。

第二条　中华人民共和国境内的用人单位与劳动者发生的下列劳动争议，适用本法：

（一）因确认劳动关系发生的争议；

（二）因订立、履行、变更、解除和终止劳动合同发生的争议；

（三）因除名、辞退和辞职、离职发生的争议；

（四）因工作时间、休息休假、社会保险、福利、培训以及劳动保护发生的争议；

（五）因劳动报酬、工伤医疗费、经济补偿或者赔偿金等发生的争议；

（六）法律、法规规定的其他劳动争议。

第三条 解决劳动争议，应当根据事实，遵循合法、公正、及时、着重调解的原则，依法保护当事人的合法权益。

第四条 发生劳动争议，劳动者可以与用人单位协商，也可以请工会或者第三方共同与用人单位协商，达成和解协议。

第五条 发生劳动争议，当事人不愿协商、协商不成或者达成和解协议后不履行的，可以向调解组织申请调解；不愿调解、调解不成或者达成调解协议后不履行的，可以向劳动争议仲裁委员会申请仲裁；对仲裁裁决不服的，除本法另有规定的外，可以向人民法院提起诉讼。

第六条 发生劳动争议，当事人对自己提出的主张，有责任提供证据。与争议事项有关的证据属于用人单位掌握管理的，用人单位应当提供；用人单位不提供的，应当承担不利后果。

第七条 发生劳动争议的劳动者一方在十人以上，并有共同请求的，可以推举代表参加调解、仲裁或者诉讼活动。

第八条 县级以上人民政府劳动行政部门会同工会和企业方面代表建立协调劳动关系三方机制，共同研究解决劳动争议的重大问题。

第九条 用人单位违反国家规定，拖欠或者未足额支付劳动报酬，或者拖欠工伤医疗费、经济补偿或者赔偿金的，劳动者可以向劳动行政部门投诉，劳动行政部门应当依法处理。

第二章 调 解

第十条 发生劳动争议，当事人可以到下列调解组织申请调解：

（一）企业劳动争议调解委员会；

（二）依法设立的基层人民调解组织；

（三）在乡镇、街道设立的具有劳动争议调解职能的组织。

企业劳动争议调解委员会由职工代表和企业代表组成。职工代表由工会成员担任或者由全体职工推举产生，企业代表由企业负责人指定。企业劳动争议调解委员会主任由工会成员或者双方推举的人员担任。

第十一条　劳动争议调解组织的调解员应当由公道正派、联系群众、热心调解工作，并具有一定法律知识、政策水平和文化水平的成年公民担任。

第十二条　当事人申请劳动争议调解可以书面申请，也可以口头申请。口头申请的，调解组织应当当场记录申请人基本情况、申请调解的争议事项、理由和时间。

第十三条　调解劳动争议，应当充分听取双方当事人对事实和理由的陈述，耐心疏导，帮助其达成协议。

第十四条　经调解达成协议的，应当制作调解协议书。

调解协议书由双方当事人签名或者盖章，经调解员签名并加盖调解组织印章后生效，对双方当事人具有约束力，当事人应当履行。

自劳动争议调解组织收到调解申请之日起十五日内未达成调解协议的，当事人可以依法申请仲裁。

第十五条　达成调解协议后，一方当事人在协议约定期限内不履行调解协议的，另一方当事人可以依法申请仲裁。

第十六条　因支付拖欠劳动报酬、工伤医疗费、经济补偿或者赔偿金事项达成调解协议，用人单位在协议约定期限内不履行的，劳动者可以持调解协议书依法向人民法院申请支付令。人民法院应当依法发出支付令。

第三章　仲　裁

第一节　一般规定

第十七条　劳动争议仲裁委员会按照统筹规划、合理布局和适应实际需要的原则设立。省、自治区人民政府可以决定在市、县设立；直辖市人民政府可以决定在区、县设立。直辖市、设区的市也可以设立一个或者若干个劳动争议仲裁委员会。劳动争议仲裁委员会不按行政区划层层设立。

第十八条　国务院劳动行政部门依照本法有关规定制定仲裁规则。省、自治区、直辖市人民政府劳动行政部门对本行政区域的劳动争议仲裁工作进行指导。

第十九条　劳动争议仲裁委员会由劳动行政部门代表、工会代表和企业方面代表组成。劳动争议仲裁委员会组成人员应当是单数。

劳动争议仲裁委员会依法履行下列职责：

（一）聘任、解聘专职或者兼职仲裁员；

（二）受理劳动争议案件；

（三）讨论重大或者疑难的劳动争议案件；

（四）对仲裁活动进行监督。

劳动争议仲裁委员会下设办事机构，负责办理劳动争议仲裁委员会的日常工作。

第二十条　劳动争议仲裁委员会应当设仲裁员名册。

仲裁员应当公道正派并符合下列条件之一：

（一）曾任审判员的；

（二）从事法律研究、教学工作并具有中级以上职称的；

（三）具有法律知识、从事人力资源管理或者工会等专业工作满五年的；

（四）律师执业满三年的。

第二十一条　劳动争议仲裁委员会负责管辖本区域内发生的劳动争议。

劳动争议由劳动合同履行地或者用人单位所在地的劳动争议仲裁委员会管辖。双方当事人分别向劳动合同履行地和用人单位所在地的劳动争议仲裁委员会申请仲裁的，由劳动合同履行地的劳动争议仲裁委员会管辖。

第二十二条　发生劳动争议的劳动者和用人单位为劳动争议仲裁案件的双方当事人。

劳务派遣单位或者用工单位与劳动者发生劳动争议的，劳务派遣单位和用工单位为共同当事人。

第二十三条　与劳动争议案件的处理结果有利害关系的第三人，可以申请参加仲裁活动或者由劳动争议仲裁委员会通知其参加仲裁活动。

第二十四条　当事人可以委托代理人参加仲裁活动。委托他人参加仲裁活动，应当向劳动争议仲裁委员会提交有委托人签名或者盖章的委托书，委托书应当载明委托事项和权限。

第二十五条　丧失或者部分丧失民事行为能力的劳动者，由其法定代理人代为参加仲裁活动；无法定代理人的，由劳动争议仲裁委员会为其指定代理人。劳动者死亡的，由其近亲属或者代理人参加仲裁活动。

第二十六条　劳动争议仲裁公开进行，但当事人协议不公开进行或者涉及国家秘密、商业秘密和个人隐私的除外。

第二节　申请和受理

第二十七条　劳动争议申请仲裁的时效期间为一年。仲裁时效期间从当事人知道或者应当知道其权利被侵害之日起计算。

前款规定的仲裁时效，因当事人一方向对方当事人主张权利，或者向有关部门请求权利救济，或者对方当事人同意履行义务而中断。从中断时起，仲裁时效期间重新计算。

因不可抗力或者有其他正当理由，当事人不能在本条第一款规定的仲裁时效期间申请仲裁的，仲裁时效中止。从中止时效的原因消除之日起，仲裁时效期间继续计算。

劳动关系存续期间因拖欠劳动报酬发生争议的，劳动者申请仲裁不受本条第一款规定的仲裁时效期间的限制；但是，劳动关系终止的，应当自劳动关系终止之日起一年内提出。

第二十八条 申请人申请仲裁应当提交书面仲裁申请，并按照被申请人人数提交副本。

仲裁申请书应当载明下列事项：

（一）劳动者的姓名、性别、年龄、职业、工作单位和住所，用人单位的名称、住所和法定代表人或者主要负责人的姓名、职务；

（二）仲裁请求和所根据的事实、理由；

（三）证据和证据来源、证人姓名和住所。

书写仲裁申请确有困难的，可以口头申请，由劳动争议仲裁委员会记入笔录，并告知对方当事人。

第二十九条 劳动争议仲裁委员会收到仲裁申请之日起五日内，认为符合受理条件的，应当受理，并通知申请人；认为不符合受理条件的，应当书面通知申请人不予受理，并说明理由。对劳动争议仲裁委员会不予受理或者逾期未作出决定的，申请人可以就该劳动争议事项向人民法院提起诉讼。

第三十条 劳动争议仲裁委员会受理仲裁申请后，应当在五日内将仲裁申请书副本送达被申请人。

被申请人收到仲裁申请书副本后，应当在十日内向劳动争议仲裁委员会提交答辩书。劳动争议仲裁委员会收到答辩书后，应当在五日内将答辩书副本送达申请人。被申请人未提交答辩书的，不影响仲裁程序的进行。

第三节　开庭和裁决

第三十一条　劳动争议仲裁委员会裁决劳动争议案件实行仲裁庭制。仲裁庭由三名仲裁员组成，设首席仲裁员。简单劳动争议案件可以由一名仲裁员独任仲裁。

第三十二条　劳动争议仲裁委员会应当在受理仲裁申请之日起五日内将仲裁庭的组成情况书面通知当事人。

第三十三条　仲裁员有下列情形之一，应当回避，当事人也有权以口头或者书面方式提出回避申请：

（一）是本案当事人或者当事人、代理人的近亲属的；

（二）与本案有利害关系的；

（三）与本案当事人、代理人有其他关系，可能影响公正裁决的；

（四）私自会见当事人、代理人，或者接受当事人、代理人的请客送礼的。

劳动争议仲裁委员会对回避申请应当及时作出决定，并以口头或者书面方式通知当事人。

第三十四条　仲裁员有本法第三十三条第四项规定情形，或者有索贿受贿、徇私舞弊、枉法裁决行为的，应当依法承担法律责任。劳动争议仲裁委员会应当将其解聘。

第三十五条　仲裁庭应当在开庭五日前，将开庭日期、地点书面通知双方当事人。当事人有正当理由的，可以在开庭三日前请求延期开庭。是否延期，由劳动争议仲裁委员会决定。

第三十六条　申请人收到书面通知，无正当理由拒不到庭或者未经仲裁庭同意中途退庭的，可以视为撤回仲裁申请。

被申请人收到书面通知，无正当理由拒不到庭或者未经仲裁庭同意中途退庭的，可以缺席裁决。

第三十七条　仲裁庭对专门性问题认为需要鉴定的，可以交由当事人约定的鉴定机构鉴定；当事人没有约定或者无法达成约定的，由仲裁庭指定的鉴定机构鉴定。

根据当事人的请求或者仲裁庭的要求，鉴定机构应当派鉴定人参加开庭。当事人经仲裁庭许可，可以向鉴定人提问。

第三十八条 当事人在仲裁过程中有权进行质证和辩论。质证和辩论终结时，首席仲裁员或者独任仲裁员应当征询当事人的最后意见。

第三十九条 当事人提供的证据经查证属实的，仲裁庭应当将其作为认定事实的根据。

劳动者无法提供由用人单位掌握管理的与仲裁请求有关的证据，仲裁庭可以要求用人单位在指定期限内提供。用人单位在指定期限内不提供的，应当承担不利后果。

第四十条 仲裁庭应当将开庭情况记入笔录。当事人和其他仲裁参加人认为对自己陈述的记录有遗漏或者差错的，有权申请补正。如果不予补正，应当记录该申请。

笔录由仲裁员、记录人员、当事人和其他仲裁参加人签名或者盖章。

第四十一条 当事人申请劳动争议仲裁后，可以自行和解。达成和解协议的，可以撤回仲裁申请。

第四十二条 仲裁庭在作出裁决前，应当先行调解。

调解达成协议的，仲裁庭应当制作调解书。

调解书应当写明仲裁请求和当事人协议的结果。调解书由仲裁员签名，加盖劳动争议仲裁委员会印章，送达双方当事人。调解书经双方当事人签收后，发生法律效力。

调解不成或者调解书送达前，一方当事人反悔的，仲裁庭应当及时作出裁决。

第四十三条 仲裁庭裁决劳动争议案件，应当自劳动争议仲裁委员会受理仲裁申请之日起四十五日内结束。案情复杂需要延期的，经劳动争议仲裁委员会主任批准，可以延期并书面通知当事人，但是延长期限不得超过十五日。逾期未作出仲裁裁决的，当事人可以就该劳动争议事项向人民法院提起诉讼。

仲裁庭裁决劳动争议案件时，其中一部分事实已经清楚，可以就该部分先行裁决。

第四十四条　仲裁庭对追索劳动报酬、工伤医疗费、经济补偿或者赔偿金的案件，根据当事人的申请，可以裁决先予执行，移送人民法院执行。

仲裁庭裁决先予执行的，应当符合下列条件：

（一）当事人之间权利义务关系明确；

（二）不先予执行将严重影响申请人的生活。

劳动者申请先予执行的，可以不提供担保。

第四十五条　裁决应当按照多数仲裁员的意见作出，少数仲裁员的不同意见应当记入笔录。仲裁庭不能形成多数意见时，裁决应当按照首席仲裁员的意见作出。

第四十六条　裁决书应当载明仲裁请求、争议事实、裁决理由、裁决结果和裁决日期。裁决书由仲裁员签名，加盖劳动争议仲裁委员会印章。对裁决持不同意见的仲裁员，可以签名，也可以不签名。

第四十七条　下列劳动争议，除本法另有规定的外，仲裁裁决为终局裁决，裁决书自作出之日起发生法律效力：

（一）追索劳动报酬、工伤医疗费、经济补偿或者赔偿金，不超过当地月最低工资标准十二个月金额的争议；

（二）因执行国家的劳动标准在工作时间、休息休假、社会保险等方面发生的争议。

第四十八条　劳动者对本法第四十七条规定的仲裁裁决不服的，可以自收到仲裁裁决书之日起十五日内向人民法院提起诉讼。

第四十九条　用人单位有证据证明本法第四十七条规定的仲裁裁决有下列情形之一，可以自收到仲裁裁决书之日起三十日内向劳动争议仲裁委员会所在地的中级人民法院申请撤销裁决：

（一）适用法律、法规确有错误的；

（二）劳动争议仲裁委员会无管辖权的；

（三）违反法定程序的；

（四）裁决所根据的证据是伪造的；

（五）对方当事人隐瞒了足以影响公正裁决的证据的；

（六）仲裁员在仲裁该案时有索贿受贿、徇私舞弊、枉法裁决行为的。

人民法院经组成合议庭审查核实裁决有前款规定情形之一的，应当裁定撤销。

仲裁裁决被人民法院裁定撤销的，当事人可以自收到裁定书之日起十五日内就该劳动争议事项向人民法院提起诉讼。

第五十条　当事人对本法第四十七条规定以外的其他劳动争议案件的仲裁裁决不服的，可以自收到仲裁裁决书之日起十五日内向人民法院提起诉讼；期满不起诉的，裁决书发生法律效力。

第五十一条　当事人对发生法律效力的调解书、裁决书，应当依照规定的期限履行。一方当事人逾期不履行的，另一方当事人可以依照民事诉讼法的有关规定向人民法院申请执行。受理申请的人民法院应当依法执行。

第四章　附　则

第五十二条　事业单位实行聘用制的工作人员与本单位发生劳动争议的，依照本法执行；法律、行政法规或者国务院另有规定的，依照其规定。

第五十三条　劳动争议仲裁不收费。劳动争议仲裁委员会的经费由财政予以保障。

第五十四条　本法自 2008 年 5 月 1 日起施行。

最高人民法院关于审理劳动争议案件适用法律若干问题的解释（摘录）

（2001 年 4 月 16 日法释〔2001〕14 号公布　根据 2008 年 12 月 16 日发布的《最高人民法院关于调整司法解释等文件中引用〈中华人民共和国民事诉讼法〉条文序号的决定》调整）

第一条　劳动者与用人单位之间发生的下列纠纷，属于《劳动法》第二条规定的劳动争议，当事人不服劳动争议仲裁委员会作出的裁决，依法向人民法院起诉的，人民法院应当受理：

（一）劳动者与用人单位在履行劳动合同过程中发生的纠纷；

（二）劳动者与用人单位之间没有订立书面劳动合同，但已形成劳动关系后发生的纠纷；

（三）劳动者退休后，与尚未参加社会保险统筹的原用人单位因追索养老金、医疗费、工伤保险待遇和其他社会保险费而发生的纠纷。

第二十条　用人单位对劳动者作出的开除、除名、辞退等处理，或者因其他原因解除劳动合同确有错误的，人民法院可以依法判决予以撤销。

对于追索劳动报酬、养老金、医疗费以及工伤保险待遇、经济补偿金、培训费及其他相关费用等案件，给付数额不当的，人民法院可以予以变更。

最高人民法院关于审理劳动争议案件适用法律若干问题的解释（二）（摘录）

（2006年8月14日　法释〔2006〕6号）

第六条　劳动者因为工伤、职业病，请求用人单位依法承担给予工伤保险待遇的争议，经劳动争议仲裁委员会仲裁后，当事人依法起诉的，人民法院应予受理。

最高人民法院关于审理劳动争议案件适用法律若干问题的解释(三)(摘录)

(2010年9月13日　法释〔2010〕12号)

第十三条　劳动者依据调解仲裁法第四十七条第（一）项规定，追索劳动报酬、工伤医疗费、经济补偿或者赔偿金，如果仲裁裁决涉及数项，每项确定的数额均不超过当地月最低工资标准十二个月金额的，应当按照终局裁决处理。

最高人民法院关于审理工伤保险行政案件若干问题的规定

（2014年6月18日　法释〔2014〕9号）

为正确审理工伤保险行政案件，根据《中华人民共和国社会保险法》《中华人民共和国劳动法》《中华人民共和国行政诉讼法》《工伤保险条例》及其他有关法律、行政法规规定，结合行政审判实际，制定本规定。

第一条　人民法院审理工伤认定行政案件，在认定是否存在《工伤保险条例》第十四条第（六）项“本人主要责任”、第十六条第（二）项“醉酒或者吸毒”和第十六条第（三）项“自残或者自杀”等情形时，应当以有权机构出具的事故责任认定书、结论性意见和人民法院生效裁判等法律文书为依据，但有相反证据足以推翻事故责任认定书和结论性意见的除外。

前述法律文书不存在或者内容不明确，社会保险行政部门就前款事实作出认定的，人民法院应当结合其提供的相关证据依法进行审查。

《工伤保险条例》第十六条第（一）项“故意犯罪”的认定，应当以刑事侦查机关、检察机关和审判机关的生效法律文书或者结论性意见为依据。

第二条　人民法院受理工伤认定行政案件后，发现原告或者第三人在提起行政诉讼前已经就是否存在劳动关系申请劳动仲裁或者提起民事诉讼的，应当中止行政案件的审理。

第三条　社会保险行政部门认定下列单位为承担工伤保险责任单位的，人民法院应予支持：

（一）职工与两个或两个以上单位建立劳动关系，工伤事故发生时，职工为之工作的单位为承担工伤保险责任的单位；

（二）劳务派遣单位派遣的职工在用工单位工作期间因工伤亡的，派遣单位为承担工伤保险责任的单位；

（三）单位指派到其他单位工作的职工因工伤亡的，指派单位为承担工伤保险责任的单位；

（四）用工单位违反法律、法规规定将承包业务转包给不具备用工主体资格的组织或者自然人，该组织或者自然人聘用的职工从事承包业务时因工伤亡的，用工单位为承担工伤保险责任的单位；

（五）个人挂靠其他单位对外经营，其聘用的人员因工伤亡的，被挂靠单位为承担工伤保险责任的单位。

前款第（四）、（五）项明确的承担工伤保险责任的单位承担赔偿责任或者社会保险经办机构从工伤保险基金支付工伤保险待遇后，有权向相关组织、单位和个人追偿。

第四条　社会保险行政部门认定下列情形为工伤的，人民法院应予支持：

（一）职工在工作时间和工作场所内受到伤害，用人单位或者社会保险行政部门没有证据证明是非工作原因导致的；

（二）职工参加用人单位组织或者受用人单位指派参加其他单位组织的活动受到伤害的；

（三）在工作时间内，职工来往于多个与其工作职责相关的工作场所之间的合理区域因工受到伤害的；

（四）其他与履行工作职责相关，在工作时间及合理区域内受到伤害的。

第五条　社会保险行政部门认定下列情形为“因工外出期间”的，人民法院应予支持：

（一）职工受用人单位指派或者因工作需要在工作场所以外从事与工作职责有关的活动期间；

（二）职工受用人单位指派外出学习或者开会期间；

（三）职工因工作需要的其他外出活动期间。

职工因工外出期间从事与工作或者受用人单位指派外出学习、开会无关的个人活动受到伤害，社会保险行政部门不认定为工伤的，人民法院应予支持。

第六条 对社会保险行政部门认定下列情形为“上下班途中”的，人民法院应予支持：

（一）在合理时间内往返于工作地与住所地、经常居住地、单位宿舍的合理路线的上下班途中；

（二）在合理时间内往返于工作地与配偶、父母、子女居住地的合理路线的上下班途中；

（三）从事属于日常工作生活所需要的活动，且在合理时间和合理路线的上下班途中；

（四）在合理时间内其他合理路线的上下班途中。

第七条 由于不属于职工或者其近亲属自身原因超过工伤认定申请期限的，被耽误的时间不计算在工伤认定申请期限内。

有下列情形之一耽误申请时间的，应当认定为不属于职工或者其近亲属自身原因：

（一）不可抗力；

（二）人身自由受到限制；

（三）属于用人单位原因；

（四）社会保险行政部门登记制度不完善；

（五）当事人对是否存在劳动关系申请仲裁、提起民事诉讼。

第八条 职工因第三人的原因受到伤害，社会保险行政部门以职工或者其近亲属已经对第三人提起民事诉讼或者获得民事赔偿为由，作出不予受理工伤认定申请或者不予认定工伤决定的，人民法院不予支持。

职工因第三人的原因受到伤害，社会保险行政部门已经作出工伤认定，职工或者其近亲属未对第三人提起民事诉讼或者尚未获得民事赔偿，起诉要求社会保险经办机构支付工伤保险待遇的，人民法院应予支持。

职工因第三人的原因导致工伤，社会保险经办机构以职工或者其近亲属已经对第三人提起民事诉讼为由，拒绝支付工伤保险待遇的，人民法院不予支持，但第三人已经支付的医疗费用除外。

第九条　因工伤认定申请人或者用人单位隐瞒有关情况或者提供虚假材料，导致工伤认定错误的，社会保险行政部门可以在诉讼中依法予以更正。

工伤认定依法更正后，原告不申请撤诉，社会保险行政部门在作出原工伤认定时有过错的，人民法院应当判决确认违法；社会保险行政部门无过错的，人民法院可以驳回原告诉讼请求。

第十条　最高人民法院以前颁布的司法解释与本规定不一致的，以本规定为准。

最高人民法院关于印发《第八次全国法院民事商事审判工作会议（民事部分）纪要》的通知（摘录）

（2016年11月21日　法〔2016〕399号）

三、关于侵权纠纷案件的审理

（二）关于社会保险与侵权责任的关系问题

9. 被侵权人有权获得工伤保险待遇或者其他社会保险待遇的，侵权人的侵权责任不因受害人获得社会保险而减轻或者免除。根据社会保险法第三十条和四十二条的规定，被侵权人有权请求工伤保险基金或者其他社会保险支付工伤保险待遇或者其他保险待遇。

10. 用人单位未依法缴纳工伤保险费，劳动者因第三人侵权造成人身损害并构成工伤，侵权人已经赔偿的，劳动者有权请求用人单位支付除医疗费之外的工伤保险待遇。用人单位先行支付工伤保险待遇的，可以就医疗费用在第三人应承担的赔偿责任范围内向其追偿。

六、关于劳动争议纠纷案件的审理

劳动争议案件的审理对于构建和谐劳动关系，优化劳动力、资本、技术、管理等要素配置，激发创新创业活力，推动大众创业、万众创新，促进新技术新产业的发展具有重要意义。应当坚持依法保护劳动者合法权益和维护用人单位生存发展并重的原则，严格依法区分劳动关系和劳务关系，防止认定劳动关系泛化。

（一）关于案件受理问题

26. 劳动人事仲裁机构作出仲裁裁决，当事人在法定期限内未提起诉讼但再次申请仲裁，劳动人事仲裁机构作出不予受理裁决、决定或通知，当事人不服提起诉讼，经审查认为前后 2 次申请仲裁事项属于不同事项的，人民法院予以受理；经审查认为属于同一事项的，人民法院不予受理，已经受理的裁定驳回起诉。

（二）关于仲裁时效问题

27. 当事人在仲裁阶段未提出超过仲裁申请期间的抗辩，劳动人事仲裁机构作出实体裁决后，当事人在诉讼阶段又以超过仲裁时效期间为由进行抗辩的，人民法院不予支持。

当事人未按照规定提出仲裁时效抗辩，又以仲裁时效期间届满为由申请再审或者提出再审抗辩的，人民法院不予支持。

人力资源社会保障行政复议办法

（2010 年 3 月 16 日　人力资源和社会保障部令第 6 号）

第一章　总　则

第一条　为了规范人力资源社会保障行政复议工作，根据《中华人民共和国行政复议法》（以下简称行政复议法）和《中华人民共和国行政复议法实施条例》（以下简称行政复议法实施条例），制定本办法。

第二条　公民、法人或者其他组织认为人力资源社会保障部门作出的具体行政行为侵犯其合法权益，向人力资源社会保障行政部门申请行政复议，人力资源社会保障行政部门及其法制工作机构开展行政复议相关工作，适用本办法。

第三条　各级人力资源社会保障行政部门是人力资源社会保障行政复议机关（以下简称行政复议机关），应当认真履行行政复议职责，遵循合法、公正、公开、及时、便民的原则，坚持有错必纠，保障法律、法规和人力资源社会保障规章的正确实施。

行政复议机关应当依照有关规定配备专职行政复议人员，为行政复议工作提供财政保障。

第四条　行政复议机关负责法制工作的机构（以下简称行政复议机构）具体办理行政复议事项，履行下列职责：

（一）处理行政复议申请；

（二）向有关组织和人员调查取证，查阅文件和资料，组织行政复议听证；

（三）依照行政复议法实施条例第九条的规定，办理第三人参加行政复议事项；

（四）依照行政复议法实施条例第四十一条的规定，决定行政复议中止、恢复行政复议审理事项；

（五）依照行政复议法实施条例第四十二条的规定，拟订行政复议终止决定；

（六）审查申请行政复议的具体行政行为是否合法与适当，提出处理建议，拟订行政复议决定，主持行政复议调解，审查和准许行政复议和解协议；

（七）处理或者转送对行政复议法第七条所列有关规定的审查申请；

（八）依照行政复议法第二十九条的规定，办理行政赔偿等事项；

（九）依照行政复议法实施条例第三十七条的规定，办理鉴定事项；

（十）按照职责权限，督促行政复议申请的受理和行政复议决定的履行；

（十一）对人力资源社会保障部门及其工作人员违反行政复议法、行政复议法实施条例和本办法规定的行为依照规定的权限和程序提出处理建议；

（十二）研究行政复议过程中发现的问题，及时向有关机关和部门提出建议，重大问题及时向行政复议机关报告；

（十三）办理因不服行政复议决定提起行政诉讼的行政应诉事项；

（十四）办理或者组织办理未经行政复议直接提起行政诉讼的行政应诉事项；

（十五）办理行政复议、行政应诉案件统计和重大行政复议决定备案事项；

（十六）组织培训；

（十七）法律、法规规定的其他职责。

第五条 专职行政复议人员应当具备与履行行政复议职责相适应的品行、专业知识和业务能力，并取得相应资格。各级人力资源社会保障部门应当保障行政复议人员参加培训的权利，应当为行政复议人员参加法律类资格考试提供必要的帮助。

第六条 行政复议人员享有下列权利：

（一）依法履行行政复议职责的行为受法律保护；

（二）获得履行行政复议职责相应的物质条件；

（三）对行政复议工作提出建议；

（四）参加培训；

（五）法律、法规和规章规定的其他权利。

行政复议人员应当履行下列义务：

（一）严格遵守宪法和法律；

（二）以事实为根据，以法律为准绳审理行政复议案件；

（三）忠于职守，尽职尽责，清正廉洁，秉公执法；

（四）依法保障行政复议参加人的合法权益；

（五）保守国家秘密、商业秘密和个人隐私；

（六）维护国家利益、社会公共利益，维护公民、法人或者其他组织的合法权益；

（七）法律、法规和规章规定的其他义务。

第二章 行政复议范围

第七条 有下列情形之一的，公民、法人或者其他组织可以依法申请行政复议：

（一）对人力资源社会保障部门作出的警告、罚款、没收违法所得、依法予以关闭、吊销许可证等行政处罚决定不服的；

（二）对人力资源社会保障部门作出的行政处理决定不服的；

（三）对人力资源社会保障部门作出的行政许可、行政审批不服的；

（四）对人力资源社会保障部门作出的行政确认不服的；

（五）认为人力资源社会保障部门不履行法定职责的；

（六）认为人力资源社会保障部门违法收费或者违法要求履行义务的；

（七）认为人力资源社会保障部门作出的其他具体行政行为侵犯其合法权益的。

第八条　公民、法人或者其他组织对下列事项，不能申请行政复议：

（一）人力资源社会保障部门作出的行政处分或者其他人事处理决定；

（二）劳动者与用人单位之间发生的劳动人事争议；

（三）劳动能力鉴定委员会的行为；

（四）劳动人事争议仲裁委员会的仲裁、调解等行为；

（五）已就同一事项向其他有权受理的行政机关申请行政复议的；

（六）向人民法院提起行政诉讼，人民法院已经依法受理的；

（七）法律、行政法规规定的其他情形。

第三章　行政复议申请

第一节　申请人

第九条　依照本办法规定申请行政复议的公民、法人或者其他组织为人力资源社会保障行政复议申请人。

第十条　同一行政复议案件申请人超过 5 人的，推选 1 至 5 名代表参加行政复议，并提交全体行政复议申请人签字的授权委托书以及全体行政复议申请人的身份证复印件。

第十一条　依照行政复议法实施条例第九条的规定，公民、法人或者其他组织申请作为第三人参加行政复议，应当提交

《第三人参加行政复议申请书》，该申请书应当列明其参加行政复议的事实和理由。

申请作为第三人参加行政复议的，应当对其与被审查的具体行政行为有利害关系负举证责任。

行政复议机构通知或者同意第三人参加行政复议的，应当制作《第三人参加行政复议通知书》，送达第三人，并注明第三人参加行政复议的日期。

第十二条 申请人、第三人可以委托1至2名代理人参加行政复议。

申请人、第三人委托代理人参加行政复议的，应当向行政复议机构提交授权委托书。授权委托书应当载明下列事项：

（一）委托人姓名或者名称，委托人为法人或者其他组织的，还应当载明法定代表人或者主要负责人的姓名、职务；

（二）代理人姓名、性别、职业、住所以及邮政编码；

（三）委托事项、权限和期限；

（四）委托日期以及委托人签字或者盖章。

申请人、第三人解除或者变更委托的，应当书面报告行政复议机构。

第二节 被申请人

第十三条 公民、法人或者其他组织对人力资源社会保障部门作出的具体行政行为不服，依照本办法规定申请行政复议的，作出该具体行政行为的人力资源社会保障部门为被申请人。

第十四条 对县级以上人力资源社会保障行政部门的具体行政行为不服的，可以向上一级人力资源社会保障行政部门申请复议，也可以向该人力资源社会保障行政部门的本级人民政府申请行政复议。

对人力资源社会保障部作出的具体行政行为不服的，向人力资源社会保障部申请行政复议。

第十五条　对人力资源社会保障行政部门按照国务院规定设立的社会保险经办机构（以下简称社会保险经办机构）依照法律、法规规定作出的具体行政行为不服，可以向直接管理该社会保险经办机构的人力资源社会保障行政部门申请行政复议。

第十六条　对依法受委托的属于事业组织的公共就业服务机构、职业技能考核鉴定机构以及街道、乡镇人力资源社会保障工作机构等作出的具体行政行为不服的，可以向委托其行使行政管理职能的人力资源社会保障行政部门的上一级人力资源社会保障行政部门申请复议，也可以向该人力资源社会保障行政部门的本级人民政府申请行政复议。委托的人力资源社会保障行政部门为被申请人。

第十七条　对人力资源社会保障部门和政府其他部门以共同名义作出的具体行政行为不服的，可以向其共同的上一级行政部门申请复议。共同作出具体行政行为的人力资源社会保障部门为共同被申请人之一。

第十八条　人力资源社会保障部门设立的派出机构、内设机构或者其他组织，未经法律、法规授权，对外以自己名义作出具体行政行为的，该人力资源社会保障部门为被申请人。

第三节　行政复议申请期限

第十九条　公民、法人或者其他组织认为人力资源社会保障部门作出的具体行政行为侵犯其合法权益的，可以自知道该具体行政行为之日起60日内提出行政复议申请。

前款规定的行政复议申请期限依照下列规定计算：

（一）当场作出具体行政行为的，自具体行政行为作出之日起计算；

（二）载明具体行政行为的法律文书直接送达的，自受送达人签收之日起计算；

（三）载明具体行政行为的法律文书依法留置送达的，自送达人和见证人在送达回证上签注的留置送达之日起计算；

（四）载明具体行政行为的法律文书邮寄送达的，自受送达人在邮件签收单上签收之日起计算；没有邮件签收单的，自受送达人在送达回执上签名之日起计算；

（五）具体行政行为依法通过公告形式告知受送达人的，自公告规定的期限届满之日起计算；

（六）被申请人作出具体行政行为时未告知公民、法人或者其他组织，事后补充告知的，自该公民、法人或者其他组织收到补充告知的通知之日起计算；

（七）被申请人有证据材料能够证明公民、法人或者其他组织知道该具体行政行为的，自证据材料证明其知道具体行政行为之日起计算。

人力资源社会保障部门作出具体行政行为，依法应当向有关公民、法人或者其他组织送达法律文书而未送达的，视为该公民、法人或者其他组织不知道该具体行政行为。

申请人因不可抗力或者其他正当理由耽误法定申请期限的，申请期限自原因消除之日起继续计算。

第二十条 人力资源社会保障部门对公民、法人或者其他组织作出具体行政行为，应当告知其申请行政复议的权利、行政复议机关和行政复议申请期限。

第四节 行政复议申请的提出

第二十一条 申请人书面申请行政复议的，可以采取当面递交、邮寄或者传真等方式递交行政复议申请书。

有条件的行政复议机构可以接受以电子邮件形式提出的行政复议申请。

对采取传真、电子邮件方式提出的行政复议申请，行政复议机构应当告知申请人补充提交证明其身份以及确认申请书真实性的相关书面材料。

第二十二条　申请人书面申请行政复议的，应当在行政复议申请书中载明下列事项：

（一）申请人基本情况：申请人是公民的，包括姓名、性别、年龄、身份证号码、工作单位、住所、邮政编码；申请人是法人或者其他组织的，包括名称、住所、邮政编码和法定代表人或者主要负责人的姓名、职务；

（二）被申请人的名称；

（三）申请行政复议的具体行政行为、行政复议请求、申请行政复议的主要事实和理由；

（四）申请人签名或者盖章；

（五）日期。

申请人口头申请行政复议的，行政复议机构应当依照前款规定内容，当场制作行政复议申请笔录交申请人核对或者向申请人宣读，并由申请人签字确认。

第二十三条　有下列情形之一的，申请人应当提供相应的证明材料：

（一）认为被申请人不履行法定职责的，提供曾经申请被申请人履行法定职责的证明材料；

（二）申请行政复议时一并提出行政赔偿申请的，提供受具体行政行为侵害而造成损害的证明材料；

（三）属于本办法第十九条第四款情形的，提供发生不可抗力或者有其他正当理由的证明材料；

（四）需要申请人提供证据材料的其他情形。

第二十四条　申请人提出行政复议申请时错列被申请人的，行政复议机构应当告知申请人变更被申请人。

申请人变更被申请人的期间，不计入行政复议审理期限。

第二十五条　依照行政复议法第七条的规定，申请人认为具体行政行为所依据的规定不合法的，可以在对具体行政行为申请行政复议的同时一并提出对该规定的审查申请；申请人在对具体行政行为提出行政复议申请时尚不知道该具体行政行为所依据的规定的，可以在行政复议机关作出行政复议决定前向行政复议机关提出对该规定的审查申请。

第四章　行政复议受理

第二十六条　行政复议机构收到行政复议申请后，应当在5日内进行审查，按照下列情况分别作出处理：

（一）对符合行政复议法实施条例第二十八条规定条件的，依法予以受理，制作《行政复议受理通知书》和《行政复议提出答复通知书》，送达申请人和被申请人；

（二）对符合本办法第七条规定的行政复议范围，但不属于本机关受理范围的，应当书面告知申请人向有关行政复议机关提出；

（三）对不符合法定受理条件的，应当作出不予受理决定，制作《行政复议不予受理决定书》，送达申请人，该决定书中应当说明不予受理的理由和依据。

对不符合前款规定的行政复议申请，行政复议机构应当将有关处理情况告知申请人。

第二十七条　人力资源社会保障行政部门的其他工作机构收到复议申请的，应当及时转送行政复议机构。

除不符合行政复议法定条件或者不属于本机关受理的行政复议申请外，行政复议申请自行政复议机构收到之日起即为受理。

第二十八条　依照行政复议法实施条例第二十九条的规定，行政复议申请材料不齐全或者表述不清楚的，行政复议机构可以向申请人发出补正通知，一次性告知申请人需要补正的事项。

补正通知应当载明下列事项：

（一）行政复议申请书中需要修改、补充的具体内容；

（二）需要补正的证明材料；

（三）合理的补正期限；

（四）逾期未补正的法律后果。

补正期限从申请人收到补正通知之日起计算。

无正当理由逾期不补正的，视为申请人放弃行政复议申请。

申请人应当在补正期限内向行政复议机构提交需要补正的材料。补正申请材料所用时间不计入行政复议审理期限。

第二十九条　申请人依法提出行政复议申请，行政复议机关无正当理由不予受理的，上一级人力资源社会保障行政部门可以根据申请人的申请或者依职权先行督促其受理；经督促仍不受理的，应当责令其限期受理，并且制作《责令受理行政复议申请通知书》；必要时，上一级人力资源社会保障行政部门也可以直接受理。

上一级人力资源社会保障行政部门经审查认为行政复议申请不符合法定受理条件的，应当告知申请人。

第三十条　劳动者与用人单位因工伤保险待遇发生争议，向劳动人事争议仲裁委员会申请仲裁期间，又对人力资源社会保障行政部门作出的工伤认定结论不服向行政复议机关申请行政复议的，如果符合法定条件，应当予以受理。

第五章　行政复议审理和决定

第三十一条　行政复议原则上采取书面审查的办法，但是申请人提出要求或者行政复议机构认为有必要的，可以向有关组织和人员调查情况，听取申请人、被申请人和第三人的意见。

第三十二条　行政复议机构应当自行政复议申请受理之日起7日内，将行政复议申请书副本或者行政复议申请笔录复印件发送被申请人。被申请人应当自收到申请书副本或者申请笔录复印件之日起10日内，提交行政复议答复书，并提交当初作出具体行政行为的证据、依据和其他有关材料。

行政复议答复书应当载明下列事项，并加盖被申请人印章：

（一）被申请人的名称、地址、法定代表人的姓名、职务；

（二）作出具体行政行为的事实和有关证据材料；

（三）作出具体行政行为依据的法律、法规、规章和规范性文件的具体条款和内容；

（四）对申请人行政复议请求的意见和理由；

（五）日期。

被申请人应当对其提交的证据材料分类编号，对证据材料的来源、证明对象和内容作简要说明。

因不可抗力或者其他正当理由，被申请人不能在法定期限内提出书面答复、提交当初作出具体行政行为的证据、依据和其他有关材料的，可以向行政复议机关提出延期答复和举证的书面申请。

第三十三条 有下列情形之一的，行政复议机构可以实地调查核实证据：

（一）申请人或者被申请人对于案件事实的陈述有争议的；

（二）被申请人提供的证据材料之间相互矛盾的；

（三）第三人提出新的证据材料，足以推翻被申请人认定的事实的；

（四）行政复议机构认为确有必要的其他情形。

调查取证时，行政复议人员不得少于2人，并应当向当事人或者有关人员出示证件。

第三十四条 对重大、复杂的案件，申请人提出要求或者行政复议机构认为必要时，可以采取听证的方式审理。

有下列情形之一的，属于重大、复杂的案件：

（一）涉及人数众多或者群体利益的案件；

（二）具有涉外因素的案件；

（三）社会影响较大的案件；

（四）案件事实和法律关系复杂的案件；

（五）行政复议机构认为其他重大、复杂的案件。

第三十五条 公民、法人或者其他组织对人力资源社会保障部门行使法律、法规规定的自由裁量权作出的具体行政行为不服申请行政复议，在行政复议机关作出行政复议决定之前，申请人和被申请人可以在自愿、合法基础上达成和解。申请人和被申请人达成和解的，应当向行政复议机构提交书面和解协议。

书面和解协议应当载明行政复议请求、事实、理由和达成和解的结果，并且由申请人和被申请人签字或者盖章。

行政复议机构应当对申请人和被申请人提交的和解协议进行审查。和解确属申请人和被申请人的真实意思表示，和解内容不违反法律、法规的强制性规定，不损害国家利益、社会公共利益和他人合法权益的，行政复议机构应当准许和解，并终止行政复议案件的审理。

第三十六条　依照行政复议法实施条例第四十一条的规定，行政复议机构中止、恢复行政复议案件的审理，应当分别制发《行政复议中止通知书》和《行政复议恢复审理通知书》，并通知申请人、被申请人和第三人。

第三十七条　依照行政复议法实施条例第四十二条的规定，行政复议机关终止行政复议的，应当制发《行政复议终止通知书》，并通知申请人、被申请人和第三人。

第三十八条　依照行政复议法第二十八条第一款第一项规定，具体行政行为认定事实清楚，证据确凿，适用依据正确，程序合法，内容适当的，行政复议机关应当决定维持。

第三十九条　依照行政复议法第二十八条第一款第二项规定，被申请人不履行法定职责的，行政复议机关应当决定其在一定期限内履行法定职责。

第四十条　具体行政行为有行政复议法第二十八条第一款第三项规定情形之一的，行政复议机关应当决定撤销、变更该具体行政行为或者确认该具体行政行为违法；决定撤销该具体行政行为或者确认该具体行政行为违法的，可以责令被申请人在一定期限内重新作出具体行政行为。

第四十一条 被申请人未依照行政复议法第二十三条的规定提出书面答复、提交当初作出具体行政行为的证据、依据和其他有关材料的，视为该具体行政行为没有证据、依据，行政复议机关应当决定撤销该具体行政行为。

第四十二条 具体行政行为有行政复议法实施条例第四十七条规定情形之一的，行政复议机关可以作出变更决定。

第四十三条 依照行政复议法实施条例第四十八条第一款的规定，行政复议机关决定驳回行政复议申请的，应当制发《驳回行政复议申请决定书》，并通知申请人、被申请人和第三人。

第四十四条 行政复议机关依照行政复议法第二十八条的规定责令被申请人重新作出具体行政行为的，被申请人应当在法律、法规、规章规定的期限内重新作出具体行政行为；法律、法规、规章未规定期限的，重新作出具体行政行为的期限为60日。

公民、法人或者其他组织对被申请人重新作出的具体行政行为不服，可以依法申请行政复议或者提起行政诉讼。

第四十五条 有下列情形之一的，行政复议机关可以按照自愿、合法的原则进行调解：

（一）公民、法人或者其他组织对人力资源社会保障部门行使法律、法规规定的自由裁量权作出的具体行政行为不服申请行政复议的；

（二）当事人之间的行政赔偿或者行政补偿纠纷；

（三）其他适于调解的。

第四十六条 行政复议机关进行调解应当符合下列要求：

（一）在查明案件事实的基础上进行；

（二）充分尊重申请人和被申请人的意愿；

（三）遵循公正、合理原则；

（四）调解结果应当符合有关法律、法规的规定；

（五）调解结果不得损害国家利益、社会公共利益或者他人合法权益。

第四十七条　申请人和被申请人经调解达成协议的，行政复议机关应当制作《行政复议调解书》。《行政复议调解书》应当载明下列内容：

（一）申请人姓名、性别、年龄、住所（法人或者其他组织的名称、地址、法定代表人或者主要负责人的姓名、职务）；

（二）被申请人的名称；

（三）申请人申请行政复议的请求、事实和理由；

（四）被申请人答复的事实、理由、证据和依据；

（五）进行调解的基本情况；

（六）调解结果；

（七）日期。

《行政复议调解书》应当加盖行政复议机关印章。《行政复议调解书》经申请人、被申请人签字或者盖章，即具有法律效力。

调解未达成协议或者调解书生效前一方反悔的，行政复议机关应当及时作出行政复议决定。

第四十八条　行政复议机关在审查申请人一并提出的作出具体行政行为所依据的规定的合法性时，应当根据具体情况，分别作出下列处理：

（一）如果该规定是由本行政机关制定的，应当在 30 日内对该规定依法作出处理结论；

（二）如果该规定是由其他人力资源社会保障行政部门制定的，应当在 7 日内按照法定程序转送制定该规定的人力资源社会保障行政部门，请其在 60 日内依法处理；

（三）如果该规定是由人民政府制定的，应当在 7 日内按照法定程序转送有权处理的国家机关依法处理。

对该规定进行审查期间，中止对具体行政行为的审查；审查结束后，行政复议机关再继续对具体行政行为的审查。

第四十九条　行政复议机关对决定撤销、变更具体行政行为或者确认具体行政行为违法并且申请人提出行政赔偿请求的下列具体行政行为，应当在行政复议决定中同时作出被申请人依法给予赔偿的决定：

（一）被申请人违法实施罚款、没收违法所得、依法予以关闭、吊销许可证等行政处罚的；

（二）被申请人造成申请人财产损失的其他违法行为。

第五十条 行政复议机关作出行政复议决定，应当制作《行政复议决定书》，载明下列事项：

（一）申请人的姓名、性别、年龄、住所（法人或者其他组织的名称、地址、法定代表人或者主要负责人的姓名、职务）；

（二）被申请人的名称、住所；

（三）申请人的行政复议请求和理由；

（四）第三人的意见；

（五）被申请人答复意见；

（六）行政复议机关认定的事实、理由，适用的法律、法规、规章以及其他规范性文件；

（七）复议决定；

（八）申请人不服行政复议决定向人民法院起诉的期限；

（九）日期。

《行政复议决定书》应当加盖行政复议机关印章。

第五十一条 行政复议机关应当根据《中华人民共和国民事诉讼法》的规定，采用直接送达、邮寄送达或者委托送达等方式，将行政复议决定送达申请人、被申请人和第三人。

第五十二条 下级行政复议机关应当及时将重大行政复议决定报上级行政复议机关备案。

第五十三条 案件审查结束后，办案人员应当及时将案卷进行整理归档。案卷保存期不少于10年，国家另有规定的从其规定。保存期满后的案卷，应当按照国家有关档案管理的规定处理。

案卷归档材料应当包括：

（一）行政复议申请的处理

1. 行政复议申请书或者行政复议申请笔录、申请人提交的证据材料；

2. 授权委托书、申请人身份证复印件、法定代表人或者主要负责人身份证明书；

3. 行政复议补正通知书；

4. 行政复议受理通知书和行政复议提出答复通知书；

5. 行政复议不予受理决定书；

6. 行政复议告知书；

7. 行政复议答复书、被申请人提交的证据材料；

8. 第三人参加行政复议申请书、第三人参加行政复议通知书；

9. 责令限期受理行政复议申请通知书。

（二）案件审理

1. 行政复议调查笔录；

2. 行政复议听证记录；

3. 行政复议中止通知书、行政复议恢复审理通知书；

4. 行政复议和解协议；

5. 行政复议延期处理通知书；

6. 撤回行政复议申请书；

7. 规范性文件转送函。

（三）处理结果

1. 行政复议决定书；

2. 行政复议调解书；

3. 行政复议终止书；

4. 驳回行政复议申请决定书。

（四）其他

1. 行政复议文书送达回证；

2. 行政复议意见书；
3. 行政复议建议书；
4. 其他。

第五十四条 案卷装订、归档应当达到下列要求：

（一）案卷装订整齐；
（二）案卷目录用钢笔或者签字笔填写，字迹工整；
（三）案卷材料不得涂改；
（四）卷内材料每页下方应当居中标注页码。

第六章 附 则

第五十五条 本办法所称人力资源社会保障部门包括人力资源社会保障行政部门、社会保险经办机构、公共就业服务机构等具有行政职能的机构。

第五十六条 人力资源社会保障行政复议活动所需经费、办公用房以及交通、通讯、摄像、录音等设备由各级人力资源社会保障部门予以保障。

第五十七条 行政复议机关可以使用行政复议专用章。在人力资源社会保障行政复议活动中，行政复议专用章和行政复议机关印章具有同等效力。

第五十八条 本办法未规定事项，依照行政复议法、行政复议法实施条例规定执行。

第五十九条 本办法自发布之日起施行。劳动和社会保障部1999年11月23日发布的《劳动和社会保障行政复议办法》（劳动和社会保障部令第5号）同时废止。